2023年版

新規開業白書

日本政策金融公庫総合研究所　編

刊行に当たって

わが国の経済社会において女性の活躍を促進することには大きな意義がある。しかし、その実現は道半ばというのが現時点の共通認識といえるのではないだろうか。男性中心の仕組みの時代が長かった社会で人々の意識を変えていくには相当な時間を要する。その状況は創業の世界においても変わらない。日本政策金融公庫総合研究所の調査によれば、開業者に占める女性の割合は増加傾向にあるものの、いまだ男性が大半である。加えて、女性による事業は規模の小ささを指摘されることが多い。女性の開業に関してはすでにさまざまな研究がなされているが、こうした問題に対する抜本的な処方箋は得られていない。

長年にわたり、当研究所では創業をテーマに複数の調査を行ってきた。女性一人ひとりが望むかたちの創業を実現できる環境を整え、わが国の創業活動全体を活発化させていくためには何が求められているのか。そのヒントを得ようと、本書は分析を進めている。構成は次のとおりである。

最初に序章で、関連する先行研究をレビューした。女性の開業を取り巻く環境や、女性の開業率の低さについて議論を整理し、第1章以降の分析の手がかりとした。続く第1章から第3章では当研究所「新規開業実態調査」を、後半の第4章から第7章では同「起業と起業意識に関する調査」を用いて、女性の開業の特徴を多角的な視点でとらえた。

まず第1章では1991年度からの長期時系列データを用いて、女性の増加など、創業の担い手の多様化が進んでいることを確認した。次に第2章では最新の調査結果をもとに女性の開業者の特徴をまとめた。計量的手法を用いた分析では、女性の開業の増加が新規開業全体の小規模化につながっていることが示された。規模の小ささばかりが注目されがちな女性の開業者だが、その分効率よく事業を展開していたり、なかには男性をしのぐ規模のビジネスを行ったりする人もいる。第3章では女性開業者の生産性や、大規模に事業を行う女性の特徴に着目したほか、女性と男性の間で学歴や職業経験など、開業に至るまでのキャリアに差がなくなってきていることを明らかにした。

第4章から第7章で用いる「起業と起業意識に関する調査」は、開業者以外の人も対象とするインターネットアンケートである。第4章では、調査の枠組みを説明した後、事業に充てる時間が35時間以上の起業家と35時間未満のパートタイム起業家の特徴をまとめた。女性はパートタイム起業家により多く、家庭環境に合わせた創業のかたちを選択していることがわかった。なお、起業家とパートタイム起業家には、自身は起業したという認識をもたないまま、実態として事業を経営している「意識せざる起業家」を含む。第5章はこの意識せざる層について詳しく分析し、「意識している」起業家と比べた特徴をまとめた。自営と勤務の狭間の働き方ともいえるこの層には、女性が特に多くみられた。続く第6章では、起業していない人を対象に、開業に対する関心について分析した。女性は男性に比べて開業への関心が低い。第7章では、女性の開業への関心についてさらに掘り下げ、男女差の要因をとらえようと試みた。

また、事例編では、当研究所が発行している『日本政策金融公庫調査月報』の「未来を拓く起業家たち」のコーナーに連載した女性開業者へのヒアリング記事を収録した。事業の内容も規模も異なるが、いずれの女性も開業を通して自らの理想を実現し、生き生きと輝いていた。事例編の最後に総論として、彼女たちの開業前後の取り組みから得られる示唆を整理し、本書のまとめとした。

手前みそながら、最近は当研究所でも女性の活躍が目立つようになっている。本書も、アンケート調査の実施から分析、企業ヒアリングや執筆・

編集のほぼすべてを女性研究員が担当した。序章、第3章、第5章、第7章、事例総論は主席研究員の桑本香梨、第1章、第2章、第4章、第6章は研究員の青木遥が執筆している。女性研究者たちのしなやかな発想には常々感心させられる。今後も、さまざまな人材の多様な視点を生かして、調査研究を深化させていきたい。

本書をまとめるに当たっては、多くの方にアンケートやヒアリングに快くご協力いただいた。改めて感謝を申し上げるとともに、事業のますますのご発展を心よりお祈りする。本書が、創業にかかわる多くの方にとって、少しでも参考になれば幸いである。

2023年6月

日本政策金融公庫総合研究所

所長　大沢 明生

目　　次

事例編

序　章

女性と開業

日本政策金融公庫総合研究所
主席研究員　桑本 香梨

1　開業の世界に広がるダイバーシティ

当研究所が毎年実施している「新規開業実態調査」は、2022年度で31回目を数える。毎年の調査結果を並べると、新規開業者には大きく二つの潮流をみてとれる。女性の増加とシニアの増加である。

新規開業者に占める女性および60歳以上の割合の推移を、1991年度の値を100としてみると図−1のとおりである。第1章で詳しく触れるが、女性の割合は、調査開始時点の1991年度から直近の2022年度で約2倍に、60歳以上の割合は3倍以上に増えた。

中小企業での勤務経験を生かして独立開業する30〜40歳代の男性というのが新規開業の中心であることは、今も変わりはない。しかし、「女性活躍推進」「人生100年時代」「働き方改革」などと、社会のあらゆる場面でダイバーシティが重視されるようになるなかで、創業にも同様の動きが広がってきているといえる。女性やシニア層の開業が増えれば、低迷する開業率全体を底上げすることにもつながる。

しかし、当研究所が2013年度から実施するインターネットアンケート「起業と起業意識に関する調査」の結果をみると、2022年度調査で女性の7割は依然として起業に関心がなく、その割合は男性の5割を大きく上回る。女性の起業への関心を高め、具体的な起業活動に結びつけるにはさまざまなハードルがあるとも思われる。

こうした問題意識から、本書『2023年版新規開業白書』では、特に女性の開業にスポットを当てて、その動向や開業への意識について分析していく。まず本章では、女性の開業を取り巻く環境が中長期的にどう変化しているのか、既存の統計や先行研究をもとにレビューし、第1章以降の分析の足がかりとしたい。

図−1　開業者に占める女性と60歳以上の割合の推移（1991年度=100）

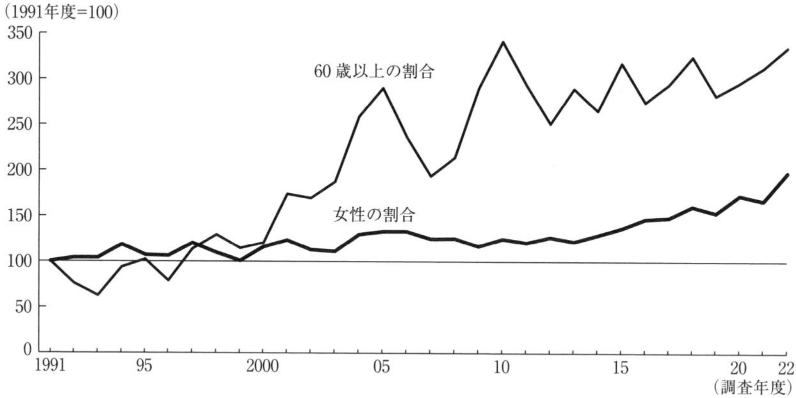

資料：日本政策金融公庫総合研究所「新規開業実態調査」
（注）1991〜1999年度は、調査対象に不動産賃貸業を含む。

2　女性の開業を取り巻く環境

(1)　わが国の女性の働き方

開業の動向の大きな背景としては、女性の働き方の変化がある。

世界経済フォーラムが公表したところによると、日本のジェンダーギャップは国際的にみて非常に大きい。ジェンダーギャップ指数は146カ国中116位で、経済への参加（121位）と政治への参加（139位）が押し下げ要因となっている（WORLD ECONOMIC FORUM「Global Gender Gap Report2022」）。1986年の雇用機会均等法施行に始まり、さまざまな提言や制度改正が行われてきたが、女性の社会参加はいまだ低いレベルにある。

とはいえ、仕事に就く女性は増勢にある。総務省「労働力調査」で女性の就業率をみると、2000年代に入って徐々に上昇している。年齢層ごとの就業率を、当研究所が「新規開業実態調査」を開始した1991年と直近の2022年で比べると、出産・育児期に当たる20歳代後半から30歳代前半にかけて就

図－2　性別・年齢別就業率（1991年と2022年の比較）

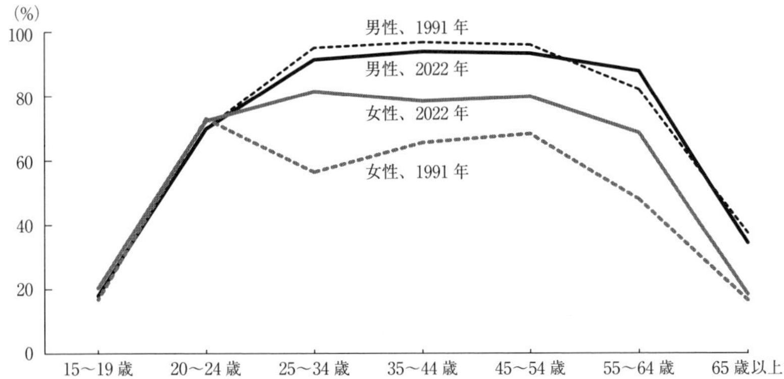

資料：総務省「労働力調査」
（注）就業率は、人口に占める就業者の割合。

業率が下がるM字カーブは目立たなくなっていることがわかる(図－2)。それでも日本のジェンダー格差が大きい理由の一つとして、濱口（2015）は、ジョブ型のように職務を限定せず、終身雇用を前提として配置転換を繰り返しながら経験を積ませるメンバーシップ型雇用がわが国の主流であることを指摘している。出産や育児で一度キャリアが中断されると、職場において重要なポストに就くことが難しくなるのである。職務や勤務条件を限定してそこでの能力を重視するジョブ型雇用は、まだ日本に十分に根づいていない。

開業の面でも、国際的にみて日本の低迷が目立つ。起業活動の活発さを表す指数として、Global Entrepreneurship Monitorが算出するTEA(Total Early-Stage Entrepreneurial Activity、総合起業活動指数)をみてみると、2021年調査で日本は47カ国中7番目に低い。そして、男性のTEAと比べた女性のTEAの水準（女性のTEA/男性のTEA）は、47カ国中4番目の低さである。つまり、日本はそもそも起業活動が不活発であり、なかでも女性の起業活動の水準は取り立てて低いのである。

(2) 女性の開業を活発にする意義

では、女性の開業を活発にする意義はどこにあるのだろうか。先行研究における議論を中心にみていこう。そもそも、男性を含め開業の意義として多く挙げられるのは、新産業の創出、雇用の創出など経済的インパクトの観点や、自らに合った選択ができるという働き方の多様化の観点である。なかでも、女性に期待されているものは何だろうか。

先行研究で多く指摘される点として、まず女性自身の働く場の創出がある。大石（2002）は、それまで勤務をしていなかった女性が自ら起こした事業で働くことで少子高齢化による労働力不足を食い止めること、家庭の事情で勤務できない女性の就労手段になることを意義として挙げている。藤井・金岡（2014）も、眠れる才能の発掘手段となることや女性のキャリアアップの機会になるとしている。また、子育てをしながら開業したママ起業家について調査した鹿住（2019）によれば、開業は家庭責任と仕事の両立を可能にする働き方であり、勤務することが難しい育児期の女性にとって重要な意味をもつ。加えて、開業して育児中も仕事をすることでエンプロイアビリティ（雇用され得る能力）が上がり、再就職のしやすさにもつながる側面があるという。

女性の開業は、自身以外の女性の雇用の場をつくることにもつながる。藤井・金岡（2014）は、起業家の従業員の性別を調査した結果、女性起業家の方が女性を多く雇用する傾向があることを明らかにしている。そして、女性起業家自身が育児など家庭と両立しやすい職場環境を望んでおり、自然と女性の働きやすい職場環境が整えられたのだろうと推論している。

女性ならではの発想や気づきをもとに新たな商品・サービスを提供し、産業の多様化をもたらす点も指摘されている。高橋（2011）は、事業機会の認識には個人の置かれた環境や考え方が大きく反映されるため、男性がめったに遭遇しない、もしくは経験できないことを体験していたり、男性には形成しにくい能力や問題意識をもっていたりする女性に期待されるところが大きいという。例として、24時間保育サービスの多くは女性起業家が手がけたものであることを挙げ、子育てへの参加度合いが異なる男女で保育サービスに対する問題意識やそれに対する反応に差が生まれることを指摘している。大石（2002）も、女性の視点から新しいビジネスモデルや価値観を創出するといった質的変化を女性による開業の意義として挙げている。

ロールモデルとしての役割も期待されている。石黒（2014）は、女性起業家が性別に対する伝統的な価値観を超えた働き方、生き方を体現していて、それが長くマネジメントの中心で活躍することが難しかった女性たちに新たな考え方やキャリアモデルを提示するのだと述べている。横田（2023）も、女性経営者は子連れ出勤や短時間勤務といった働きやすい環境を率先して取り入れる人が男性より多く、柔軟な働き方の旗振り役となり得ると指摘する。藤井・金岡（2014）は、女性起業家が次なる女性起業家の苗床になっている点を重要視する。

⑶　女性起業家の特徴

世界の女性起業家について調査したGEM（2019）は、その特徴について、卸・小売業や健康教育、社会福祉などの分野で創業するケースが多い、こうした業種は参入障壁が低い一方で失敗する確率も高い、得られる収入は低いなどの点を指摘している。わが国の女性による開業についても、小規模な事業やサービス分野が多い、男性に比べて事業内容や開業動機が多様、事業に充てる時間が短い、開業場所が自宅に近いなど、GEM（2019）の指摘に似た特徴が挙げられている（石黒、2014；藤井・金岡、

2014；鹿住、2019など）。夫が家計を支えているケースが比較的多く、事業収入にあまりこだわらずに自分の好きなことを自分でやることを重視する「ゆるやかな起業家」や趣味や特技を生かして事業を行う「趣味起業家」の割合は、起業家全体を分母としたときの割合よりも女性起業家を分母としたときの方が高い（桑本、2019a、2019b）。

また、最近ではインターネットを活用し、自分の特技を生かして小さく商いができるようになったことから、起業したという認識が本人にないまま、実態は事業を経営している人も増えている。こうした「意識せざる起業家」を調査した桑本（2020）によれば、この層に占める女性の割合は5割近くと、起業家全体に占める女性の割合が約3割であるのに比べてかなり高い。家事や仕事の空き時間を活用して商いをすることで家計を補ったり、自分の自由になる収入を増やしたりといった性格が強いため事業規模はごく小さいものの、こうした働き方を選択する女性が多い点は注目すべきである。

(4) 女性の開業が抱える問題

女性の開業を活発にすることは、女性の活躍を推進する文脈を中心に多くの意義をもつわけだが、他方で女性起業家の特性からくるさまざまなハードルがあるのも事実である。先行研究で指摘されている女性の開業のボトルネックについて、開業前から段階を追ってみていきたい。

前述のとおりわが国の女性の起業意欲は弱い。冒頭でも紹介したが、当研究所「2022年度起業と起業意識に関する調査」によると、女性の約7割がそもそも起業に無関心であった。男性の場合も起業意欲は決して強くないが、無関心の割合は女性より20ポイントほど低かった。起業への関心が低い理由にはリスク回避志向などが挙げられるが、男女差の理由としては、仕事や家事における役割の性差といった文化的要因が指摘される

(GEM、2019)。なお、一般的にこうした役割をまだ担っていない大学生に限っても、女性の方が男性より起業意欲は弱く（田路ほか2018；鈴木、2020)、家事や育児は女性が主に担うという、社会的慣習に基づく意識が根強いのだと思われる。Gupta, *et al*.(2009）は、米国、インド、トルコの3大学の学生を対象に調査した結果、男女ともに自身の性格が男性に近いと思う人の方が、起業意欲が強くなる傾向を指摘している。起業は男性のものというイメージが強く、はなから選択肢として考慮しない女性が多いのだろう。

起業に関心をもった後、実際に事業を始めて軌道に乗せるまでの間にも、女性に対する壁が立ちふさがる。金融資本、人的資本、社会的資本へのアクセスの難しさである。

一つ目の金融資本へのアクセスに関しては、金融機関の側が女性への融資実績が乏しいために、女性への融資に慎重になる傾向が問題点に挙げられている(大石、2002)。当研究所「新規開業パネル調査(第3コーホート)」を分析した藤田（2018）によれば、開業から5年の間に15日以上休職した女性開業者の割合は11.2%と男性（3.8%）を上回っており、平均休職期間は102.7日間と男性（47.0日間）の倍以上である。女性の休職理由として最も多いのは「出産・育児」である。このデータは、金融機関が男性より女性への融資にリスクを感じやすい理由の一つを示しているのではないだろうか。とはいえ、日本政策金融公庫で女性起業家への融資制度が特別に設けられるなど、政策効果もあって女性の資金調達環境は改善されつつある。樋口・児玉（2014）の調査によれば、融資を申し込んだ起業家に対する融資確率の性差はわずかだという。一方で、女性は融資を申し込む前の段階で諦めているケースが多い点を問題視している。外部資金の調達手段としてはほかに上場も考えられるが、金融庁政策オープンラボ「Diversity Equity Inclusion」によれば、2021年に新規上場した企業に占める女性社長の比率は2％とごくわずかである。そもそも、将来的な株式上場を考える女性開業者は約1割と少ない（当研究所「2022年度新規開業実態調査」）。

二つ目の人的資本は、ここでは起業家自身の経験値やスキルを指す。女性は経営者としての資質を育てる機会が男性に比べて少ない（大石、2002）。創業セミナーなど、ビジネススキルを身につけられる場は増えているが、鹿住（2022）はこうしたセミナーの多くは起業家の大勢を占める男性目線で設けられたものであり、小規模な事業を志向する「マイノリティ」である女性はセミナーの内容を難しいと感じてしまったり、仕事終わりに合わせた開催時間帯は育児のため都合がつかなかったりして、参加を諦めてしまうことに注意を促している。また、鹿住・河合（2018）は、女性起業家が自身の能力に自信をもてないのは、女性の起業スキルや経営ノウハウ向上のために行われている支援策が女性のニーズに沿っていないことが一因だと指摘する。

三つ目が社会的資本、すなわち社会的支援のネットワークに対するアクセスの難しさである。社会的ネットワークは、資源の限られる起業家が事業のアイデアを実現し、市場を開拓していくうえで欠かせないものである（竹内、2019）。女性の場合はこのネットワークが、親戚・友人や、趣味を介したものなど属人的になりがちである（田中、2008；鹿住、2015）。しかし、こうしたネットワークでは資金調達や人材確保などの便益を得にくく（鹿住、2015）、また、起業後の困難を属人的ネットワークだけで回避しようとしても、なかなかうまくいかない（田中、2008）。ビジネスに有効な社会的ネットワークとしては業界団体などが考えられるが、こうした集まりのなかには女性が入りづらさを感じるところも少なくない（大石、2002）。また、女性起業家自身も既存の商工団体などに加入しようとしないケースが多い（川名・弘中、2016）。

⑸　女性が必要とする支援策

こうした問題への対処策として、どのようなことが求められるのだろうか。

まず、起業に対する女性の関心を高めるには、ロールモデルの重要性が指摘されている（鈴木、2020）。学生の起業意欲を高める要因を男女別に分析した結果、女子学生の場合は特に、ロールモデルがいると起業への自信をもてるとしている。わが国の女性の起業への関心は特に低いが、各国の女性の起業意識を比較分析した高橋（2014）によれば、起業にある程度関心がある層に限れば、そこから実際の起業活動に移行する割合は、日本は米国よりも高い。だとすれば、早いうちに同性の起業家から話を聞く機会をつくるなど、起業への関心を呼び起こすための働きかけが有用なのではないか。また、大石（2002）は、女性自らが性別に対してもつ意識を変える必要性を唱える。家庭との両立を自ら制約条件として課す限り、個人の能力を最大限に生かした起業は望めないとする。これらの先行研究の結果を考えると、ロールモデルの役割は非常に大きいといえよう。

女性が融資の申し込みや創業に関連するセミナーへの参加を諦めてしまったり踏み切れなかったりする問題に対して、鹿住（2019）は、「何かやりたいが、まだ起業という方法を知らない」女性の自信ややる気に作用することの重要性を説く。こうした自信は起業家の平均像、すなわち起業により一定以上の収益確保を目指す男性を想定した支援では得られにくく、女性、特にママ起業家のような小規模層に的を絞ったプログラムが求められるという。鹿住・河合（2018）によれば、地域のコミュニティや「ママフェス」などのインフォーマルな場での支援の方が、女性起業家の自己効力感は向上しやすく、その後の経営パフォーマンスにもプラスに影響する。

このようなネットワークは同性の先輩起業家とつながる機会にもなり、開業した後も意味をもつ。河合（2022）は、仕事と家庭の両立は起業家のなかでも女性にとってよりストレス因子になりやすく、精神的負担の解消には先輩起業家からのメンタリングやコーチングが必要だと述べている。

ステップアップを念頭に置いた支援の必要性を説くのは川名・弘中（2016）である。管理職の経験が少ないなど経営スキルが乏しい女性のために、学生や社会人のインターンを率先して送り込んで「人を雇う経験」をさせることを提案している。

3　女性の開業の実態をさまざまな角度から分析

本章では、次章以降の分析に先立ち、女性の開業を取り巻く環境の変化や問題点を、既存の統計や先行研究をもとに整理した。女性の働き方や女性の開業に対する社会の意識の変化に伴い、開業においてもダイバーシティは進展している。それでも、女性起業家がその性別ゆえに抱える問題は少なくない。

本書は、当研究所が蓄積した調査データをもとに女性の開業の実態をさまざまな視点からとらえることで、女性が開業前後に直面する困難を克服するためのヒントを得ようとするものである。当研究所の「新規開業実態調査」は日本政策金融公庫国民生活事業から開業前後に借り入れした人を対象にしたもので、新規開業の動向を1991年度から追うことができる。また、借り入れを必要としないごく小規模な起業家や起業前の人にもスポットを当てるべく、当研究所は2013年度からインターネット調査会社の登録モニターに対して「起業と起業意識に関する調査」を毎年実施している。このインターネットアンケートでは、事業に充てる時間が短い起業家を「パートタイム起業家」として切り分け、フルタイムで事業を行う起業家と、勤務や家事の合間に収入を補塡したり趣味や特技を生かしたりするために小さく商いをしている起業家を区別して分析している。さらに、自身は起業したという意識がないが実態は事業を経営している「意識せざる起業家」をとらえることもできる。

この二つの調査で蓄積したデータを子細に分析すれば、女性の開業を長期的な視点で観察したり、女性起業家を家事の合間に商売するごく小規模なタイプから男性を凌駕する事業規模を実現するタイプまで多層的に実態を把握したりすることができる。開業に無関心な段階、関心をもった段階、そして開業する段階、開業後とそれぞれの局面で何が障害になっているのか、どのような支援が求められているのかを知ることもできる。

まず、第1章から第3章では、「新規開業実態調査」の結果を用いた分析を行う。第1章では最新の調査結果を中心に、開業の動向を説明する。本章の冒頭ですでに触れた女性やシニア層の増加など、開業の担い手の多様化について観察する。第2章では、女性の開業の特徴を男性との比較により整理する。女性による事業は、2022年度の調査時点で従業者数が平均3.4人、月商は165.3万円と、男性（順に4.3人、457.4万円）に比べて規模が小さい。長いスパンでみると、新規開業企業全体で事業の小規模化が進んでいるが、この点と女性による開業の増加との関連性を探る。そして、第3章では女性起業家の生産性や事業規模の大きい女性に着目する。規模の小ささばかり注目されがちな女性起業家だが、小さいなりに効率よく事業を展開している人もいる。少数派ながら自身のスキルを生かして事業を大きく成長させている女性の特徴も探っていきたい。

後半の第4章から第7章は、「起業と起業意識に関する調査」の結果から分析を行う。2022年度調査に回答した起業家の8割以上が開業費用を金融機関から借り入れておらず、事業に充てる時間が35時間未満のパートタイム起業家に占める女性の割合は43.9%と、「新規開業実態調査」における女性開業者の割合（24.5%）を大きく上回る。第3章まででは拾い切れなかった小規模性が特に強い女性起業家の実態を、第4章で分析する。このごく小規模な層のなかには、自身が事業を経営しているという意識をもたない女性も含まれる。第5章では、この意識せざる起業家について解説する。そして、第6章と第7章では、起業家以外の層を起業関心層と起業無関心層に切り分けて、それぞれ分析を行う。2022年度調査では、女性の69.1%が起業に無関心であり、男性の場合の50.8%を大きく上回る。対して、起業関心層は、女性は9.9%と男性の13.7%に比べて少ない。また、起業に関心がある人のうち「10年以内に起業予定」という女性は9.9%で、やはり男性（20.0%）より少ない。起業に関心をもち、実際の起業へとステップアップしていくためには何が求められているのかを考える。

続く事例編では、12人の女性起業家の取り組みを詳しく紹介する。それぞれ事業の内容も規模も異なるが、開業により自らの思いをかたちにしていく彼女たちの姿には共通点も多い。事例編の総括として12人に対するヒアリング調査から得られた示唆を整理し、本書のまとめとする。

女性の場合、開業前後に抱える問題や事業の内容は、周囲の環境やライフステージによって左右されやすい。以下、女性の開業を可能な限り広い角度から分析することで、起業家はもちろん、理解者、支援者をさらに増やしていくことにつなげたい。

＜参考文献＞

石黒久仁子（2014）「女性起業家の現状と日本の企業社会―予備的調査」文京学院大学総合研究所『文京学院大学外国語学部紀要』第14号、pp.65－79

大石友子（2002）「社会制度の変化と女性起業家―女性雇用労働者との対比からみる―」国民生活金融公庫総合研究所『調査季報』第62号、pp.45－64

鹿住倫世（2015）「企業家活動と社会ネットワーク―創業に役立つネットワークとは？―」日本政策金融公庫総合研究所『日本政策金融公庫論集』第26号、pp.35－59

―――（2019）「ママ起業の特徴と求められる支援策」日本政策金融公庫総合研究所『日本政策金融公庫論集』第42号、pp.41－60

———（2022）「『見えない』女性起業家に光を当てる―マイノリティーからの脱却と事業創造―」一橋大学イノベーション研究センター『一橋ビジネスレビュー』Vol.69、No.4、pp.6－19

鹿住倫世・河合憲史（2018）「女性の起業支援策と女性起業家の自己効力感―日本のデータから―」企業家研究フォーラム『企業家研究』第15号、pp.109－134

河合憲史（2022）「日本の女性起業家：パンデミック禍における仕事と家庭の葛藤および撤退行動」商工総合研究所『商工金融』2022年8月号、pp.5－24

川名和美・弘中史子（2016）「日本の女性起業家の成長・発展と支援環境―雇用と事業成長という視点からの予備的考察―」大阪経済大学中小企業・経営研究所『中小企業季報』第178号、pp.12－24

桑本香梨（2019a）「『ゆるやかな起業家』の実態と課題―『2018年度起業と起業意識に関する調査・特別調査』より―」日本政策金融公庫総合研究所編『2019年版新規開業白書』佐伯印刷、pp.73－109

———（2019b）「起業の裾野を広げる『趣味起業家』の実態と経営課題」日本政策金融公庫総合研究所『日本政策金融公庫論集』第43号、pp.1－20

———（2020）「準起業家の実態と起業の促進に果たす役割」日本政策金融公庫総合研究所『日本政策金融公庫論集』第46号、pp.1－23

鈴木正明（2020）「大学生の起業意図～その形成要因と男女差の分析」文教大学国際学部図書・紀要委員会『文教大学国際学部紀要』第31巻1号、pp.25－44

高橋徳行（2011）「わが国の女性起業家の特徴」家計経済研究所『季刊家計経済研究』No.89、pp.32－43

———（2014）「起業態度と起業活動の国際比較―日本の女性の起業活動はなぜ低迷しているのか―」日本政策金融公庫総合研究所『日本政策金融公庫論集』第22号、pp.33－56

竹内英二（2019）「起業前の出会いを増やす活動が起業に及ぼす効果」日本政策金融公庫総合研究所『日本政策金融公庫論集』第43号、pp.21－38

田路則子・鹿住倫世・新谷優・本條晴一郎（2018）「大学生の起業意識調査レポート―GUESSS2016調査結果における日本のサンプル分析―」法政大学イノベーション・マネジメント研究センター『イノベーション・マネジメント』No.15、pp.109－129

田中恵美子（2008）「女性起業家の創業の困難性とその回避策―女性起業家の簇生・成長を促進するための基礎的考察―」日本中小企業学会編『中小企業研究の今日的課題』同友館、pp.198－210

濱口桂一郎（2015）『働く女子の運命』文藝春秋

樋口美雄・児玉直美（2014）「女性は融資を受けられる可能性は低いのか？―新規開業パネル調査による分析―」経済産業研究所『RIETI Discussion Paper Series』14－J－015

藤井辰紀・金岡論史（2014）「女性起業家の実像と意義」日本政策金融公庫総合研究所編『2014年版新規開業白書』同友館、pp.73－125

藤田一郎（2018）「新規開業企業経営者の休職」日本政策金融公庫総合研究所編集・深沼光・藤田一郎著『躍動する新規開業企業―パネルデータでみる時系列変化―』勁草書房、pp.239－256

横田響子（2023）「女性経営者がつくる未来と必要な施策」日本政策金融公庫総合研究所『日本政策金融公庫調査月報』No.172、pp.36－41

GEM（2019）*Women's Entrepreneurship Report 2018/2019*, London: GEM.

Gupta, Vishal K., Daniel B. Turban, S. Arzu Wasti, and Arijit Sikdar（2009）"The Role of Gender Stereotypes in Perceptions of Entrepreneurs and Intentions to Become an Entrepreneur." *Entrepreneurship Theory and Practice*, vol.33(2), pp.397－417.

第1章

「2022年度新規開業実態調査」結果の概要

日本政策金融公庫総合研究所
研究員　青木　遥

本章では、当研究所が2022年9月に実施した「2022年度新規開業実態調査（定例調査）」（以下、本調査）の結果を過去のデータとも比較しながらみていく。

本調査の対象は、日本政策金融公庫国民生活事業が2021年4月から同年9月にかけて融資した企業のうち、融資時点で開業後1年以内の企業（開業前の企業を含む）4,817社（不動産賃貸業を除く）である。回収数は1,122社で、回収率は23.3%であった。

回答企業の業歴の分布をみると「13～18カ月」（48.7%）が最も多く、「19～24カ月」（20.4%）、「7～12カ月」（19.9%）、「25カ月以上」（9.9%）、「0～6カ月」（1.2%）と続く（図1－1）。開業から2年以内の回答者が9割以上で、業歴の平均は16.8カ月である。

「2022年度新規開業実態調査（定例調査）」の実施要領

調査時点	2022年9月
調査対象	日本政策金融公庫国民生活事業が2021年4月から同年9月にかけて融資した企業のうち、融資時点で開業後1年以内の企業（開業前の企業を含む）4,817社（不動産賃貸業を除く）
調査方法	調査票は郵送、回答は郵送またはインターネット経由、アンケートは無記名
回 収 数	1,122社（回収率23.3%）

図1－1　回答企業の業歴

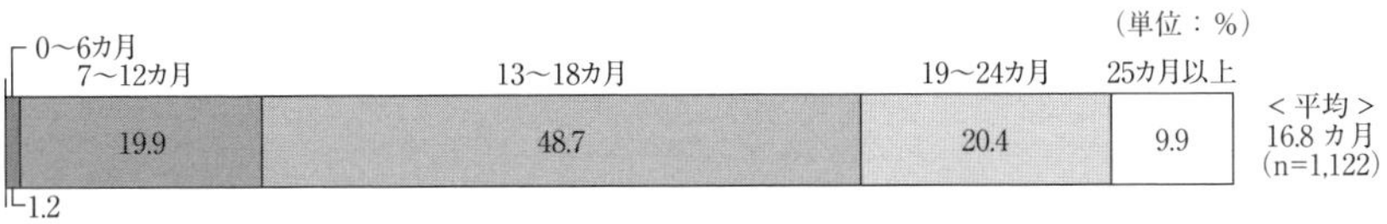

資料：日本政策金融公庫総合研究所「2022年度新規開業実態調査」。ただし、時系列データは各年度の調査による（以下同じ）。
（注）1　nは回答数（以下同じ）。
　　　2　構成比は小数第2位を四捨五入して表示しているため、合計は100%にならない場合がある（以下同じ）。

図1-2　性　別

（単位：％）

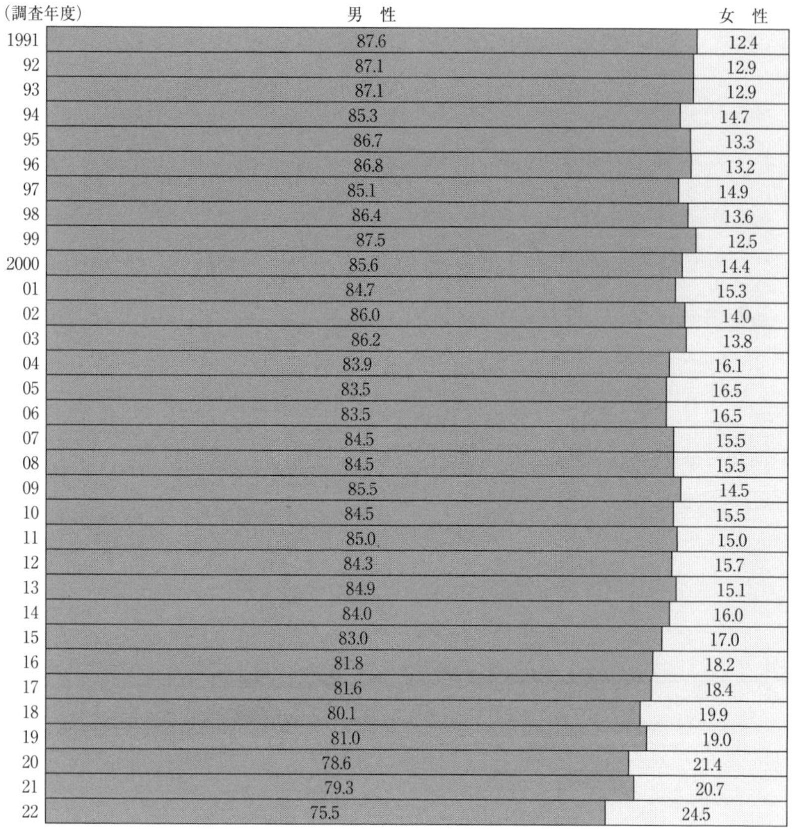

1　開業者の属性とキャリア

(1)　開業者の属性

開業者の性別は「男性」が75.5％と大半を占めるものの、「女性」は24.5％と1991年度の調査開始以来、最も多い（図1－2）。「女性」の割合は、1991年度（12.4％）から31年の間に2倍近くまで上昇したことになる。女性の開業者の増加については、次章以降で詳しく触れることとしたい。

図1-3 開業時の年齢

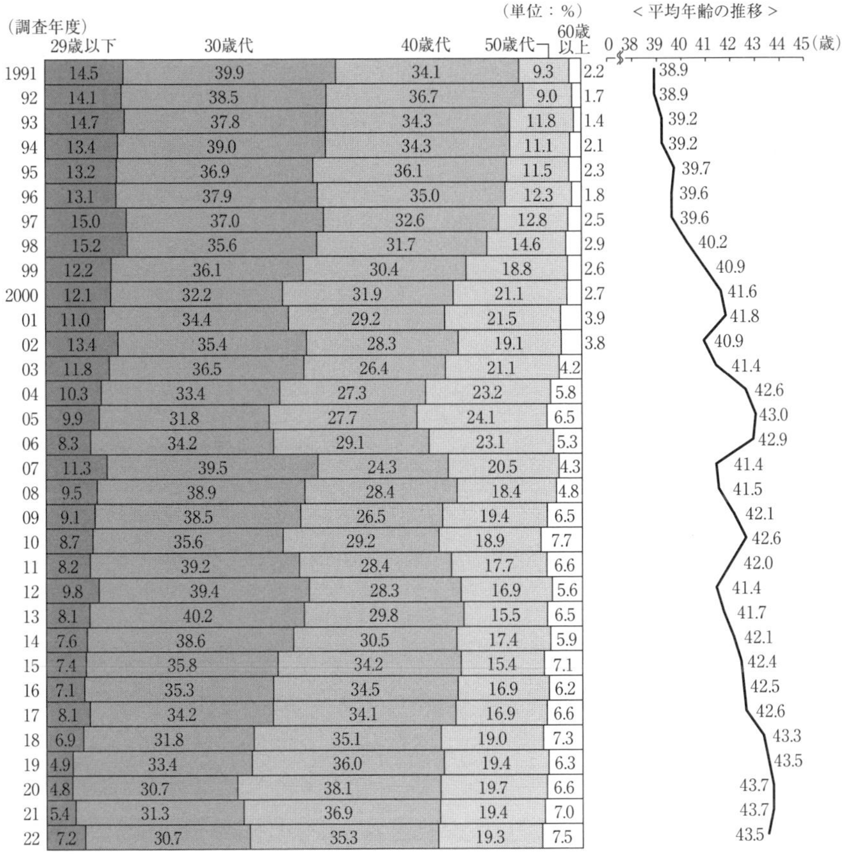

開業時の平均年齢は調査開始以降、上昇傾向にあり43.5歳となった（図1－3）。年齢の分布をみると、「40歳代」が35.3%と最も多く、「30歳代」（30.7%）と合わせると開業者の6割以上を占める。「30歳代」と「40歳代」は、調査を開始してから現在まで変わらずボリュームゾーンになっている。「29歳以下」は7.2%と、足元でやや増えているものの、1991年度（14.5%）と比べると半分ほどに減っている。「50歳代」（19.3%）、「60歳以上」（7.5%）は、足元は横ばいだが、それぞれ1割前後、3%未満であった1990年代に比べると増加している様子がみてとれる。

図1−4　最終学歴

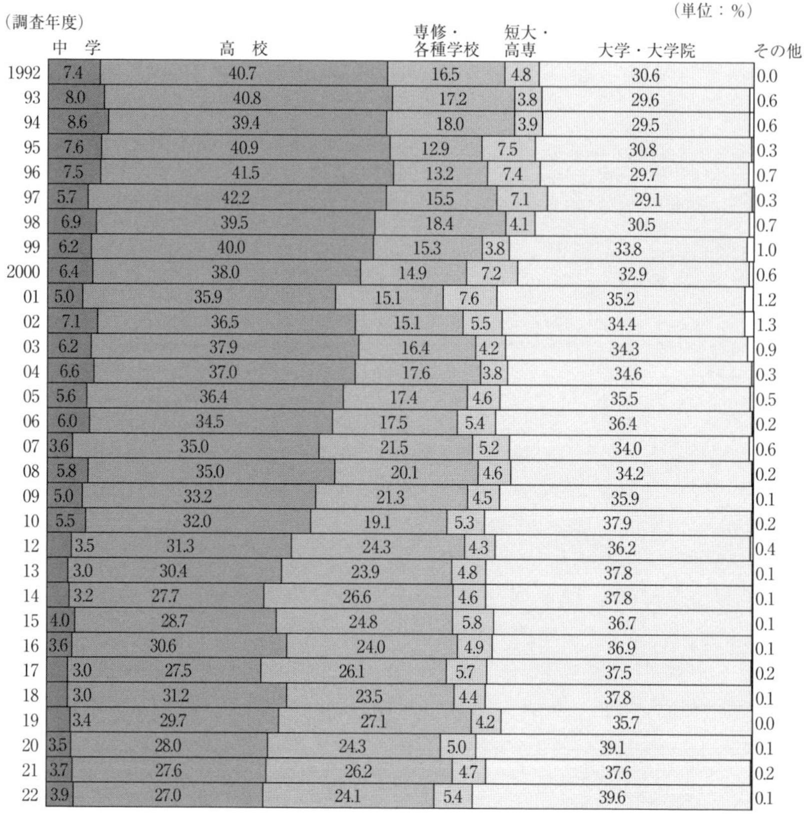

（注）1　1991年度調査の選択肢には「短大」が含まれていないため、結果を掲載していない。また、2011年度調査では最終学歴を尋ねていない。
　　　2　1992年度調査の選択肢には「その他」がない。また、1999〜2002年度調査の「その他」には「海外の学校」が含まれる。

⑵　開業者のキャリア

最終学歴は「大学・大学院」の割合が39.6％と最も高く、過去と比べても最高となった（図1−4）。次いで「高校」（27.0％）、「専修・各種学校」（24.1％）の順となっている。長期的にみると「高校」の割合が低下する一方で、「大学・大学院」「専修・各種学校」は上昇傾向にある。

勤務キャリアをみると、開業者の98.0％までが勤務経験が「ある」と回

表1−1　勤務キャリア

（単位：%、年）

	割　合	経験年数（平均値）	経験年数（中央値）
勤務経験が「ある」（n=1, 104）	98. 0	20. 3	20. 0
斯業経験が「ある」（n=1, 106）	82. 9	14. 0	12. 0
管理職経験が「ある」（n=1, 108）	64. 3	11. 2	10. 0
経営経験が「ある」（n=1, 022）	15. 4	11. 2	10. 0

（注）1　斯業経験は現在の事業に関連する仕事をした経験。管理職経験は3人以上の部下をもつ課もしくは部などの長またはリーダーとして働いた経験。経営経験は現在の事業を始める前に別事業を経営した経験（すでにその事業をやめている場合を含む）。
2　経験年数の平均値と中央値は、経験がある人だけを集計した。

答している（表1−1）。勤務の経験年数の平均は20. 3年である。斯業経験（現在の事業に関連する仕事の経験）の「ある」人は82. 9%を占め、平均年数は14. 0年である。管理職(3人以上の部下をもつ課もしくは部などの長またはリーダー）の経験が「ある」割合は64. 3%、経験年数の平均は11. 2年であった。調査時点の事業を始める前に、別の事業を経営した経験の「ある」人は15. 4%で、経験年数の平均は11. 2年であった。

開業直前の職業は「正社員・正職員（管理職)」の割合が39. 2%と最も高く、「正社員・正職員（管理職以外)」(29. 3%）が続く（図1−5)。これらに「会社や団体の常勤役員」(11. 3%）を合わせた「正社員・正職員」の割合は徐々に低下しており、その分「パートタイマー・アルバイト」と「派遣社員・契約社員」を合わせた「非正社員」(11. 5%）が上昇傾向にある。総務省「労働力調査」(2022年）によれば、役員を除く雇用者に占める非正規の職員・従業員の割合は女性で53. 4%と、男性（22. 2%）に比べてかなり高い。開業者に占める女性の割合が増えていることから、開業直前の職業が「非正社員」である割合も上昇しているのであろう。

続いて、開業者が開業直前の勤務先を離職した理由をみると「自らの意思による退職」が81. 2%と大半を占めており、「勤務先の倒産・廃業」(3. 9%)、「事業部門の縮小・撤退」(2. 2%)、「解雇」(1. 6%)を合計した

図1−5　開業直前の職業

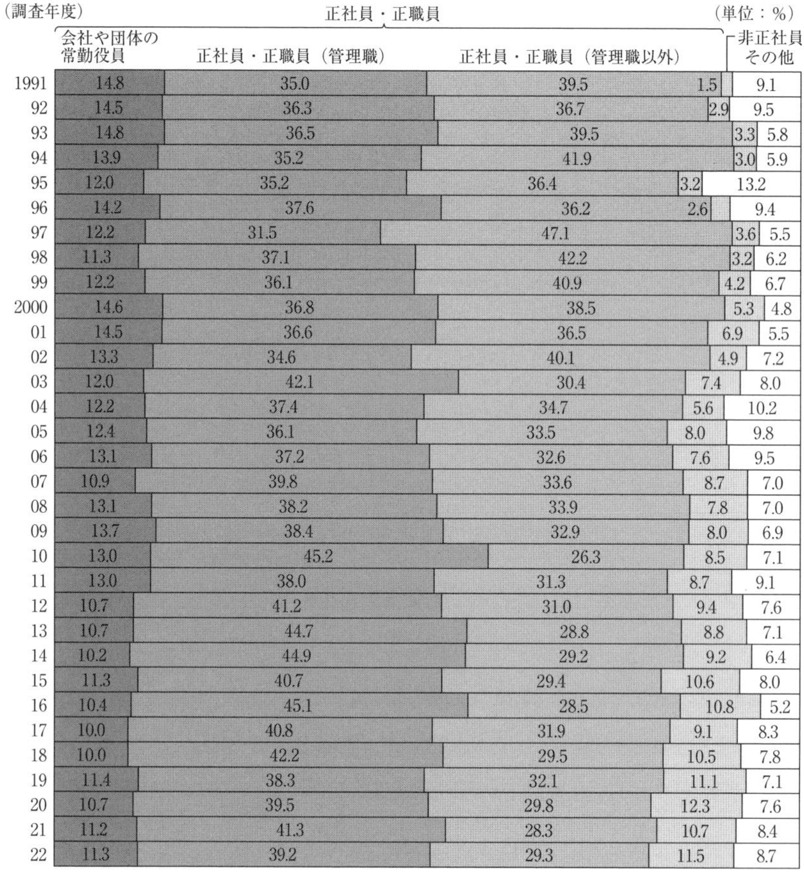

（注）1　「非正社員」は「パートタイマー・アルバイト」と「派遣社員・契約社員」の合計。ただし、1991～1994年度および2004年度調査では選択肢に「派遣社員・契約社員」がない。また、1995～1999年度調査の選択肢は「派遣社員・契約社員」ではなく「派遣社員」である。
2　「その他」には「専業主婦・主夫」（2007年度までは「専業主婦」）、「学生」が含まれる。

「勤務先都合」の割合は7.7%と低い（図1−6）。多くの開業者が自身で退職を選択し、開業している。一方、「離職していない」人が6.2%と、勤務しながら事業を経営している人もいる。「定年退職」は1.9%とごくわずかで、開業者に占める「60歳代」の割合が相対的に低かったこと（前掲図1−3）と考え併せると、定年を待って事業を始める開業者は少ないようだ。

図1−6　開業直前の勤務先からの離職理由

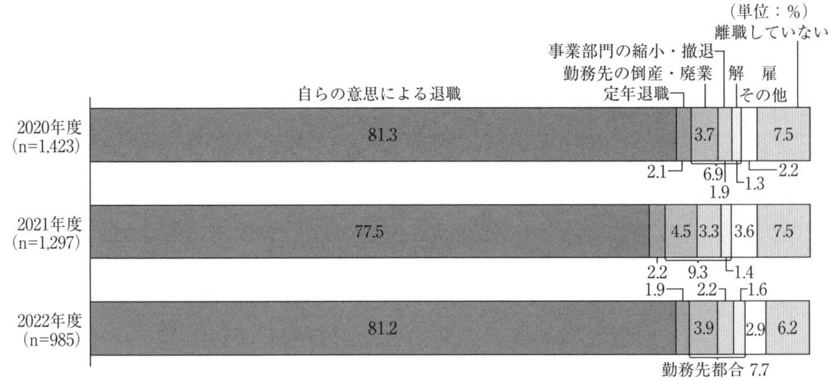

表1−2　開業動機（三つまでの複数回答）

（単位：％）

	2020年度 （n=1, 584）	2021年度 （n=1, 453）	2022年度 （n=1, 100）
自由に仕事がしたかった	56. 5	54. 1	56. 6
収入を増やしたかった	41. 9	43. 4	47. 2
仕事の経験・知識や資格を生かしたかった	45. 8	47. 3	44. 5
事業経営という仕事に興味があった	34. 8	35. 1	35. 5
自分の技術やアイデアを事業化したかった	30. 0	32. 1	28. 6
社会の役に立つ仕事がしたかった	29. 3	26. 5	27. 6
時間や気持ちにゆとりが欲しかった	19. 3	19. 5	19. 7
年齢や性別に関係なく仕事がしたかった	12. 4	12. 1	11. 5
趣味や特技を生かしたかった	9. 0	8. 5	9. 8
適当な勤め先がなかった	5. 7	5. 9	6. 0
その他	7. 9	9. 1	6. 3

2　事業概要

(1)　開業動機と事業の決定理由

開業動機（三つまでの複数回答）をみると、「自由に仕事がしたかった」（56. 6％）が最も多い（表1−2）。次いで「収入を増やしたかった」（47. 2％）、「仕事の経験・知識や資格を生かしたかった」（44. 5％）の順になっている。上位3項目は2020年度、2021年度も変わらない。

表1−3　事業内容の決定理由

（単位：%）

	2020年度 (n=1, 551)	2021年度 (n=1, 437)	2022年度 (n=1, 100)
これまでの仕事の経験や技能を生かせるから	41. 8	43. 8	44. 0
身につけた資格や知識を生かせるから	21. 9	19. 4	19. 1
地域や社会が必要とする事業だから	13. 8	15. 9	14. 3
成長が見込める事業だから	8. 5	8. 4	8. 1
趣味や特技を生かせるから	4. 5	3. 9	5. 3
新しい事業のアイデアやヒントをみつけたから	4. 1	4. 0	4. 2
経験がなくてもできそうだから	2. 7	2. 1	3. 6
不動産などを活用できるから	0. 7	0. 4	0. 3
その他	1. 9	2. 1	1. 2

事業内容の決定理由は、「これまでの仕事の経験や技能を生かせるから」（44. 0%）が最も多く、「身につけた資格や知識を生かせるから」（19. 1%）、「地域や社会が必要とする事業だから」（14. 3%）と続く（表1−3）。2020年度、2021年度も上位三つは同じであった。前掲表1−1でみたように、斯業経験をもつ開業者は8割以上と多く、さらに経験年数は平均14年と長い。すでに業界の知識や仕事のノウハウを十分にもっていて、それを生かして開業し、収入を増やそうとする人が多いのだろう。

(2)　開業事業の属性

開業業種は「サービス業」（29. 4%）、「医療・福祉」（16. 4%）、「小売業」（13. 8%）の順に多い（表1−4）。「サービス業」は比較可能な2004年度以降、常に最も多い業種であるが、2018年度以降は5年連続で増加しており、3割に近い水準となっている。サービス業を細かくみると、「美容業」「経営コンサルタント業」「税理士事務所」「エステティック業」などが多い。大分類業種の「飲食店・宿泊業」は10. 1%と、2004年度以降で最も少ない。新型コロナウイルスの感染拡大により会食や旅行を控える人が増えるなどマイナス影響が大きかったものと思われる。

表1-4　開業業種

（単位：%）

調査年度	建設業	製造業	情報通信業	運輸業	卸売業	小売業	飲食店・宿泊業	医療・福祉	教育・学習支援業	サービス業	不動産業	その他
2004	8.9	5.5	3.2	3.8	7.5	14.2	14.0	14.9	1.6	23.5	2.2	0.8
05	8.5	5.2	2.5	3.6	6.8	15.9	14.5	16.1	1.5	21.1	2.4	1.9
06	9.6	5.4	2.6	3.6	8.2	15.2	14.5	14.1	2.2	20.9	3.2	0.5
07	7.5	5.0	3.2	2.4	5.9	13.6	16.9	15.8	1.6	25.6	1.6	0.9
08	9.5	4.0	2.8	3.2	7.4	14.0	14.5	13.2	2.5	24.1	4.2	0.6
09	9.5	6.2	3.0	3.6	6.1	10.4	13.9	14.8	1.3	26.3	4.2	0.9
10	8.8	4.7	2.4	2.5	8.4	14.0	12.8	15.7	2.1	23.2	4.1	1.2
11	7.1	2.7	2.9	4.0	7.9	12.9	13.6	17.5	2.3	24.8	3.6	0.8
12	7.2	3.2	2.7	2.2	7.2	14.6	12.9	19.8	2.6	22.0	4.2	1.5
13	6.3	4.5	2.6	2.5	6.1	10.6	15.1	19.6	3.4	23.6	4.8	0.9
14	6.4	3.5	2.5	1.8	5.5	13.2	14.9	21.9	3.2	22.2	3.7	1.2
15	8.6	4.1	2.6	2.0	5.1	11.9	15.9	19.5	2.6	23.2	3.7	0.7
16	8.5	4.4	1.6	1.9	5.6	9.4	15.8	18.0	2.9	26.2	4.5	1.1
17	8.9	4.2	2.2	2.7	4.6	11.9	14.2	19.6	3.6	23.3	4.1	0.7
18	7.7	3.4	3.2	2.8	4.9	13.1	14.7	17.4	2.6	25.1	4.2	0.8
19	8.8	3.4	2.7	3.5	5.3	12.8	15.6	14.7	3.1	25.9	3.7	0.5
20	9.4	3.1	2.9	2.6	3.5	11.8	14.3	16.7	3.6	26.4	4.4	1.3
21	7.2	2.7	2.5	4.6	4.3	11.5	14.7	17.4	2.9	28.1	3.3	0.9
22	6.8	3.9	2.7	3.8	3.2	13.8	10.1	16.4	4.4	29.4	4.9	0.6

（注）「持ち帰り・配達飲食サービス業」は、「小売業」に含む。

開業時の経営形態は、「個人経営」が60.5%と多く、「株式会社」（28.1%）、「NPO法人」（0.6%）、「その他」（合同会社・合資会社・一般社団法人など、10.8%）を合わせた「株式会社等」が39.5%である（図1－7）。1990年代は「株式会社等」はほぼ2割台だったが、2003年の新事業創出促進法の改正により一定の要件を満たせば設立後5年間は最低資本金の規制を受けずに会社を設立できるようになったことや、2006年には規制自体が廃止されたこともあり、以降は3割台後半で推移している。平均16.8カ月経過した調査時点の組織形態も「個人経営」が58.1%、「株式会社等」が41.9%と、

図1−7　開業時の経営形態

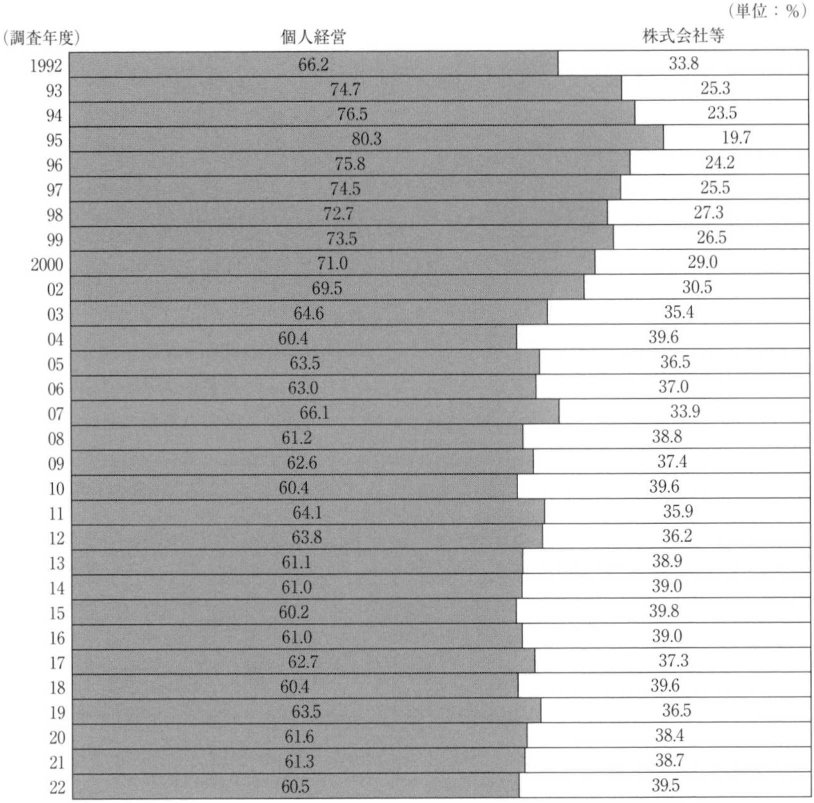

（注）1　1991年度調査と2001年度調査では開業時の経営形態を尋ねていない。
　　　2　経営形態の質問に対する選択肢は調査ごとに若干異なる。このため、「個人経営」以外は「株式会社等」で一括した。

開業時から大きな変化はない。

開業時の平均従業者数をみると1991年度から2010年代前半までは4人前後を維持していたが、2015年度以降は4人未満となり、2022年度では3.1人となった（図1−8）。2017年度と並び、過去最少の水準である。開業者本人だけで開業する割合は2014年度まで2割前後で推移していたものの、その後は3割台が続いており、直近3年は3割台後半と上昇傾向にある。

従業員を雇わずに経営者1人で稼働している割合は、開業時（37.7%）

図1－8　開業時の平均従業者数および開業者本人のみで開業した割合

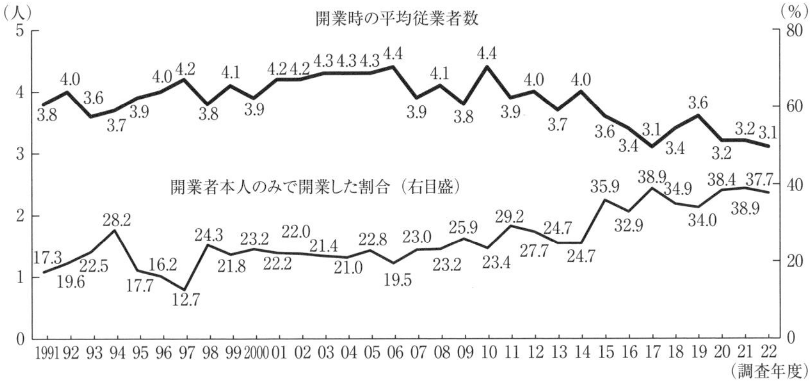

（注）従業者は、「開業者本人」「家族従業員」「常勤役員・正社員」「パートタイマー・アルバイト」「派遣社員・契約社員」を含む（以下同じ）。

図1－9　開業時と調査時点の従業者数

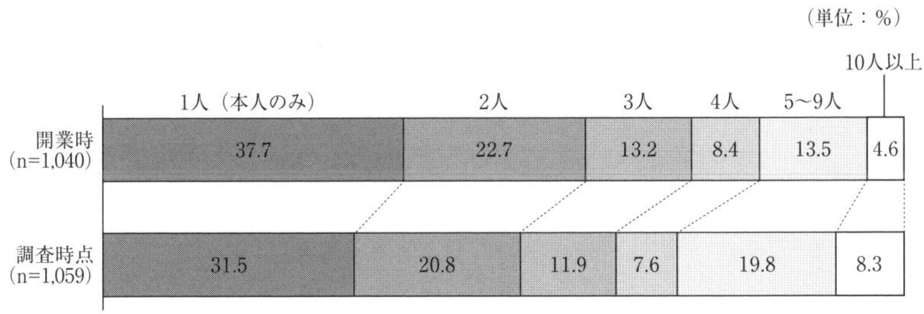

から調査時点（31.5%）の間に低下しているものの、その差は約6ポイントと小さい(図1－9)。調査時点で4人以下の割合が7割以上を占めており、小規模に事業を運営する人が増えている。

開業時の従業者の内訳は、「家族従業員」が平均0.4人、「常勤役員・正社員」0.8人、「パートタイマー・アルバイト」が0.9人、「派遣社員・契約社員」が0.1人である（図1－10)。調査時点の平均従業者数は4.1人と開業時（3.1人）から1.0人増えている。増加したのは「パートタイマー・アルバイト」(0.5人増）や「常勤役員・正社員」(0.3人増）などである。開業

図1−10　開業時と調査時点の平均従業者数

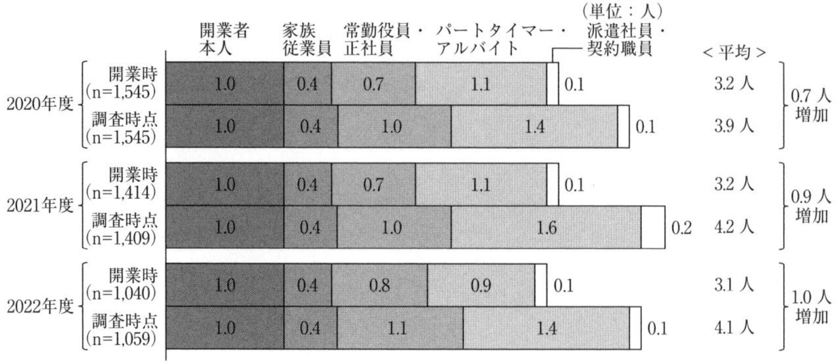

（注）小数第2位を四捨五入して表記しているため、同じ値でもグラフの長さが異なったり、内訳の合計と平均、平均の差と増加数が一致しなかったりする場合がある。

図1−11　開業費用の平均値と中央値

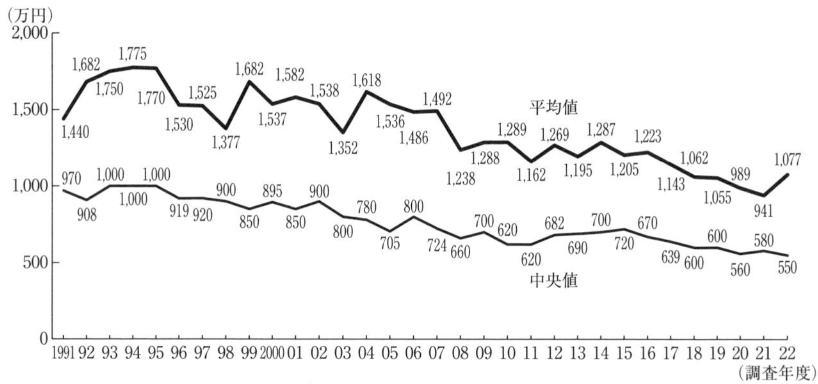

間もないなかで正規雇用の人材を増やすのは難しいためか、非正規の従業員の増加数の方が多くなっている。

開業費用の平均は1,077万円と、調査開始以来最も低かった2021年度（941万円）を上回ったものの、減少傾向に歯止めがかかったとはいいにくいだろう（図1−11）。中央値は550万円と、1990年代の半分ほどの水準である。開業費用の分布をみると「500万円未満」の割合は1991年度以降、増加傾向にある（図1−12）。さらに「250万円未満」の割合をみると、2000年

図1-12　開業費用

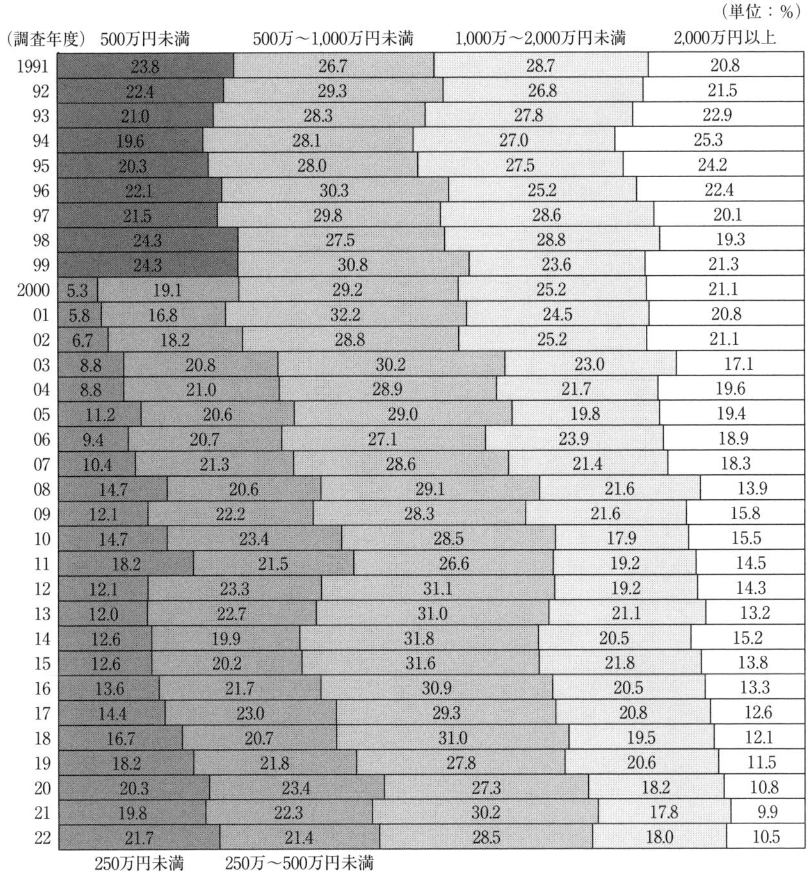

（注）2000年度以降は「500万円未満」を「250万円未満」と「250万～500万円未満」に分けている。

度は5.3%とわずかであったが、2022年度は21.7%と2000年度以降で最も高い水準になり、大きな増加がみられる。「250万～500万円未満」（21.4%）や「500万～1,000万円未満」（28.5%）は過去の結果と比べてそれほど大きな違いはない。「1,000万～2,000万円未満」（18.0%）や「2,000万円以上」（10.5%）は1991年度（順に28.7%、20.8%）からいずれも10ポイント以上減少している。ITの発達やシェアリングエコノミーの広がり、創業

図1-13　資金調達額と調達先

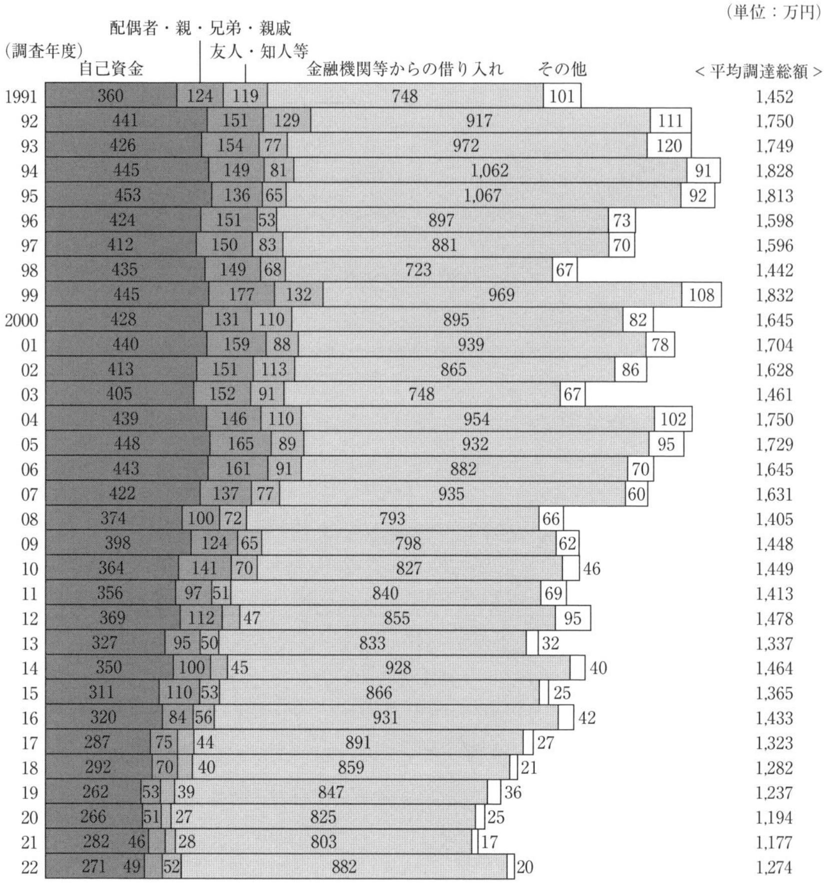

（注）1　「配偶者・親・兄弟・親戚」と「友人・知人等」は借り入れ、出資の両方を含む。
2　「友人・知人等」には「取引先」（1992～1999年度調査）、「事業に賛同した個人・法人」（1992～2022年度調査）、「自社の役員・従業員」（2004～2022年度調査）、「関連会社」（2016年度調査）を含む。
3　「金融機関等からの借り入れ」には、「日本政策金融公庫」（1991～2022年度調査）、「民間金融機関」（1991～2022年度調査）、「地方自治体の制度融資」（1992～2022年度調査）、「公庫・地方自治体以外の公的機関」（1999～2022年度調査）が含まれる。
4　開業費用と資金調達額は別々に尋ねているため、金額は一致しない。

支援サービスの充実などにより、従来より費用を抑えて開業できるようになっていることが、開業費用の少額化の要因として考えられる。

それに合わせて資金調達の額も減少している。図1－13をみると調達総

図1−14　月　商

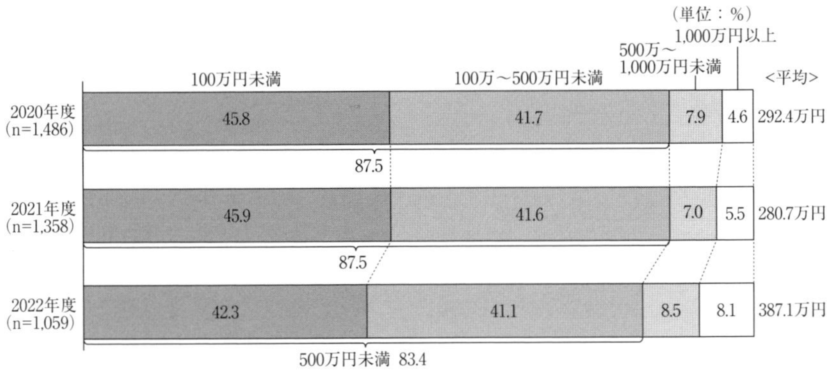

額は1990年代には平均1,800万円を超えることもあったが、2008年度以降は1,500万円を下回る水準が続き、徐々に減少している。2022年度は1,274万円となった。調達先の内訳をみると、最も多いのは「金融機関等からの借り入れ」（平均882万円）で調達総額の約7割を占める。次いで多いのは「自己資金」（同271万円）で調達額全体の約2割となっている。「友人・知人等」（同52万円）や「配偶者・親・兄弟・親戚」（同49万円）、「その他」（同20万円）は減少傾向にあり、開業に必要な資金は借り入れと自己資金によって賄われる傾向が強まっている。

(3)　業　績

月商（1カ月の売上高）をみると、「100万円未満」が42.3％と最も多く、「100万～500万円未満」（41.1％）と合わせると8割以上である（図1−14）。2020年度や2021年度と比べて、500万円以上の割合が増えており、平均額は387.1万円と100万円ほど高い。ただし、調査を始めた1991年度は526.1万円[1]であるから、長期的な傾向としては月商も少額化しているといえる。

1　1991年度の月商データには不動産賃貸業を含む。

図1−15　予想月商達成率

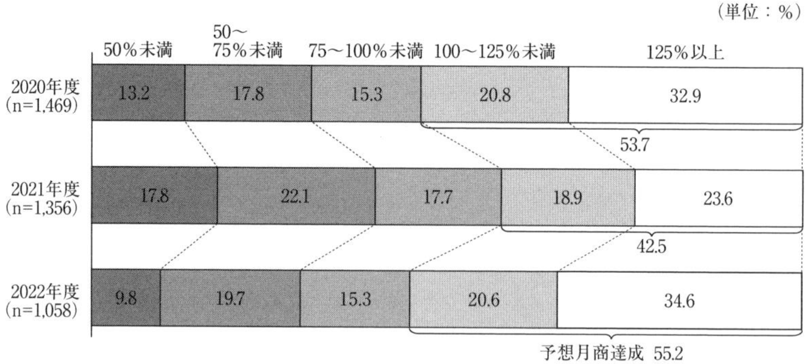

（注）予想月商達成率＝(調査時点の月商÷開業前に予想していた月商)×100

図1−16　調査時点の売り上げ状況

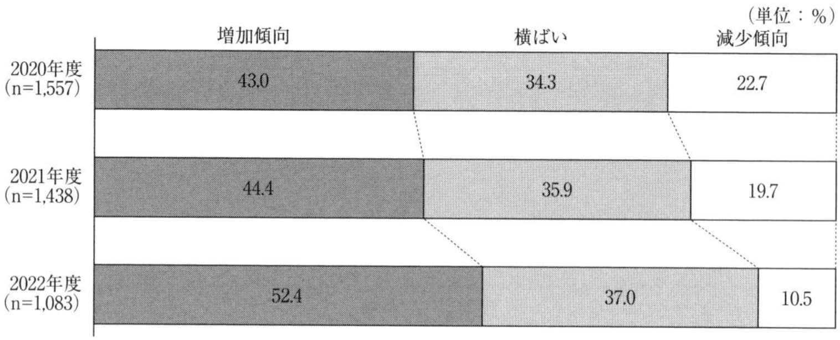

予想月商達成率（調査時点の月商÷開業前に予想していた月商×100）が100％以上、つまり予想月商を達成した割合は55.2％であり、2020年度（53.7％）や2021年度（42.5％）を上回る（図1−15）。「50％未満」の割合（9.8％）は、2020年度（13.2％）や2021年度（17.8％）に比べて少ない。

売り上げ状況が「増加傾向」である開業者は半数を超え、2020年度（43.0％）や2021年度（44.4％）より多い（図1−16）。「減少傾向」である割合は10.5％と、2割前後となった過去2年の約半分の水準である。

採算状況についてみると、「黒字基調」の割合は64.5％と、2020年度（59.8％）や2021年度（58.2％）に比べてやや高い（図1−17）。黒字化に

図1－17　調査時点の採算状況

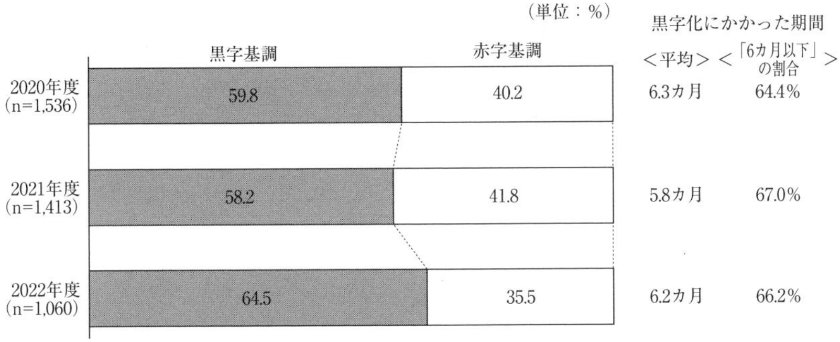

（注）平均は、開業してから黒字基調になった時期を尋ねたもの。「6カ月以下」の割合は、黒字基調の企業に対する、6カ月以内に黒字基調となった企業の割合。

かかった期間の平均は6.2カ月、開業から半年以内に黒字化した割合は66.2％であった。

新型コロナウイルス感染症の拡大が始まった2020年度や感染拡大の影響がまだ大きかった2021年度と比べると、月商の平均額は増加しており、売り上げ状況や採算も改善している。ただ、感染症の影響がないということではない。コロナ禍によりマイナスの影響が「大いにある」との回答は31.1％、「多少ある」は44.5％と、これらを合わせた「ある」は75.7％に上る。「ない」と回答した割合は24.3％であった。2022年9月の調査時点においてはコロナ禍の影響が収まったといえる状況ではなかったということである。

影響が「ある」人にその内容を尋ねると、「国内の一般消費者の需要が減っている」（44.7％）が最も多く、次いで「原材料・商品が手に入りにくくなっている（仕入価格の上昇を含む）」（39.5％）、「感染防止に向けた経費がかさんでいる」（21.1％）などとなっている（表1－5）。コロナ禍となり3年目に入った2022年度も、人や物の動きが鈍く売り上げの確保に苦労したり、消毒作業やパーティションの設置といった感染対策の負担で利益を圧迫されたりした人が少なくなかったようである。

表1-5　コロナ禍によるマイナスの影響の内容（複数回答）

（単位：％）

国内の一般消費者の需要が減っている	44.7
原材料・商品が手に入りにくくなっている（仕入価格の上昇を含む）	39.5
感染防止に向けた経費がかさんでいる	21.1
出張・交際・イベントなどの営業活動に制約がある	20.8
営業を（一部）休止・自粛している	18.4
国内の取引先の需要が減っている	16.7
人手を確保できない	14.4
資金調達が難しくなっている	10.6
インバウンド（訪日外国人旅行者）の需要が減っている	9.1
従業員の解雇や帰休を余儀なくされた	4.4
海外で需要が減っている	2.8
その他	6.1
n	836

（注）新型コロナウイルス感染症によるマイナスの影響が「大いにある」「多少ある」と回答した人に尋ねたもの。

3　苦労したことと満足度

(1)　開業時・調査時点で苦労したこと

続いて、開業時と調査時点それぞれで苦労したこと（三つまでの複数回答）をみていく。開業時に最も多いのは「資金繰り、資金調達」（57.1％）であり、「顧客・販路の開拓」（47.4％）、「財務・税務・法務に関する知識の不足」（31.0％）が続く（表1－6）。

平均16.8カ月経過後の調査時点をみると、「顧客・販路の開拓」（47.7％）が最も多く、開業時と同様に売り上げを伸ばすことに苦労している人が多い。2番目は「資金繰り、資金調達」（35.9％）であり、開業時と比べると20ポイント以上減少しているものの、販路の開拓に悩む企業が多いなかで余裕をもった資金繰りが難しい状態は続いているといえる。3番目は「従業員の確保」（27.5％）である。開業時（17.9％）から10ポイント近く増加しており、2020年度（24.7％）や2021年度（24.0％）と比べても割合は

表1−6　開業時・調査時点で苦労したこと（三つまでの複数回答）

（単位：%）

	開業時			調査時点		
	2020年度 (n=1, 565)	2021年度 (n=1, 425)	2022年度 (n=1, 083)	2020年度 (n=1, 568)	2021年度 (n=1, 422)	2022年度 (n=1, 080)
資金繰り、資金調達	55. 0	57. 6	57. 1	30. 8	34. 6	35. 9
顧客・販路の開拓	46. 8	44. 8	47. 4	47. 3	47. 9	47. 7
財務・税務・法務に関する知識の不足	34. 4	38. 4	31. 0	32. 4	33. 0	25. 3
従業員の確保	17. 5	15. 1	17. 9	24. 7	24. 0	27. 5
仕入先・外注先の確保	15. 0	15. 1	16. 8	8. 2	9. 6	9. 4
商品･サービスの企画･開発	13. 4	12. 8	14. 7	15. 1	13. 4	14. 5
従業員教育、人材育成	13. 0	11. 6	13. 5	18. 7	18. 0	20. 7
業界に関する知識の不足	10. 7	10. 5	10. 6	5. 9	5. 3	6. 5
経営の相談ができる相手がいないこと	13. 4	14. 4	9. 4	14. 5	16. 0	9. 0
商品・サービスに関する知識の不足	8. 3	7. 3	7. 9	4. 8	4. 6	5. 7
家事や育児、介護等との両立	7. 0	7. 4	7. 2	9. 8	10. 0	9. 6
その他	2. 2	2. 6	1. 7	4. 1	4. 2	2. 2
特にない	5. 9	5. 8	4. 6	7. 5	7. 2	8. 3

高い。調査時点ではコロナ禍が始まって3年目になっており、経済活動が回復するなか、わが国全体で人手不足感が強まってきていた。当研究所「小企業の雇用に関する調査（全国中小企業動向調査（小企業編）2022年7－9月期特別調査）」の結果をみると、従業員が「不足」していると回答した企業は2022年は35. 9%と、2020年（26. 8%）、2021年（28. 6%）に比べて多い[2]。開業者が事業の成長に合わせて従業員を雇おうと思っても、なかなか難しいのが実情なのであろう。そのほか「従業員教育、人材育成」（20. 7%）

2　そのほかの選択肢は「適正」（2020年58. 2%、2021年58. 2%、2022年55. 4%）と「過剰」（同15. 0%、13. 2%、8. 7%）である。

図1−18　開業に対する満足度

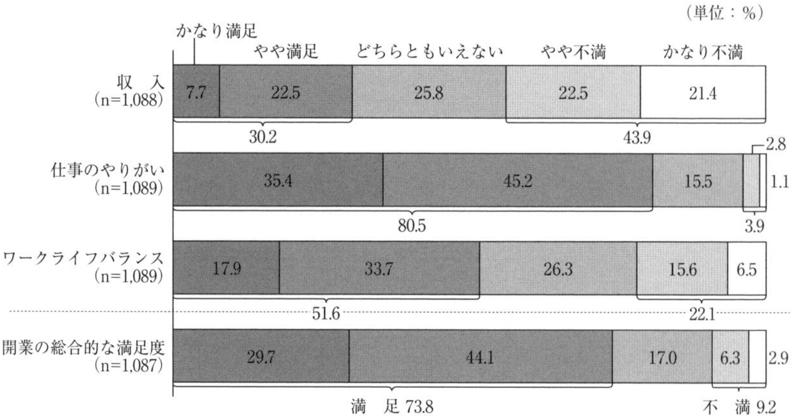

も開業時（13.5%）から増加しており、人材面の問題を訴える割合が高くなっている。

⑵　満足度と今後の方針

調査時点において苦労していることが「特にない」とする割合は1割未満と低く、多くの開業者が何らかの問題を抱えていた。では、開業したことに対する満足度はどのようになっているのだろうか。

項目別に満足度をみると、収入に「満足」している開業者は30.2%と少なく、「不満」の割合（43.9%）の方が高い（図1−18）。開業前に予想していた月商を達成している人は半数以上あったものの（前掲図1−15）、調査時点で販路の開拓に苦労している人も多く（前掲表1−6）、収入に満足できるまでには至っていないのだと思われる。

仕事のやりがいは「かなり満足」の割合が35.4%と、ほかの項目に比べて高く、「やや満足」（45.2%）を合わせた「満足」の割合は8割超に上る。開業により自身のやり方で仕事を進めることができ、勤務時代に比べてやりがいが増しているのかもしれない。開業の動機として最も多かった「自

図1-19　今後の方針

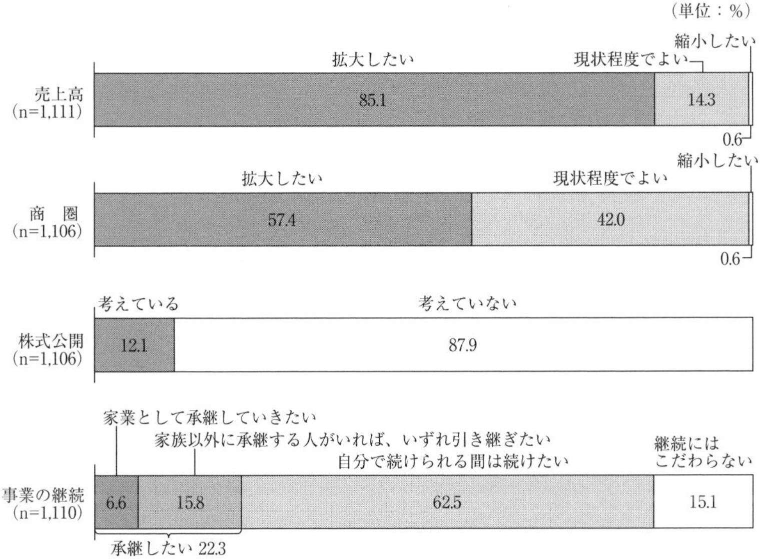

由に仕事がしたかった」（前掲表1－2）という思いがかなえられたことを評価している人が多いのではないか。

ワークライフバランスに「満足」している人は51.6％と、「不満」の割合（22.1％）の倍以上となっている。ただ、仕事のやりがいと比べると「満足」の割合は低く、事業を立ち上げて忙しくするなかで家庭と仕事の両立に苦労しているのかもしれない。

開業に対する総合的な満足度をみると、「満足」している開業者が73.8％と多く、「不満」は1割未満と少ない。開業者の多くが斯業経験のある分野で開業し（前掲表1－1）、仕事のやりがいを感じていることが、総合的な満足度の高さに反映されているのだろう。

最後に今後の事業運営の方針をみておきたい。売上高を「拡大したい」とする割合は85.1％と高い（図1－19）。商圏を「拡大したい」とする人は57.4％と、売上高に比べて少ないが、従業員を雇わずに小さく事業を展開している人が多かっただけに、今後は商圏の拡大を考える人が多いのかもしれない。他方、株式公開まで「考えている」人は12.1%と少ない。事業の継続についても、回答者の多くは開業から2年以内（前掲図1－1）ということもあり、誰かに「承継したい」（22.3%）とまで考えている人は少なく、62.5%が「自分で続けられる間は続けたい」と答えている。

◆　◆　◆

本章で分析した「2022年度新規開業実態調査」の主な結果は以下のとおりである。

○開業者に占める「女性」の割合は24.5%と、1991年度の調査開始以来最も高くなった。

○開業時の年齢は「40歳代」（35.3%）と「30歳代」（30.7%）が多く、従来から開業者のボリュームゾーンとなっている。

○従業員を雇わずに1人で事業を始める割合は37.7%と高く、開業から平均16.8カ月経った調査時点においてもその割合は31.5%と、小規模に事業を運営する人が多い。

○開業費用が「250万円未満」である割合は21.7%と比較可能な2000年度以降最も高くなっており、少額で開業する人が増えている。

○調査時点の売り上げ状況が「増加傾向」の割合（52.4%）や「黒字基調」の割合（64.5%）は2020年度、2021年度に比べて高く、コロナ禍の業績への影響は薄れてきていると考えられる。

○開業時、調査時点ともに、苦労していることとして「資金繰り、資金調達」「顧客・販路の開拓」を挙げる開業者が多い。

○収入に「不満」である人は少なくないが、仕事のやりがいに対する満足度は非常に高く、開業に総合的に「満足」している割合も7割超と高い。

開業者の大半はいまだ男性であるものの、女性の割合は徐々に増加しており、2022年度は過去最高の24.5%となった。開業者の8割は斯業経験をもつほか、仕事の経験を生かしたいという動機で開業する人も多い。序章でみたように、男女の就業率の差は縮まってきている。キャリアを積み、スキルや知識を身につける女性が増えることで、自らの能力を発揮したいと開業を選択するケースも増えていくのではないだろうか。

本調査の結果からは、女性開業者の増加のほかに開業全体の小規模化が観察された。従業員を雇わずに開業する傾向が強まり、月商の平均額も387.1万円と、調査を開始した1991年度（526.1万円）に比べて大きく減少していた。開業費用は「250万円未満」の割合が上昇している。続く第2章、第3章では、女性の増加と開業の小規模化についてさらに掘り下げてみていきたい。

第2章

女性開業者の特徴
―「2022年度新規開業実態調査（特別調査）」から―

日本政策金融公庫総合研究所
研究員　青木　遥

1　はじめに

第1章でみたとおり、当研究所が「新規開業実態調査」を開始した1991年度、開業者に占める女性の割合は12.4%であったが、2022年度は24.5%と倍近くに増え、過去最高となった（前掲図1－2）。一方、小さく開業する人も増えている。開業時の従業者規模は1991年度の3.8人から2022年度は3.1人に減り（前掲図1－8）、月商（1カ月の売上高）も同じく526.1万円[1]から387.1万円へ100万円以上減少している。

2022年度の調査結果から従業者数と月商を男女で比べてみると、いずれも女性の開業者の方が男性より少ない。従業者数が「1人（本人のみ）」である割合は、開業時（46.2%）、調査時点（40.8%）ともに4割を超え、男性（順に35.0%、28.6%）を上回る（図2－1）。従業者数の平均は開業時が2.8人、調査時点が3.4人と、いずれも男性開業者（順に3.2人、4.3人）より少ない。

月商の分布をみると、「100万円未満」が女性の61.6%を占め、男性（36.2%）に比べてかなり割合が高い（図2－2）。実額の平均は165.3万円と男性（457.4万円）の3分の1程度にとどまる。

女性の事業規模の小ささは、第1章でみた開業全体の小規模化にも影響しているのではないだろうか。そこで、本章では女性開業者の特徴や事業の実態を、男性との比較により整理したうえで、事業規模を表す被説明変数として月商を用いた計量分析を行い、女性の開業と事業の小規模化の関連を明らかにしたい。

以下、本章で用いるデータは「2022年度新規開業実態調査（特別調査）」

1　1991年度の月商データには不動産賃貸業を含む。

図2-1　従業者数

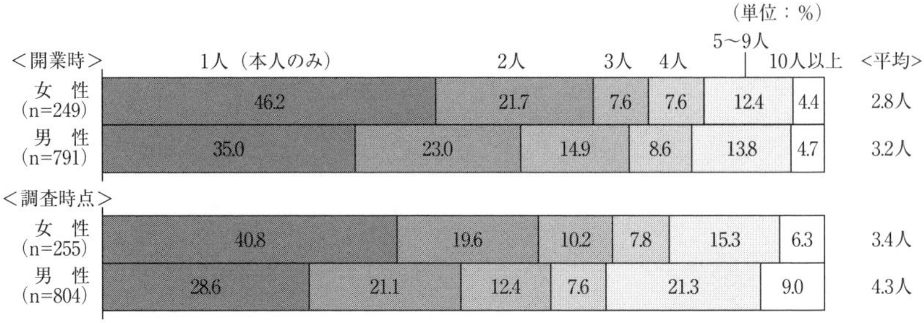

資料：日本政策金融公庫総合研究所「2022年度新規開業実態調査（定例調査）」（図2－2も同じ）
（注）1　nは回答数（以下同じ）。
　　　2　構成比は小数第2位を四捨五入して表示しているため、合計は100％にならない場合がある（以下同じ）。

図2-2　月　商

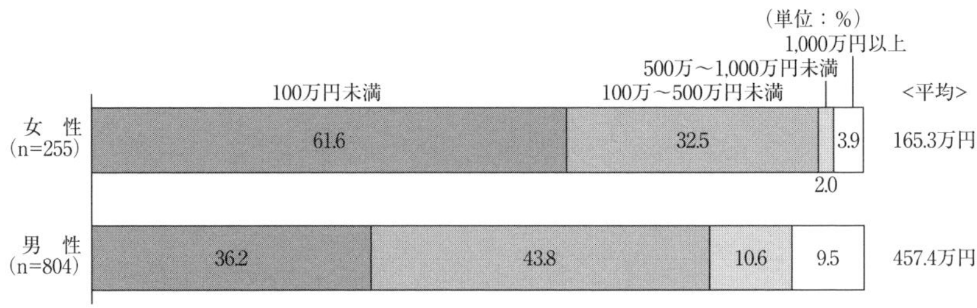

「2022年度新規開業実態調査（特別調査）」の実施要領

調査時点	2022年9月
調査対象	日本政策金融公庫国民生活事業が2021年4月から同年9月にかけて融資した企業のうち、融資時点で開業後4年以内の企業（開業前の企業を含む）7,915社（不動産賃貸業を除く）
調査方法	調査票は郵送、回答は郵送またはインターネット経由、アンケートは無記名
回 収 数	1,684社（回収率21.3％）

である。調査対象は日本政策金融公庫国民生活事業が2021年4月から同年9月にかけて融資した企業のうち、融資時点で開業後4年以内の企業（開業前の企業を含む）7,915社（不動産賃貸業を除く）である。調査時点は2022年

表2−1　開業業種

（単位：％）

	建設業	製造業	情報通信業	運輸業	卸売業	小売業	飲食店・宿泊業	医療・福祉	教育・学習支援業	サービス業	不動産業	その他
女　性 (n=374)	1.3	3.7	1.9	1.6	2.4	15.5	12.6	15.0	3.5	40.4	1.6	0.5
男　性 (n=1,310)	13.4	4.0	5.0	4.9	3.8	13.1	8.9	11.7	3.8	25.3	5.0	1.2

資料：日本政策金融公庫総合研究所「2022年度新規開業実態調査（特別調査）」（以下同じ）
（注）「持ち帰り・配達飲食サービス業」は、「小売業」に含む（以下同じ）。

9月で、回収数は1,684社（回収率21.3％）である。回答者の業歴の平均は、女性が20.7カ月、男性が23.6カ月であった。

2　女性開業者の特徴

まず、⑴事業の概要と開業者の属性、⑵開業者の働き方、⑶開業前後の取り組み、⑷事業の状況の四つについて、女性開業者の特徴をみていきたい。

⑴　事業の概要と開業者の属性

経営形態が「個人経営」である割合は、開業時（70.1％）、調査時点（67.1％）ともに7割前後と、男性（順に58.6％、53.0％）より10ポイント以上高い。「株式会社等」の割合は女性で開業時29.9％、調査時点32.9％、男性でそれぞれ41.4％と47.0％であった。

開業業種で最も多いのは男女ともに「サービス業」（女性40.4％、男性25.3％）であるが、女性の方が15ポイント以上多い（表2−1）。女性のサービス業を細かくみると、「美容業」（33.1％）や「エステティック業」（17.9％）の割合が高い。大分類業種で2番目に多いのは「小売業」

図2−3　商圏の範囲

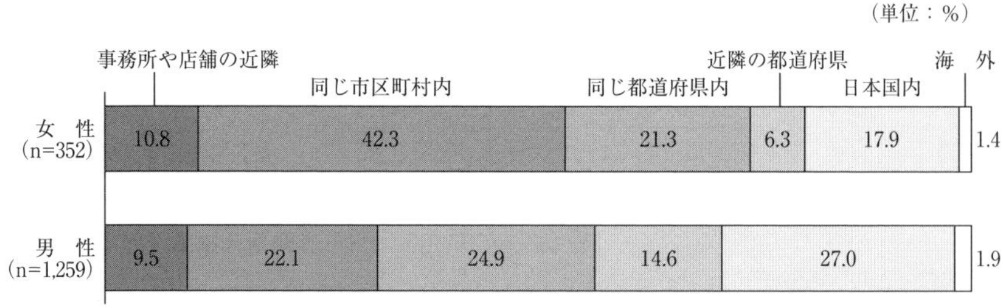

（15.5%）、3番目は「医療・福祉」（15.0%）、4番目は「飲食店・宿泊業」（12.6%）である。男性で2番目に多い「建設業」は女性ではわずか1.3%となっている。

主な販売先・受注先が「一般消費者」である割合は82.3%と、男性（59.9%）に比べて高い。「事業所（企業・官公庁など）」である割合はそれぞれ17.7%、40.1%であった。また、「固定客がほとんどである」割合（女性53.0%、男性47.4%）と「固定客が半分くらいである」割合（同36.3%、32.7%）は女性の方が高い。「固定客はほとんどいない」割合はそれぞれ10.8%、19.9%であった。

商品やサービスの主な最終ユーザーの性別が女性である割合は36.4%と、男性開業者（7.5%）に比べて30ポイント近く高い。男性開業者は「主なユーザーは男女を問わない」割合が84.1%と大半を占める（女性は57.3%）。「主なユーザーは男性である」割合（女性6.2%、男性8.5%）は男女ともに1割に満たない。

商圏で最も多いのは、女性が「同じ市区町村内」（42.3%）、男性は「日本国内」（27.0%）である（図2−3）。「事務所や店舗の近隣」（10.8%）を加えると、女性の半数を超えており、商圏が小さい傾向がみられる。

こうした顧客や商圏の違いは、男女の差というよりも開業した業種の違いによるものかもしれない。男女ともに開業業種で最も多くを占めていた

図2−4　開業時の年齢

（単位：％）

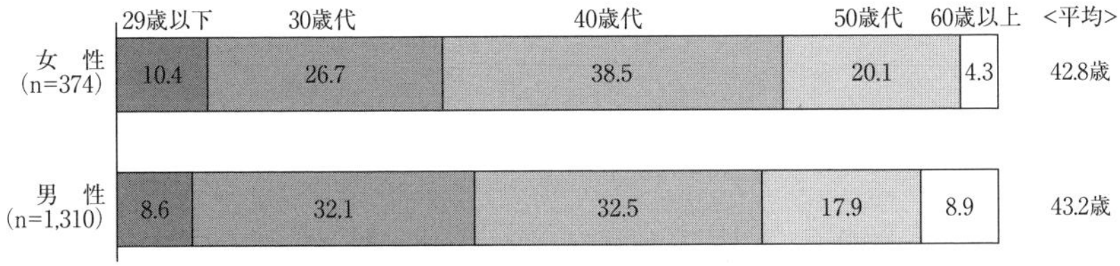

図2−5　事業からの収入が世帯収入に占める割合

（単位：％）

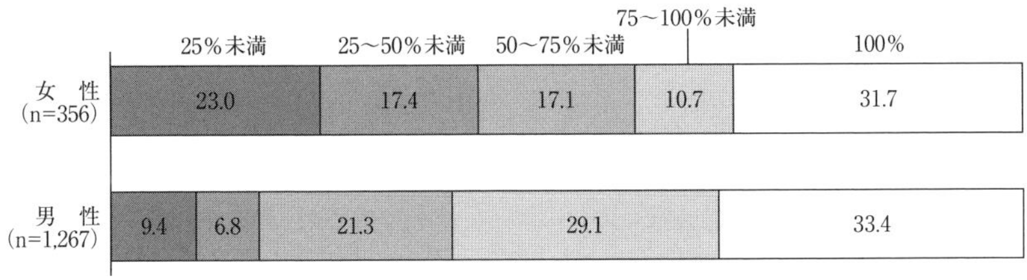

サービス業のなかでも美容業やエステティック業などの個人向けサービスが多かった女性に対し、男性は経営コンサルタント業や税理士事務所など事業所向けサービスが相対的に多い。こうした業種の違いから女性の事業は女性の個人客が多く、商圏が比較的小さいのだと考えられる。

続いて、開業者の属性をみていく。開業時の年齢層は男女ともに「40歳代」（女性38.5％、男性32.5％）、「30歳代」（同26.7％、32.1％）の順に多い（図2−4）。開業時の平均年齢は女性42.8歳、男性43.2歳とほとんど変わらない。

世帯の状況をみると、事業収入が世帯収入に占める割合で最も多いのは、男女ともに「100％」（女性31.7％、男性33.4％）であるが、「25％未満」と回答した女性は23.0％と男性（9.4％）に比べ10ポイント以上多いなど、女性は事業収入のウエイトが相対的に低い傾向にある（図2−5）。

主たる家計維持者であるかどうかを尋ねると、女性は58.0％が主たる家

図2−6　配偶者の有無

（単位：％）

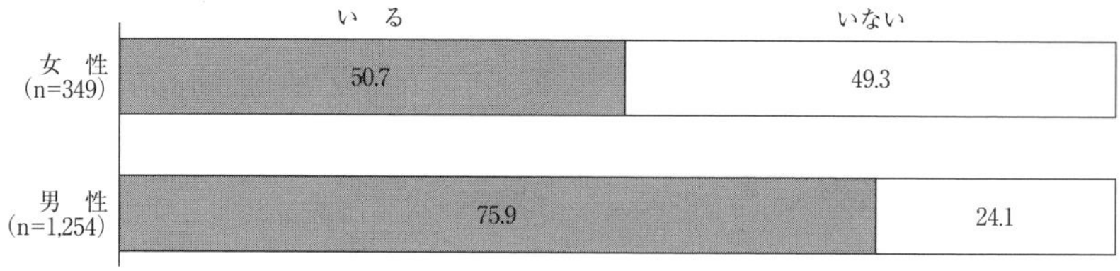

計維持者で、男性（93.3％）より割合が少ない。そこで配偶者が「いる」割合をみると、女性は50.7％と、男性（75.9％）に比べて20ポイント以上少ない（図2−6)。女性開業者は相対的に独身の人が多く、主たる家計維持者である割合はその割合を少し上回るくらいの水準になっているものとみられる。配偶者が「いる」開業者に絞ってみると、主たる家計維持者である割合は女性で33.3％、男性で95.5％となる。なお、独身者の割合が高いことから、同居する未就学児が「いる」割合も女性は10.5％と男性（23.7％）を下回っている。

また、育児に携わっている女性の割合も43.8％と、男性（53.0％）より低い（表2−2)。介護に携わっている割合も13.2％と男性（15.1％）よりやや低い。ただし、育児、介護とそれらを含めた家事全般に充てる時間は、長時間の回答カテゴリーで女性が男性の割合を上回る傾向にある。総務省「社会生活基本調査」(2021年）の詳細行動分類による生活時間に関する結果をみると未就学児（6歳未満）の子をもつ夫婦の1日当たり家事・育児時間は男性の1時間43分に比べて女性は6時間59分と圧倒的に長い。開業者も女性の方が家事・育児の時間が長い傾向は同じである。育児に携わる割合自体は女性開業者の方が低いものの、これは独身である割合が高いためであり、家族がいる女性にとっては、家事や育児の負担が開業の障壁になっていることがうかがえる。

表2-2　育児・介護・家事全般に充てる1日当たりの時間

（単位：％）

		携わっていない	1時間未満	1時間以上2時間未満	2時間以上4時間未満	4時間以上6時間未満	6時間以上8時間未満	8時間以上
育　児	女　性（n=354）	56.2	9.9	6.2	9.0	7.3	4.8	6.5
	男　性（n=1,246）	47.0	20.1	15.7	12.8	2.9	0.9	0.6
介　護	女　性（n=348）	86.8	7.2	1.7	2.6	0.0	0.3	1.4
	男　性（n=1,237）	84.9	12.2	1.9	0.6	0.2	0.2	0.1
家事全般	女　性（n=355）	8.5	16.1	23.9	31.5	10.1	4.5	5.4
	男　性（n=1,255）	20.2	39.8	26.3	10.4	2.0	0.8	0.5

（注）1　報酬を目的としたものは除く（以下同じ）。
　　　2　家事全般には育児や介護を含む（以下同じ）。

図2-7　主な事業所までの通勤時間（片道）

（単位：％）

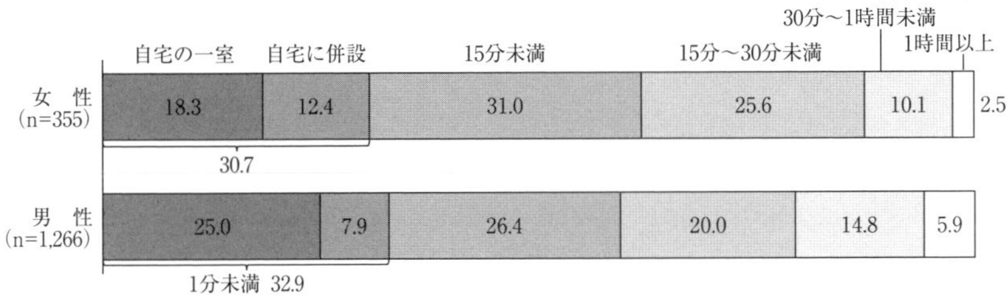

家事に時間を要している女性であるが、事業所までの通勤はどうなっているのだろうか。女性は「1分未満」が30.7％、「15分未満」は31.0％と、6割以上は通勤時間が15分未満である（図2－7）。30分以上と回答した割合は男性の方が高いが、「1分未満」は男性の方がやや多く、男女ともに自宅に近い場所で開業している点は変わらない。

続いて、男女のキャリアを比較したい。最終学歴で最も多いのは、女性が「専修・各種学校」(33.5％)、男性は「大学・大学院」(44.1％）である（図2－8)。女性の場合、美容業のような専門の技術や資格を要する業種が多かったことから「専修・各種学校」の割合が男性に比べて高いのだ

図2−8　最終学歴

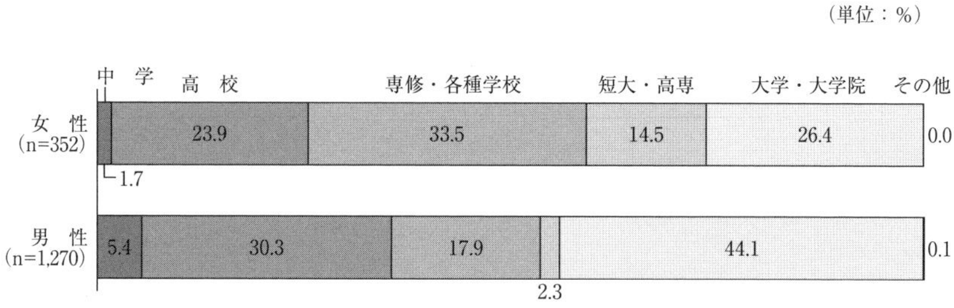

図2−9　開業直前の職業

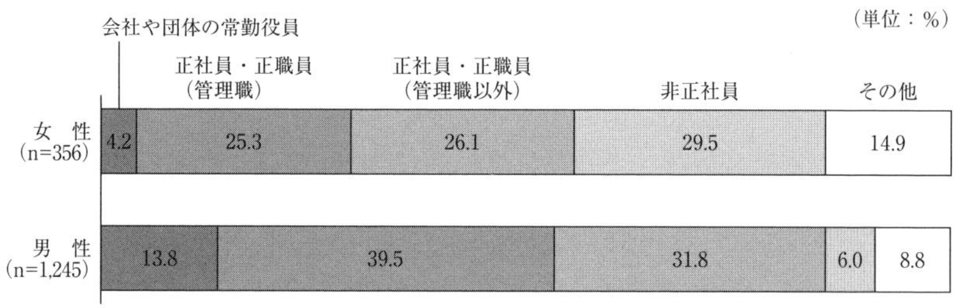

(注)「非正社員」は「パートタイマー・アルバイト」と「派遣社員・契約社員」の合計（以下同じ)。

と考えられる。

勤務経験が「ある」割合は女性が97.8%、男性が97.1%で、ほぼ全員が勤務者を経て開業している。勤務の平均年数はそれぞれ18.6年、20.0年と大きな差はない。開業直前の職業をみると、女性では「非正社員」(29.5%)が最も多く、次いで「正社員・正職員(管理職以外)」(26.1%)、「正社員・正職員（管理職)」(25.3%）の順である（図2−9)。男性は「正社員・正職員（管理職)」(39.5%）と「正社員・正職員（管理職以外)」(31.8%）で7割超を占め、「非正社員」は6.0%と少ない。

斯業経験（現在の事業に関連する仕事の経験）が「ある」割合は、男女ともに8割前後（女性77.2%、男性81.7%）で大きな差はない。ただし、斯業経験年数は女性が平均10.7年と、男性（14.4年）より4年ほど短い。

図2-10　開業直前の勤務先からの離職理由

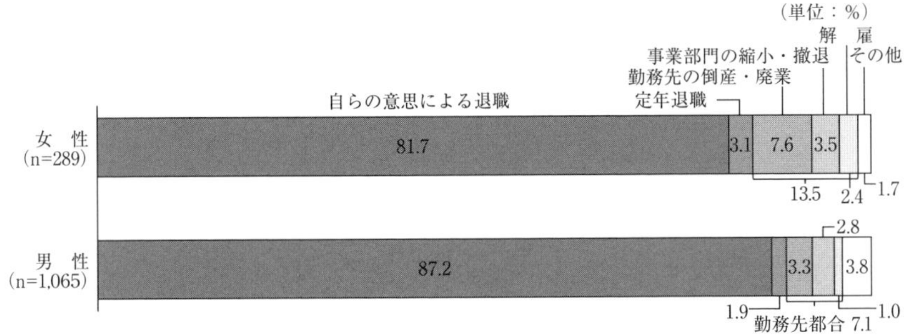

（注）「離職していない」と回答した人を除いて集計。

また、斯業経験を積んだ仕事を辞めてから開業するまでの期間は平均して16.7年と男性（7.9年）より約9年長い。女性開業者は結婚や出産といったライフイベントにより斯業キャリアを中断する人が少なくないことから、男性よりも開業までのブランク期間が長くなっているのであろう。

管理職経験[2]が「ある」割合は43.1％と、男性（66.5％）に比べて20ポイント以上少ない。ただ、厚生労働省「賃金構造基本統計調査」（2022年）をもとに女性の一般労働者（雇用期間の定めのない者）に占める「部長級」「課長級」の割合を計算すると、3.9％とわずかである。女性開業者の4割超が管理職を経験していることは注目に値するのではないか。管理職の経験を通じてマネジメントの能力を培うことで、開業をキャリアの選択肢に入れやすくなる点自体は男女で差はないのだろう。なお、管理職の経験年数は女性が8.0年、男性が11.6年であった。

直前の勤務先を退職した理由は、男女とも「自らの意思による退職」（女性81.7％、男性87.2％）が最も多い（図2－10）。「勤務先の倒産・廃業」「事

2　3人以上の部下をもつ課もしくは部などの長またはリーダーとして働いた経験について尋ねている。

表2–3　直前の勤務先を自らの意思で退職した理由（複数回答）

（単位：％）

	女　性 （n=231）	男　性 （n=912）
もっとやりたい仕事ができたから	45.0	36.3
事業を始めるため	25.5	22.0
スキルアップのため（就学のためを除く）	21.2	19.4
仕事の内容に不満があったから	15.2	22.0
職場の雰囲気や人間関係に不満があったから	15.2	20.0
勤務条件（給与・労働時間など）に不満があったから	14.7	24.7
結婚・出産・育児・介護のため	7.8	3.1
自身の健康上の問題から	3.9	3.9
生活の拠点を移すため	3.9	3.0
勤務地に不満があったから	3.5	4.4
家族の健康上の問題から	2.2	1.3
高齢になったため	0.9	1.4
就学のため	0.4	0.0
その他	3.9	4.7

（注）図2–10で「自らの意思による退職」と回答した人に尋ねたもの。

業部門の縮小・撤退」「解雇」を合わせた「勤務先都合」は女性（13.5％）が男性（7.1％）よりも多い。女性は直前の職業が非正社員である割合が高く、勤務先の経営状態の影響を受けやすいのかもしれない。

「自らの意思による退職」をした人にその理由を尋ねると、「もっとやりたい仕事ができたから」が男女ともに最も多いが、女性（45.0％）が男性（36.3％）を10ポイント近く上回る（表2－3）。男性に比べて少ないのは、「勤務条件（給与・労働時間など）に不満があったから」（女性14.7％、男性24.7％）や「仕事の内容に不満があったから」（同15.2％、22.0％）、「職場の雰囲気や人間関係に不満があったから」（同15.2％、20.0％）など、勤務先での不満に関するものである。女性は開業直前の職業が非正社員である割合や主たる家計維持者でない割合が高いことから、男性に比べれば給与水準や労働時間に対する不満をもちにくいのかもしれない。

図2−11　事業をするに当たり最も重視すること

（単位：％）

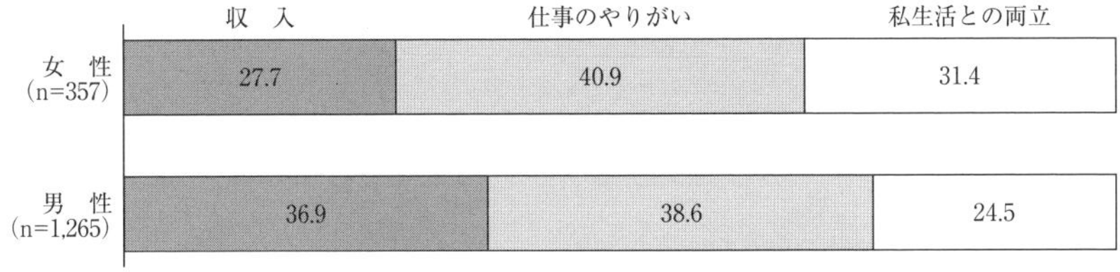

(2)　開業者の働き方

ここまで、開業者の属性や開業前のキャリアをみてきた。女性は家庭環境やキャリアで男性と違いがみられた。こうした違いは開業後の働き方にも違いをもたらすのではないだろうか。

事業をするに当たり最も重視することをみると、女性は「仕事のやりがい」(40.9%)が最も多く、「私生活との両立」(31.4%)、「収入」(27.7%）と続く（図2－11)。男性と比べると、「私生活との両立」の割合（男性は24.5%）が高く、「収入」の割合（同36.9%）がかなり低い。

開業動機(三つまでの複数回答)は「自由に仕事がしたかった」(52.3%)や「仕事の経験・知識や資格を生かしたかった」(43.4%）が多い（表2－4)。男性と比べると、「年齢や性別に関係なく仕事がしたかった」(女性19.0%、男性9.7%)、「趣味や特技を生かしたかった」(同16.8%、7.5%)などの割合が高い一方、「収入を増やしたかった」との回答割合(同38.5%、52.8%）は男性を大きく下回る。これらの点は、事業をするに当たり重視することとして「収入」よりも「仕事のやりがい」や「私生活との両立」の割合が高いことや、直前の勤務先を自ら退職した理由として「もっとやりたい仕事ができたから」と回答した割合が相対的に高かったことと符合する。

事業における1週間当たりの就労時間は女性が平均44.1時間と、男性(同

表2-4　開業動機（三つまでの複数回答）

（単位：％）

	女　性 （n=369）	男　性 （n=1,289）
自由に仕事がしたかった	52.3	59.1
仕事の経験・知識や資格を生かしたかった	43.4	42.6
収入を増やしたかった	38.5	52.8
自分の技術やアイデアを事業化したかった	33.9	27.2
社会の役に立つ仕事がしたかった	27.1	24.3
事業経営という仕事に興味があった	25.5	38.3
時間や気持ちにゆとりが欲しかった	23.3	20.1
年齢や性別に関係なく仕事がしたかった	19.0	9.7
趣味や特技を生かしたかった	16.8	7.5
適当な勤め先がなかった	5.4	6.1
その他	7.0	6.1

48.7時間）より4時間ほど短い。家事に携わる時間は男性に比べて長い傾向にあり（前掲表2－2）、その分、事業に充てる時間は短くなるのだろう。

仕事の時間や場所、やり方などにどれだけ裁量があるのかをみると、「通常は自分の意向で決められる」とする割合は女性が68.5％と、男性（55.9％）に比べて柔軟に仕事を進められているようだ。「販売先・顧客や仕事の内容によって異なる」という女性は19.0％、男性は26.2％、「通常は販売先・顧客の意向に従う」とする割合はそれぞれ12.5％、17.9％であった。女性は「私生活との両立」を重視する割合が相対的に高いほか、家事に充てる時間も長いことから、時間や場所を調整しやすくなるように経営者としての仕事の仕方を工夫しているのではないだろうか。

本章の冒頭、前掲図2－1に示したように、女性開業者は従業者数が男性に比べて少ない。しかし図2－12で従業員を男女別にみると、女性の従業員の数は開業時に平均1.2人と男性開業者の場合（1.1人）を上回っており、調査時点においても従業者全体の人数が多い男性開業者と同じ1.7人の女性従業員を雇用している。各回答企業について算出した全従業員に占める女性従業員の割合を平均すると、女性開業者の場合は開業時（65.7％）、調

図2−12　開業時と調査時点の従業者の男女別内訳

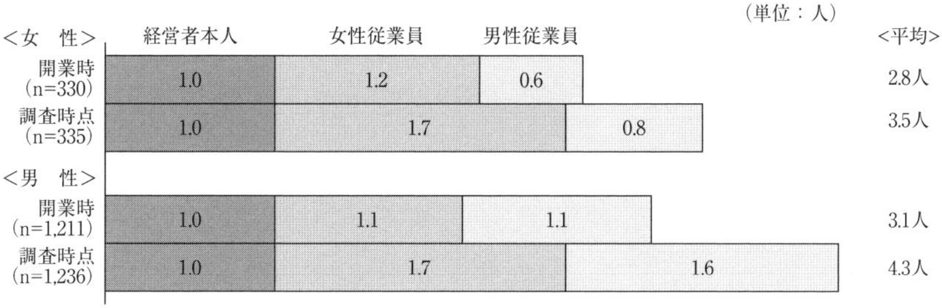

（注）小数第2位を四捨五入して表記しているため、同じ値でもグラフの長さが異なったり、内訳の合計と平均が一致しなかったりする場合がある。

図2−13　開業費用

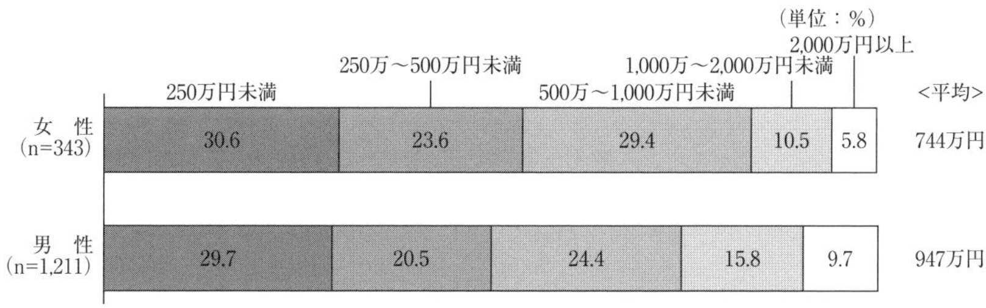

査時点（67.6%）ともに、男性開業者（順に50.9%、51.4%）を上回っている。女性開業者は女性の雇用の場を増やすことに寄与しているようである。

(3)　開業前後の取り組み

続いて、開業準備や開業後の取り組みについてみていく。開業費用の分布をみると男女ともに最も多いのは「250万円未満」（女性30.6%、男性29.7%）である（図2−13）。男女ともに少額で開業する人は少なくない。開業費用の平均は、女性が744万円と、男性（947万円）に比べて200万円以上低く、女性は男性より一層少額で開業していることがわかる。

開業費用の内訳をみると、最も金額が大きいのは男女ともに「運転資金」（女性195万円、男性445万円）であり、女性は男性より250万円少ない。

図2-14　資金調達額と調達先

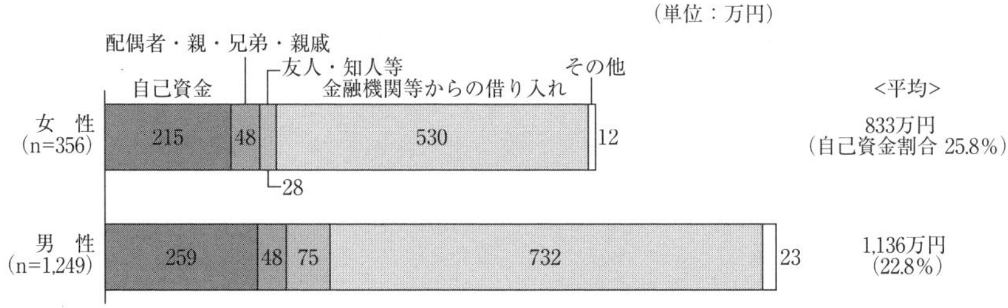

(注) 1　「配偶者・親・兄弟・親戚」と「友人・知人等」は借り入れ、出資の両方を含む。
2　開業費用と資金調達額は別々に尋ねているため、金額は一致しない。

女性は従業者数が少なく小さく開業する人が多いことや、個人向けで現金商売が多いことから、運転資金は男性に比べて少なく済むのだろう。それに対し、設備資金をみると女性が542万円、男性が473万円と、女性の方が多い。さらに設備資金の内訳をみると、「土地を購入する代金」(同54万円、25万円)や「建物を購入する代金」(同153万円、57万円)、「工場・店舗・事務所などの内外装工事費用」(同150万円、146万円)は女性の方が金額は大きい。「機械設備・車両・じゅう器・備品などの購入費用」(同142万円、193万円)、「土地・建物を借りる費用」(同43万円、52万円)は男性より金額が小さい[3]。女性はサービス業や飲食店・宿泊業で開業する割合が相対的に高く、店舗を構えるケースが多いため、土地や建物の購入費用の平均が押し上げられていると考えられる。そこで、女性開業者のうち、開業に際して不動産を購入した人の割合をみると10.5%に上り、男性(7.1%)を上回る。だが、9割近くを占める不動産購入をしなかった人についていえば、開業費用の平均は女性が525万円と、男性(874万円)に比べ少額である。

女性全体での開業費用の少なさに対応して資金調達額の平均も、女性が833万円と男性の1,136万円に比べて少ない(図2-14)。調達額全体に占め

3 「営業保証金、フランチャイズ加盟金」は女性が7万円、男性が29万円であった。

表2-5　受注経路（複数回答）

（単位：%）

	女　性 （n=361）	男　性 （n=1,266）
自身のSNSやブログを通じて	52.4	25.3
ホームページの作成やチラシ等の配布などの、宣伝広告活動	47.6	37.3
友人・知人の紹介	41.8	32.8
取引先の紹介	27.1	46.3
前職での知り合いの紹介	23.3	33.8
訪問や電話などによる直接の営業活動	18.6	24.3
家族・親戚の紹介	18.3	11.5
仲介会社を通じて	4.2	9.7
公開されている求人誌、求人欄、ネット上の求人サイト等の募集広告に応募して	3.9	2.4
クラウドソーシング業者を通じて	1.9	1.3
コンペや入札に応募して	1.7	2.0
その他	3.9	2.8
特にない	7.2	10.8

る「金融機関等からの借り入れ」の割合は男女ともに6割程度、「自己資金」の割合も4分の1ほどと差はない。

受注経路をみると、女性は「自身のSNSやブログを通じて」（52.4%）、「ホームページの作成やチラシ等の配布などの、宣伝広告活動」（47.6%）、「友人・知人の紹介」（41.8%）の順に多く、いずれの回答割合も男性に比べて高い（表2-5）。男性に比べて少なかったのは、「取引先の紹介」（女性27.1%、46.3%）や「前職での知り合いの紹介」（同23.3%、33.8%）などであった。男性は仕事上の人脈を生かすことで、女性はインターネットなどを使って広く発信することで顧客を獲得していく傾向がみられる。

表2−6　開業を念頭に、技術やノウハウを身につけるために事前に行ったこと（複数回答）

（単位：%）

	女　性 (n=369)	男　性 (n=1, 283)
勤務経験を通じて身につけた	66. 9	72. 0
同業者と意見交換を行った	34. 4	34. 5
周囲の企業経営者に相談した	29. 8	22. 4
家族・親戚に相談した	28. 2	16. 6
研修やセミナーに参加した	27. 9	17. 5
関連書籍等を使って自学自習した	25. 7	24. 2
友人や知人に相談した	23. 6	18. 1
金融機関や税理士などの専門家に相談した	23. 0	15. 4
同業者を巡り研究した	19. 8	16. 4
開業前の勤め先で研修や勉強会に参加した	16. 0	12. 2
通信教育やインターネット上の講習を受けた	14. 9	9. 5
習い事を通じて身につけた	8. 4	1. 3
高校、専門学校、大学などの教育機関に通った	7. 0	6. 0
公共の職業訓練校に通った	1. 4	1. 1
その他	0. 5	1. 3
何もしなかった	4. 1	5. 3

開業前に技術やノウハウを身につけるために行ったことをみると、「勤務経験を通じて身につけた」が66. 9%と最も多く、「同業者と意見交換を行った」（34. 4%）が続く（表2−6）。男性と比べると「家族・親戚に相談した」（28. 2%）や「研修やセミナーに参加した」（27. 9%）、「金融機関や税理士などの専門家に相談した」（23. 0%）などの割合が高い。

開業計画書を「作成し、評価してもらった」とする割合は65. 0%と、男性（53. 1%）より10ポイント以上高い。「作成したが、評価してもらっていない」割合は女性が16. 4%、男性が18. 2%、「作成していない」割合はそれぞれ18. 6%、28. 7%であった。

総じて、女性は開業前に周囲の人から意見を聞いたり、外部の資源を積極的に活用したりする割合が高いようである。男性に比べて斯業経験が少ないほか、経験を積んだ後、開業までの期間が長いため、業界の最新の動

図2-15　相談相手・サポートしてくれる人（有償のサービスを除く）

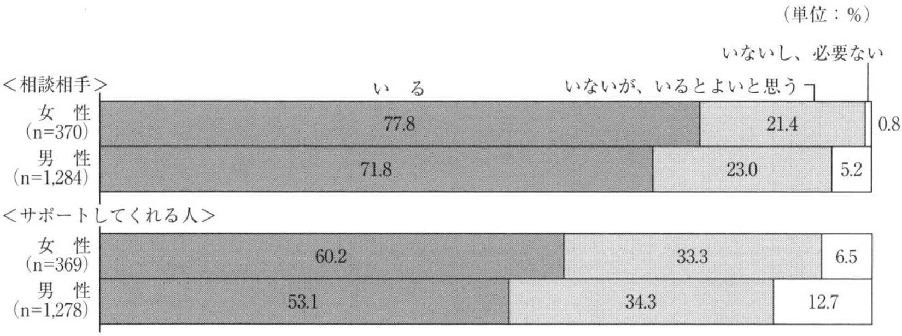

（注）相談相手は現在の事業に関する、あるいは起因する悩みや困り事（生活面を含む）を相談する相手。サポートしてくれる人は現在の事業を経営しながら生活するためのサポートをしてくれる人（以下同じ）。

向や事業の運営方法に関する知識を補おうと周囲に相談をする傾向があるのではないだろうか。

さらに、実際に事業を始めれば、新たな困り事も出てくるだろう。事業経営をしながら生活をするうえで、周囲の人たちに相談したり、サポートしてもらったりしているのだろうか。事業に関する、あるいは起因する悩みや困り事を相談する相手が「いる」割合は女性が77.8％と、男性（71.8％）に比べてやや高い（図2－15）。事業を経営しながら生活するためのサポートをしてくれる人が「いる」割合も女性は60.2％と、男性（53.1％）を上回っている。「いないし、必要ない」とする割合は相談相手（0.8％）、サポートしてくれる人（6.5％）ともに、男性（順に5.2％、12.7％）に比べて低い。

では実際にどのような人たちに相談したりサポートしてもらったりしているのだろうか。相談相手やサポートしてくれる人が「いる」と回答した人にその相手を尋ねた。

相談相手は男女とも「経営者仲間」（女性58.7％、男性68.8％）が最も多い（表2－7）。男性と比べると、女性は「親、兄弟、親戚」（同28.5％、19.7％）が多い。一方、男性は「経営者仲間」のほか「金融機関や税理士

表2-7　相談相手・サポートしてくれる人の内容（複数回答）

（単位：％）

	相談相手		サポートしてくれる人	
	女　性（n=288）	男　性（n=919）	女　性（n=222）	男　性（n=678）
配偶者	38.2	39.0	51.8	64.9
親、兄弟、親戚	28.5	19.7	49.1	36.4
自社の経営陣、従業員	17.0	18.4	9.5	14.6
経営者仲間	58.7	68.8	22.5	31.0
取引先	16.3	23.7	7.2	12.5
友人・知人	39.2	33.0	25.7	23.5
商工会議所・商工会	21.5	15.1	7.2	9.3
自治体などの行政機関	5.2	3.3	1.4	2.2
金融機関や税理士などの専門家	27.4	34.5	11.3	17.6
創業支援団体・ネットワーク	2.8	2.0	0.9	1.0
家族が通っている保育所・学校の先生、家族が利用している介護施設の職員	1.0	0.1	1.8	0.1
その他	2.1	1.1	0.9	0.7

（注）それぞれ図2－15で「いる」と回答した人に尋ねたもの。

などの専門家」（34.5％）が女性（27.4％）に比べて多い。女性は身近な人たちに、男性は仕事上でつながりがある人たちに相談する傾向がみられる。女性は「私生活との両立」を重視する人が多かったことから、生活面での悩みを相談する相手となるだろう家族や友人が相対的に多い結果となったのかもしれない。

サポートしてくれる人は、「配偶者」（同51.8％、64.9％）が最も多く、「親、兄弟、親戚」（同49.1％、36.4％）が続く。男女ともに家族が助けになってくれていることに変わりはないが、女性の方が家事の負担が大きいため、それをフォローしてもらえる「親、兄弟、親戚」の割合が相対的

図2-16　経営者の交流機会への参加

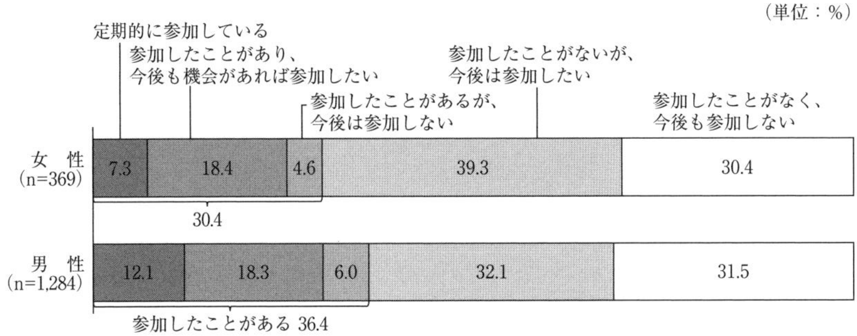

に高くなっているのだろう。

相談相手やサポーターに「経営者仲間」を挙げる割合が男性より低いのは、女性は男性に比べて経営者仲間をつくる機会が少ないからではないだろうか。そこで次に経営者との交流についてみていこう。経営者の交流機会に「参加したことがある」割合は30.4％と男性（36.4％）を下回るものの、「参加したことがないが、今後は参加したい」が39.3％と男性(32.1％)を上回る割合となった（図2－16)。経営者同士のつながりをつくりたいと考える人の割合は男性と変わらないのである。

交流機会に参加しない人にその理由を尋ねると「適当な交流機会を知らない」という女性は50.9％と男性（39.8％）より多く、「参加する必要性を感じない」(女性20.8％、男性34.4％）は男性に比べてかなり少ない（表2－8)。女性は交流機会に参加したいというニーズをもつにもかかわらず、その機会に恵まれていないようである。

(4)　事業の状況

調査時点における売り上げ状況をみると、「増加傾向」である割合は42.6％と男性(50.2％)を下回っており、「減少傾向」の割合(女性14.5％、男性15.8％）も男性をやや下回っている（図2－17)。

表2-8　経営者の交流機会に参加しない理由（複数回答）

（単位：％）

	女　性（n=269）	男　性（n=876）
適当な交流機会を知らない	50.9	39.8
参加する時間がない	41.6	36.8
参加する必要性を感じない	20.8	34.4
参加しづらい	17.8	14.0
その他	2.6	1.5

（注）図2－16で「参加したことがあるが、今後は参加しない」「参加したことがないが、今後は参加したい」「参加したことがなく、今後も参加しない」と回答した人に尋ねたもの。

図2-17　売り上げ状況

（単位：％）

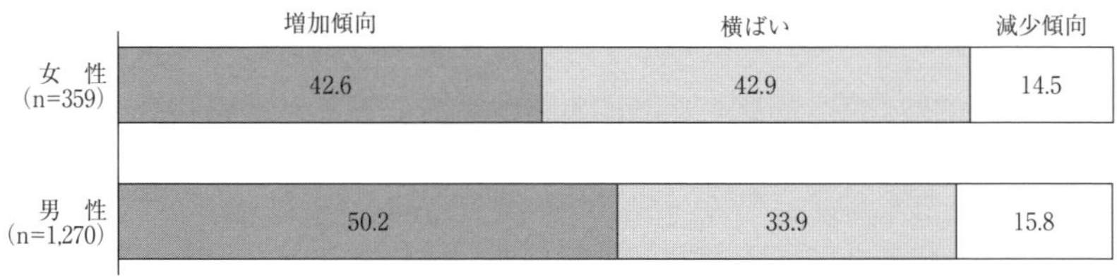

採算状況をみると、「黒字基調」の割合は57.0％と、男性（63.8％）に比べて低いものの、約6割が黒字を達成しており、男女でそれほど大きな差があるわけではない（図2－18）。

開業時に苦労したこと（三つまでの複数回答）は、「資金繰り、資金調達」（53.2％）、「顧客・販路の開拓」（43.2％）、「財務・税務・法務に関する知識の不足」（32.6％）の順に多い（表2－9）。男性に比べて「商品・サービスに関する知識の不足」（女性13.9％、男性7.3％）、「家事や育児、介護等との両立」（同12.5％、6.0％）、「商品・サービスの企画・開発」（同18.7％、13.0％）などの回答割合が特に高くなっている。女性は男性より斯業経験が少なく、その後開業するまでの期間も長いことから商品・サービスの知識の不足や企画・開発に悩む人が多いのではないだろうか。また、女性の方が家事に携わる時間が長い傾向にあることから、家庭生活との両立に苦

図2-18　採算状況

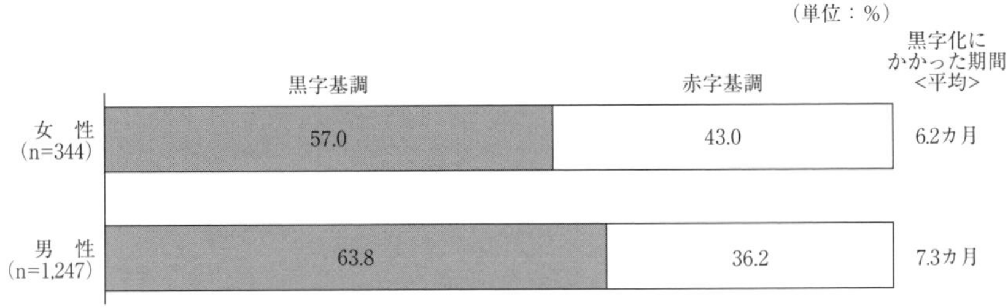

表2-9　開業時・調査時点で苦労したこと（三つまでの複数回答）

（単位：%）

	開業時		調査時点	
	女　性（n=359）	男　性（n=1, 266）	女　性（n=358）	男　性（n=1, 264）
資金繰り、資金調達	53. 2	53. 8	35. 2	41. 8
顧客・販路の開拓	43. 2	47. 5	48. 0	47. 0
財務・税務・法務に関する知識の不足	32. 6	28. 0	27. 7	22. 7
商品・サービスの企画・開発	18. 7	13. 0	12. 8	14. 6
商品・サービスに関する知識の不足	13. 9	7. 3	7. 8	4. 8
従業員の確保	13. 4	19. 2	18. 4	30. 6
業界に関する知識の不足	13. 1	10. 4	10. 3	5. 8
家事や育児、介護等との両立	12. 5	6. 0	16. 2	7. 2
仕入先・外注先の確保	11. 7	21. 3	6. 1	12. 3
従業員教育、人材育成	11. 4	13. 8	18. 4	20. 2
経営の相談ができる相手がいないこと	10. 9	9. 0	10. 1	8. 4
その他	1. 9	1. 5	1. 4	2. 6
特にない	5. 0	6. 7	9. 2	7. 4

労する割合が高いのだろう。

調査時点で苦労していること（三つまでの複数回答）をみると、上位三つは開業時と変わらない。開業時と比べ増えているのは、「従業員教育、人材育成」（開業時11. 4%→調査時点18. 4%）や「従業員の確保」（同13. 4%→18. 4%）などである。事業の成長に合わせて人材が足りなくなる問題が生じているのだろう。開業時に相対的に多かった、「商品・サービスに関する知識の不足」（同13. 9%→7. 8%）や「商品・サービスの企画・開発」

表2-10　開業して良かったこと（複数回答）

（単位：％）

	女　性 （n=363）	男　性 （n=1, 271）
自由に仕事ができた	62. 5	63. 7
仕事の経験・知識や資格を生かせた	59. 0	55. 9
事業経営を経験できた	58. 7	60. 4
自分の技術やアイデアを試すことができた	53. 4	43. 6
人や社会とかかわりをもてた	37. 2	29. 1
社会の役に立つ仕事ができた	34. 4	33. 9
時間や気持ちにゆとりができた	33. 3	30. 9
自分の趣味や特技を生かせた	30. 9	19. 4
年齢や性別に関係なく仕事ができた	30. 9	18. 8
空いている時間を活用できた	26. 2	17. 9
同じ趣味や経験をもつ仲間が増えた	25. 3	17. 8
個人の生活を優先できた	22. 9	15. 6
自分が自由に使える収入を得られた	19. 0	22. 0
家事（育児・介護を含む）と仕事を両立できた	17. 4	9. 6
収入が予想どおり増えた	14. 9	17. 8
自分や家族の健康に配慮できた	13. 8	10. 6
転勤がない	12. 9	17. 2
収入が予想以上に増えた	8. 3	10. 0
その他	1. 4	1. 3
特にない	1. 9	2. 4

（同18. 7％→12. 8％）の割合は低下しているものの、「家事や育児、介護等との両立」（同12. 5％→16. 2％）は上昇しており、事業が忙しくなるにつれ、私生活と両立させることがより難しくなっている様子がうかがえる。「資金繰り、資金調達」の割合（同53. 2％→35. 2％）は開業時から20ポイント近く下がっている。小規模に事業を経営しているため開業後に追加で資金を調達する必要がないことや、現金商売である個人向けサービス業が多く、比較的資金繰りしやすいことが理由として考えられる。

開業して良かったことは、「自由に仕事ができた」（62. 5％）、「仕事の経験・知識や資格を生かせた」（59. 0％）、「事業経営を経験できた」（58. 7％）、「自分の技術やアイデアを試すことができた」（53. 4％）の順に多い（表2－10）。男性と比べると、「自分の趣味や特技を生かせた」（30. 9％）、「年齢や性

図2−19　開業に対する満足度

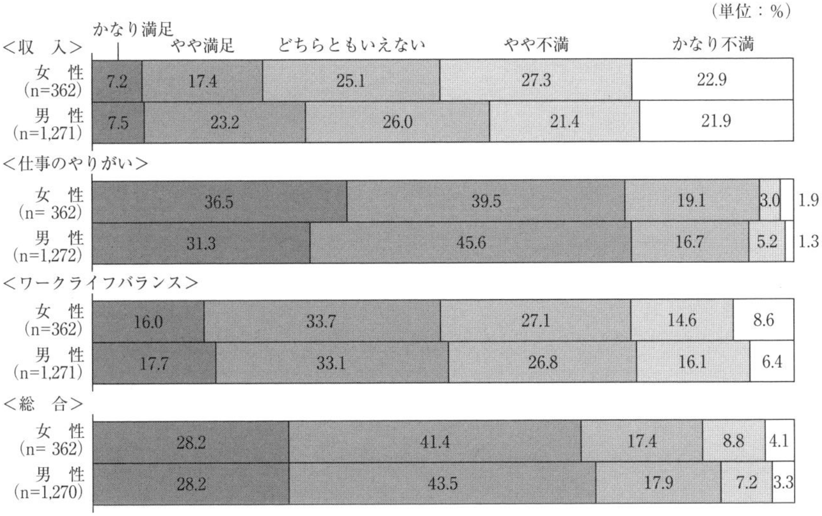

別に関係なく仕事ができた」（30.9％）などが10ポイント以上多く、開業により自己実現を図ろうとする女性は少なくないようである。

開業に関する満足度を項目別にみると、収入に関しては「かなり不満」（22.9％）と「やや不満」（27.3％）を合わせて半数近くが不満を感じ、男性に比べても高い割合となっている（図2−19）。仕事のやりがいに「かなり満足」している割合は36.5％と男性（31.3％）をやや上回るが、「やや満足」（女性39.5％、男性45.6％）を合わせると、男性とほとんど変わらない。男女とも収入よりもかなり満足度が高くなっている。ワークライフバランスについては、「かなり満足」（同16.0％、17.7％）、「やや満足」（同33.7％、33.1％）とも男女差はない。男女とも収入に対する満足度より高いものの、仕事のやりがいよりは低い満足度となっている。総合的な開業の満足度について、「かなり満足」（28.2％）、「やや満足」（41.4％）と回答した女性は合わせて約7割と男性とほぼ同じ水準となった。女性は開業動機や事業に当たり重視することにおいて、収入よりも仕事のやりがいを挙げる割合が高かった。満足度をみると、開業して大いにやりがいを感じられている一方で、収入に関してはなかなか思うようにいっていないことがわかる。

3　女性開業者の増加と事業の小規模化の関係

ここまで、女性開業者の特徴を概観した。女性は男性に比べて従業者数や月商が少なく、事業規模が小さかった。また、前職が非正社員である割合が高いほか、斯業経験は少ないうえ、開業までのブランクが長いなど開業前のキャリアにも違いがみられた。

本章の冒頭で指摘したとおり、開業者に占める女性の割合が増加するのと並行して、開業全体の小規模化が進んでいる。事業規模が小さい特徴をもつ女性の開業が増えたことで小規模な開業も増加していると思われるのだが、女性の開業者のその他の特徴を勘案してもなお、女性であることだけをもって事業が小規模になる傾向があるのだろうか。計量的手法を用いて確かめるとともに、男女の事業規模の決定要因を探りたい。

⑴　推定方法

事業規模を示す被説明変数は、月商の対数とする。従業者数も規模を示す指標ではあるが、開業者全体の平均従業者数は調査時点で4.2人と開業者間の差をとらえにくいため、月商だけを用いる。量的変数のため推定は最小二乗法によって行い、サンプルは開業者全体、女性開業者、男性開業者の3種類とする。女性に対する影響を測るだけでなく、男女別で事業規模を決定する要因を比較したい。

説明変数には、開業者全体のサンプルでのみ女性ダミーを用いる。そのほか、開業時の年齢（対数）と前節で確認した女性開業者の特性を表象する変数をすべてのサンプルで採用する。具体的には、配偶者が「いる」場合に1をとる配偶者ダミー、斯業経験が「ある」場合に1をとる斯業経験ダミー、個人経営でない場合に1をとる法人ダミー、相談する相手が「いる」場合に1をとる相談相手ダミー、サポートしてくれる人が「いる」場合に1をとるサポーターダミーを採用する。家事に充てる時間は時間別に三つのカテゴリーに分け、「携わっていない」を基準の変数として「4時間未満」「4時間以上」の係数をみる。事業における1週間当たりの就労時間（対数）も用いる。事業をするに当たり最も重視すること、最終学歴、開業直前の職業、開業業種は各選択肢をダミー変数にして、順に「収入」「中学・高校」「正社員（管理職）」「小売業」[4]を基準に設定した。そのほか、コントロール変数として業歴（対数）を加えている。

(2)　推定結果

推定結果は表2－11のとおりである。係数が有意にプラスとなる変数は月商を増やし、マイナスの場合は減らすといえる。まず、開業者全体での結果をみると、女性ダミーは1％水準で有意にマイナスとなっている。事業規模と性別には因果関係があるとみることができそうである。この点については、本節の最後に再述する。

次に、女性の結果を中心に、男性と比較しながらみていきたい。開業時の年齢は女性では非有意だが、男性では有意にマイナスとなっている。若い方が体力面で有利であったり、新たな環境に対応しやすかったりと事業規模を拡大しやすい面があるのかもしれない。それは女性でも同じであろうが女性の場合、若いときは結婚や出産、育児といったライフイベントが

4　原則として、基準とする変数に選択肢の一つ目を用いているが、開業直前の職業および開業業種の最上位の選択肢「会社や団体の常勤役員」「建設業」は回答数がわずかであるため、それぞれに代えて「正社員（管理職）」「小売業」を用いた。

表2-11　推定結果（最小二乗法）

被説明変数：月商（対数）			全　体	女　性	男　性
女性ダミー（女性＝1、男性＝0）			−0.349*** (0.094)	−	−
開業時の年齢（対数）			−0.658*** (0.141)	−0.328 (0.290)	−0.747*** (0.161)
家庭環境	配偶者ダミー（いる＝1、いない＝0）		0.193** (0.077)	0.083 (0.143)	0.186** (0.092)
	家事全般に充てる1日当たりの時間	携わっていない	（基　準）		
		4時間未満	−0.166* (0.088)	−0.138 (0.245)	−0.156 (0.096)
		4時間以上	−0.367** (0.159)	−0.335 (0.291)	−0.387* (0.225)
働き方	事業における1週間当たりの就労時間（対数）		0.290*** (0.055)	0.208* (0.115)	0.292*** (0.062)
	事業をするに当たり最も重視すること	収　入	（基　準）		
		仕事のやりがい	−0.062 (0.076)	−0.114 (0.163)	−0.011 (0.085)
		私生活との両立	−0.177** (0.084)	−0.147 (0.171)	−0.179* (0.097)
キャリア	最終学歴	中学・高校	（基　準）		
		専修・各種学校	−0.060 (0.096)	0.080 (0.179)	−0.044 (0.113)
		短大・高専	−0.267* (0.157)	−0.075 (0.212)	−0.220 (0.248)
		大学・大学院	−0.040 (0.080)	0.162 (0.193)	−0.042 (0.089)
		その他	0.508 (1.177)	−	0.554 (1.202)
	開業直前の職業	会社や団体の常勤役員	0.270** (0.111)	0.452 (0.355)	0.223* (0.119)
		正社員（管理職）	（基　準）		
		正社員（非管理職）	−0.185** (0.080)	0.035 (0.182)	−0.233*** (0.089)
		非正社員	−0.398*** (0.118)	−0.162 (0.184)	−0.495*** (0.165)
		その他	−0.244** (0.117)	−0.092 (0.221)	−0.188 (0.140)
	斯業経験ダミー（ある＝1、ない＝0）		0.383*** (0.087)	0.309* (0.163)	0.392*** (0.103)
事業の概要	調査時点の経営形態が法人ダミー（株式会社等＝1、個人経営＝0）		0.957*** (0.075)	0.609*** (0.174)	1.010*** (0.085)
	相談相手ダミー（いる＝1、いない＝0）		0.112 (0.078)	0.185 (0.165)	0.127 (0.089)
	サポーターダミー（いる＝1、いない＝0）		0.065 (0.071)	0.382*** (0.142)	−0.026 (0.081)
	開業業種	建設業	0.081	0.124	0.036
		製造業	−0.506***	−1.093***	−0.461**
		情報通信業	−0.525***	0.578	−0.711***
		運輸業	−0.711***	0.092	−0.774***
		卸売業	0.747***	−1.040**	0.966***
		小売業	（基　準）		
		飲食店・宿泊業	−0.249*	−0.115	−0.294*
		医療・福祉	−0.195	0.273	−0.290*
		教育・学習支援業	−1.000***	−1.121***	−0.967***
		サービス業	−0.512***	−0.306	−0.597***
		不動産業	−0.236	0.974*	−0.384*
		その他	−0.665**	−0.647	−0.716**
観測数			1,368	282	1,086

（注）1　***は1%、**は5%、*は10%水準で有意であることを示す。
　　　2　上段は係数、（　　）内は標準誤差。
　　　3　開業業種は標準誤差を省略。
　　　4　コントロール変数である業歴（月数、対数）は記載を省略。
　　　5　女性は最終学歴について「その他」の回答はなかった。

重なることが多く、家庭生活とのバランスをとりやすい事業規模に抑えようとする傾向と相殺されることで推定結果が非有意となっているのかもしれない。

配偶者ダミーは女性で非有意となったが、男性はプラスの係数で有意になっている。一般的に家庭内では女性の方が家事に携わる時間が長いため、配偶者のいる男性は家事の負担が減る分、事業経営に集中しやすく、事業規模を拡大させることができるのかもしれない。

家事全般に充てる1日当たりの時間は、女性では非有意になった。一方、男性では家事に「携わっていない」に対して「4時間以上」が有意にマイナスとなっている。開業者全体では、「4時間未満」「4時間以上」ともに有意にマイナスとなっている。係数は「4時間以上」の方が大きく、家事に携わる時間が長いほど月商を減らす方向に働いていることがわかる。女性の場合はもともと家事や育児など家庭での時間が長く、限られた時間で効率的に事業を運営しようとする傾向があるのかもしれない。

それでも、就労時間の長さは女性も男性も有意にプラスである。有意水準が男性は1%であるのに対して女性は10%と低いものの、事業に従事する時間が長いほど月商を増やす結果となった。

事業をするに当たり最も重視することは「収入」を基準にすると、男性は「私生活との両立」が有意にマイナスで、女性はどれも非有意である。男性の場合、「私生活との両立」を重視する人は家庭生活とのバランスをとろうと仕事の量を調整するため、「収入」を重視する人に比べて事業規模が小さくなりやすいのだろう。一方、女性は「私生活との両立」を重視した場合も月商が下がるとは限らず、事業と家庭をうまくやりくりしているのではないか。

「正社員（管理職）」を基準にした開業直前の職業は、女性はいずれも月商との相関がみられない。男性は「会社や団体の常勤役員」で有意にプラスとなり、「正社員（非管理職）」と「非正社員」でマイナスとなっている。「非正社員」は、係数の絶対値が「正社員（非管理職）」よりも大きいことから月商はさらに小さくなる。責任ある役職であるほどマネジメント能力やビジネススキルを高められ、開業当初から事業規模を大きくしやすいのだろう。女性に限ってみると「非正社員」であることが事業規模に対して必ずしもマイナスに働かないのだと考えられる。また、1人で事業を運営している割合が高いためか、従業員を率いる能力を培ったであろう「会社や団体の常勤役員」であっても、プラスの影響はみられない。

斯業経験ダミーは女性、男性ともに有意にプラスである。斯業経験がある方が、過去の人脈を使って顧客を確保したり、一緒に働く仲間を見つけたりしやすく、より事業規模を大きくしやすいのではないか。

法人ダミーは男女ともに正の相関がみられた。法人化した方が取引先を広げやすく、月商にプラスになるのであろう。

女性の場合、事業を経営しながら生活することをサポートしてくれる人がいることは月商を増やす方向に働く。サポーターダミーの係数はほかと比べても大きいうえに、有意水準は1%である。サポートしてくれる相手は、女性の場合「親、兄弟、親戚」が相対的に多かったことや、「私生活との両立」を重視する割合が高かったことから、家事を手伝ってくれる人の存在が事業経営を行ううえで重要になるに違いない。

開業業種は「小売業」を基準としてみると、男性は「製造業」「情報通信業」「運輸業」「飲食店・宿泊業」「医療・福祉」「教育・学習支援業」「サービス業」「不動産業」「その他」でマイナスに有意な結果となった。商品を仕入れて販売する小売業では、売り上げ金額がサービスの提供や製造、加工に比べて大きくなることから、多くの業種が「小売業」に比べ月商が小さいのだとみられる。対して女性で有意となった業種は男性より少なく、「製造業」「卸売業」「教育・学習支援業」でマイナスに有意となった。これらの業種の内容を細かくみると、一般消費者向けのアクセサリーや菓子の製造、食品関係の卸売りなど扱う商品の金額が比較的小さなものや、音楽教室といった少人数向けの教室が多い。小さな事業を行う人が特に多く、女性のなかでも月商が小さいのだと思われる。

男女全体のサンプルを用いた推定で女性ダミーが有意にマイナスになったことは、女性であること自体が事業の小規模性の要因となっていることを表す。男性と比べて女性の身体的あるいは心理的な特徴が関係しているとみるほかなさそうだが、それが具体的に何であるのかは、今回の調査から明らかにすることができなかった。今後の調査課題としたい。

4　おわりに

本章では女性開業者の特徴を男性と比較しながらみてきた。男性に比べて従業者規模や売り上げ規模が小さいほか、家事に携わる時間が長く、事業を行う際には「収入」よりも「私生活との両立」を重視する傾向が強かった。また、事業をしながら生活するに当たり相談相手やサポートしてくれる人を必要と考える人が多かった。

月商に関する推定の結果からは、女性であること自体が事業規模を小さくする要因であるとの結果が出た。この点をどう解釈すべきかは難しく、今後の研究に課題を残すこととなったが、女性の開業者の増加が開業者全体の小規模化につながっていること自体は確認できたといえる。また、女性が事業規模を拡大するためには、事業経営と家庭生活の両立をサポートしてくれる家族や親族の存在が、斯業経験をもつことと同じくらいに重要であることを示す結果も得られた。

一方、女性は事業規模が小さくとも、開業に対して満足している人が7割近くと、男性と変わらない結果になった（前掲図2－19）。事業を大きく

図2-20　今後の方針

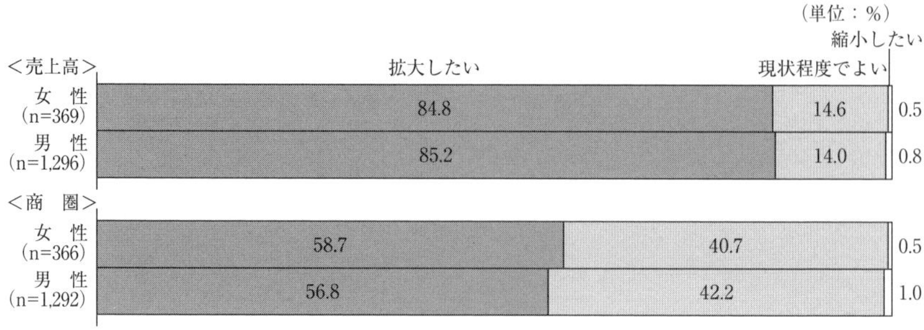

したいという意欲の強さも男性と遜色なく、今後、売上高を「拡大したい」とする割合は84.8%と男性（85.2%）に匹敵する（図2－20）。商圏を「拡大したい」と回答した女性（58.7%）も男性（56.8%）と同水準である。また、女性従業員を多く雇用する傾向がみられた。このように拡大志向の女性開業者が増えることは、地域において女性の働く場を広げることにもつながると思われる。

彼女たちは仕事のやりがいに大いに満足しているものの、収入やワークライフバランスについては満足度が高いとはいえない。家族や周囲の関係者の理解と協力を得ながら、私生活との両立を実現しつつ事業の拡大を図る女性が増えていくことを期待したい。

第3章

男女別にみた開業動向の変化と女性開業者の生産性
—「新規開業実態調査」から—

日本政策金融公庫総合研究所
主席研究員　桑本 香梨

1　はじめに

第1章、第2章でみたとおり、開業は小規模化が進んでおり、その背景には開業者に占める女性の増加がある。月商（1カ月の売上高）を被説明変数に第2章で行った計量分析の結果、女性ダミーが有意にマイナスとなった（前掲表2－11）。

しかし、女性が開業しやすくなった理由として挙げられる、インターネットの普及やシェアオフィスなど創業インフラの整備の影響は性別にかかわらないため、男性のなかにも小規模に事業を始める人が増えていると考えられる。反対に、女性のなかにも男性と同程度、もしくはそれ以上の規模で事業を行っている開業者がいるはずである。

本章では、属性や事業の概要など開業者の実態を男女別に長期時系列でみることにより、男性による事業でも小規模化の傾向があることを確認したい。さらに、女性のデータを細かく観察することで、平均を大きく上回る規模で経営を行っている女性の動向にも着目したい。

女性の開業が増えることは、開業率が低迷するわが国にとって望ましいことだが、それがスケールメリットの働きにくい小規模な企業を増やすとなると、歓迎しない向きもあるかもしれない。しかし、小規模な事業の生産性が直ちに低いとはいえないだろう。そこで最後に、事業の規模と生産性の関係について確かめたい。

2　同質化が進む男女の開業者

第2章で女性の開業者の属性や事業内容などを男性と比較したところ、女性は主たる家計維持者である割合が低く、管理職（3人以上の部下をもつ課もしくは部などの長またはリーダー）の経験がある人が少ないなど違いがみられた。事業の内容も、サービス業が4割以上と男性に比べてかなり多く（前掲表2－1）、商圏を身近なエリアにしている人が多い（前掲図2－3)。開業動機は「年齢や性別に関係なく仕事がしたかった」「趣味や特技を生かしたかった」という人が多く、「収入を増やしたかった」「事業経営という仕事に興味があった」との回答が多い男性と異なる(前掲表2－4)。

しかし、さまざまな場面で男女の機会均等がうたわれるようになって久しく、女性の社会活躍推進も進んでいる。総務省「労働力調査」によれば女性の生産年齢人口に占める就業率は2001年の57.0％から2022年は72.4％まで上昇した。新規開業の世界にも女性の進出がみられることは、すでに本書でもたびたび指摘した。他方、通信網の整備や支援制度の充実、民間企業を中心とする副業の解禁など、創業しやすい環境が整えられつつあるなか、男性でも小さな事業を始める人が増えているとみられる。つまり、開業における男女差が、以前に比べると薄れてきているのではないか。

ここでは、当研究所「新規開業実態調査」の時系列データをもとに、男女別に開業者の傾向の変化を追いたい。なお、継続して尋ねている質問項目は限られるほか、1991～1999年度のデータは回答者に不動産賃貸業を含むため、不動産賃貸業を除いて集計している第1章の結果とは一致しない点に留意されたい[1]。

(1) 開業前のキャリア

最終学歴の調査データを、現在と同じ選択肢で調査を始めた1993年度と最新の2022年度の2時点間で比較すると、男女ともに「中学」「高校」が減

1　「新規開業実態調査」では2000年度から不動産賃貸業を調査対象にしていない。第1章のデータは、1999年度以前のデータもさかのぼって不動産賃貸業を除いて再集計したものだが、第3章では対象業種を統一した集計は行わなかった。ただし、不動産賃貸業のサンプルは少なく、全体の傾向に大きな差はない。

図3−1　男女別にみた最終学歴（1993年度と2022年度の比較）

（単位：%）

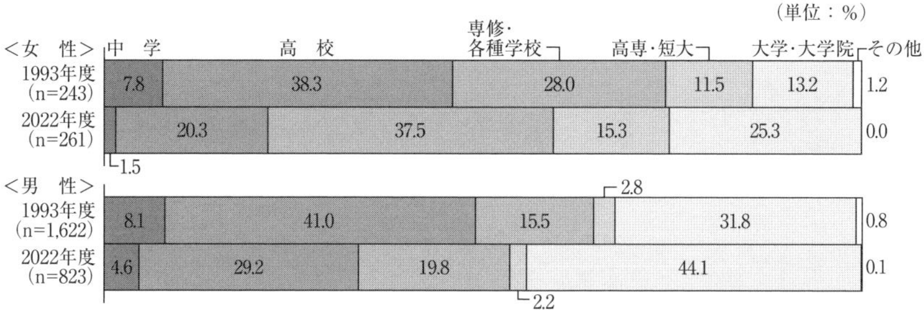

資料：日本政策金融公庫総合研究所「新規開業実態調査」（図3−9まで同じ）
（注）1　1991年度は選択肢に「短大」、1992年度は同じく「その他」を含まないため、1993年度と比較した。
2　nは回答数（以下同じ）。
3　構成比は小数第2位を四捨五入して表示しているため、合計は100%にならない場合がある（以下同じ）。

る一方で、「専修・各種学校」や「大学・大学院」が増えており、高学歴化の傾向がみられる（図3−1）。最も多い学歴は、1993年度は男女ともに「高校」（女性38.3%、男性41.0%）で、2022年度は女性は「専修・各種学校」（37.5%）、男性は「大学・大学院」（44.1%）に変わっている。女性の「大学・大学院」の割合は13.2%から25.3%に上昇しているが、男性とは依然として20ポイント近い差がある。第2章で触れたとおり、女性に「専修・各種学校」が多いのは、美容業を開業する人が多いことと関係するだろう。

図3−2で、女性の開業直前の職業のデータを「新規開業実態調査」を開始した1991年度と最新の2022年度で比べてみると、「非正社員」が5.1%から29.8%へと大幅に増加している。景気低迷のなか、日本企業全体がパートタイマーなどの非正規雇用を増やしたことが背景にあるのだろう。反対に大きく減ったのが「専業主婦」[2]で、22.6%から1.9%へと20ポイント以

2　2022年度調査での選択肢は「専業主婦・主夫」だが、1991年度調査では「専業主婦」としていたため両者は厳密には比較できない。ただ、2022年度調査による男性の「専業主婦・主夫」の割合は0.1%とわずかであった。

図3−2　男女別にみた開業直前の職業（1991年度と2022年度の比較）

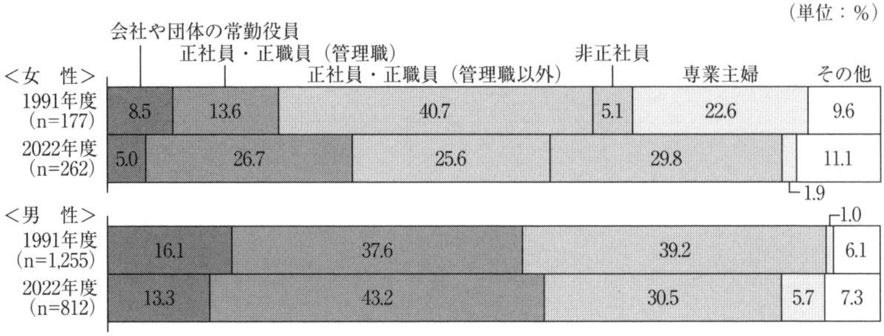

（注）1　「非正社員」は「パートタイマー・アルバイト」と「派遣社員・契約社員」の合計（以下同じ）。ただし、1991年度は選択肢に「派遣社員・契約社員」がない。
2　2022年度は選択肢を「専業主婦・主夫」、1991年度は「専業主婦」としているため、女性の場合のみ「専業主婦」の割合を表示する。
3　「その他」は「学生」を含み、2022年度の男性の場合のみ「専業主婦・主夫」を含む。

上低下している。結婚や出産の後も非正規雇用のかたちで仕事を続ける女性が増えていることを反映していると考えられる。

一方で、「正社員（管理職）」の割合も1991年度（13.6%）から2022年度（26.7%）で倍近く増えており、男性（順に37.6%、43.2%）との差は縮まってきている。勤務経験が多くあるほど開業後に必要なビジネススキルも蓄積しやすくなる。加えて、管理職経験はマネジメント能力を高めることにつながるだろう。管理職経験をもつ女性が増えたことは、男女間の事業規模の差が縮小する要因になっているかもしれない。第2章の計量分析によれば、斯業経験（現在の事業に関連する仕事の経験）があることは事業規模の大きさにプラスに寄与していた（前掲表2−11）。

そこで、女性のうち斯業経験がある割合を時系列にみると、1990年代はおおむね60%台から70%台前半で推移していたが、2000年度以降は70%台後半から80%台、一時は90%を超えるまでに上昇している（図3−3）。それに伴い、男性との差も小さくなっている。加えて、斯業経験の年数もやや長くなっている。女性の斯業経験年数は1990年代は平均10.7年、2000年

図3−3　男女別にみた斯業経験がある割合と平均斯業経験年数の推移

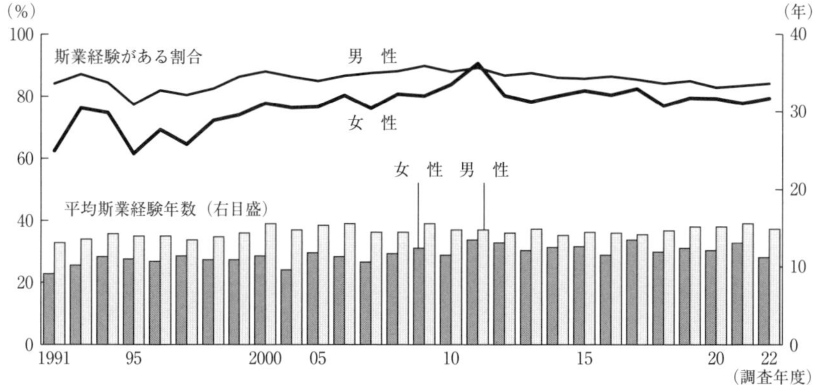

（注）1　斯業経験は現在の事業に関連する仕事をした経験。
2　1994年度調査では、勤務経験がある場合にのみ斯業経験の有無を尋ねているため、結果を掲載していない。また、2001、2002、2004年度調査では斯業経験の有無を尋ねていない。
3　斯業経験年数の平均値は、斯業経験がある人だけを集計。

代は同じく11.3年、2010年度以降は12.4年で、より長く経験を積んでから開業する女性が多くなっている。女性の社会進出に伴い、斯業経験がある割合や斯業経験年数は徐々に多くなっている。

(2)　事業の概要

では、実際に事業規模はどう変化しているのだろうか。まず、開業費用をみていきたい。開業費用の平均は男女ともに減少傾向にある。1990年代は、2,000万円を超える年度があるが、2000年代になると1,500万円前後で推移し、2010年度以降は1,000万円を下回る年度もみられる（図3−4）。また、開業費用のカテゴリーをみると、「250万円未満」で開業した人の割合は、1991年度は女性が8.3%、男性が6.8%だったのに対し、2022年度はそれぞれ24.0%、20.9%と大幅に上昇している。第1章でみたように、ITの発達やシェアオフィス、コワーキングスペースといった施設の充実、創業支援サービスの拡充などにより、従来はある程度の初期投資が必要だった業種でも費用を抑えて開業できるようになっている。そのため、女性に

図3-4　男女別にみた開業費用の平均と男女差の推移

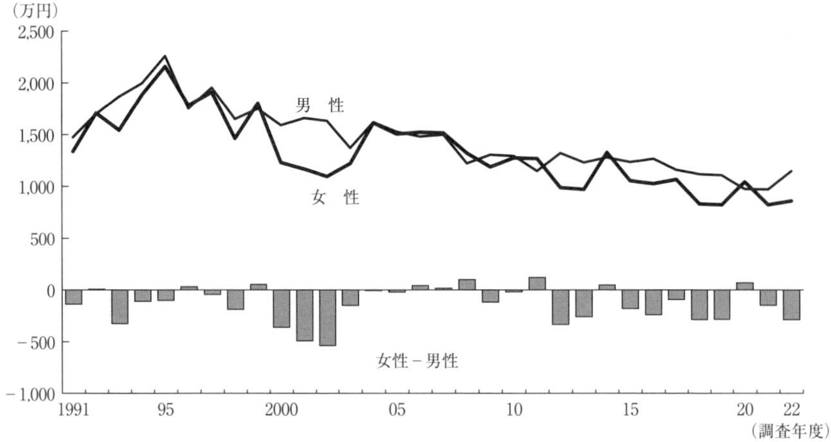

（注）男女差は、女性の値から男性の値を引いた値（図3－6まで同じ）。

限らず男性でも少額での開業を選択する人が増えていると考えられる。ただし、女性の平均値から男性の平均値を差し引いた男女差は、さほど縮まっていない。男性の少額化と並行して女性でも少額開業の傾向が強まっているためだろう。

続いて、従業者規模の推移を確認する。調査時点における従業者数の平均を男女で比べると、開業費用の場合ほど顕著ではないが、2000年代前半以降、ともに緩やかに減少しているようにみえる。例えば2000年度は女性の平均従業者数が4.0人、男性が5.2人だが、足元の2022年度はそれぞれ3.4人、4.3人に減っており、特に男性で減少幅が大きい（図3－5）。そのため、男女差は縮まっている。女性の平均従業者数から男性の平均従業者数を差し引いた値は、2000年度の－1.2人から2022年度の－0.8人まで減っている。男性で少人数化の動きが進む一方、女性はもともと少人数で事業を運営する傾向があるため人数の減り方が鈍く、両者の差が縮まっているようである。

売り上げ規模についても同様にみていこう。調査時点の月商の推移をみ

図3−5　男女別にみた従業者数（調査時点）の平均と男女差の推移

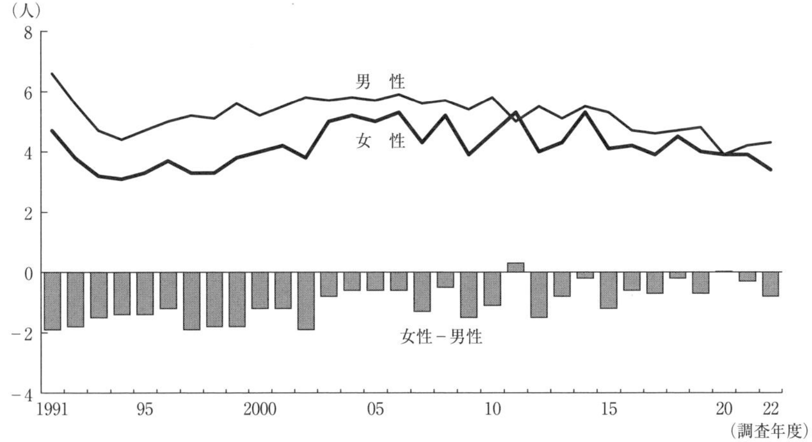

図3−6　男女別にみた月商の平均と男女差の推移

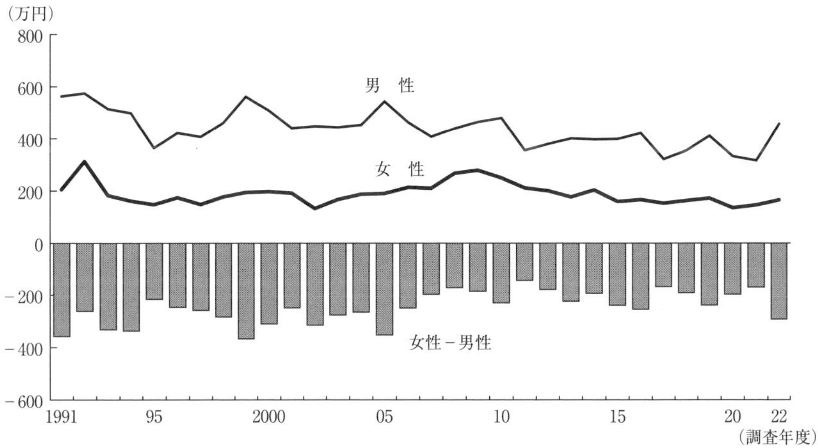

ると、常に男性が女性を上回っている。2000年度と2022年度を比べると、女性は197.3万円から165.3万円に、男性は508.0万円から457.4万円に減っている（図3−6）。また、男女差（女性の平均値−男性の平均値）は徐々に縮小しており、2000年度は−310.7万円あった差が、2022年度には−292.1万円まで小さくなっている。

開業費用、従業者数、月商は、男女いずれも減少傾向にあり、事業の小規模化は男性にも当てはまることがわかる。特に、従業者数や月商の減少幅は男性の方が大きいため、男女差は縮小している。事業規模にプラスに働く斯業経験や管理職経験をもつ女性が増えていることを考え併せると、事業規模は男性で大きく女性で小さいという構図は徐々に薄れていくことが予想される。

では、女性も男性も事業規模が小さくなったとして、それは経営パフォーマンスの悪化に直結するのだろうか。一般的に考えれば、経営の規模が大きくなるほどスケールメリットが働き、パフォーマンスも上がる。しかし、通信環境の整備が進み、開業者のための支援や施設も充実している現在は、1990年代や2000年代に比べて少ない経営資源でも効率的に利益を上げられるようになっているのではないか。そこで、採算状況について黒字割合の推移をみると、「黒字基調」か「赤字基調」かを尋ね始めた1999年度から2009年度までの平均は、女性が50.3%、男性が58.5%で、2010年度以降はそれぞれ55.6%、64.8%といずれも上昇している（図3－7）。事業の小規模化が開業後のパフォーマンスまで低下させているわけではないことがみてとれる。

3　事業規模の大きな女性開業者の存在

男性においても事業の小規模化が進み、その結果、男女差は小さくなっているものの、女性の方が男性より事業規模が小さい傾向は変わらない。しかし、女性の高学歴化や社会進出が進むなか、女性の開業者による事業は小規模一辺倒ではなくなってきている。斯業経験をもつ女性や大学・大学院卒の女性の開業が増えるなど女性開業者のタイプは多様化している。なかには高いビジネススキルや強いリーダーシップを発揮して、男性と遜

図3-7　男女別にみた「黒字基調」の割合の推移

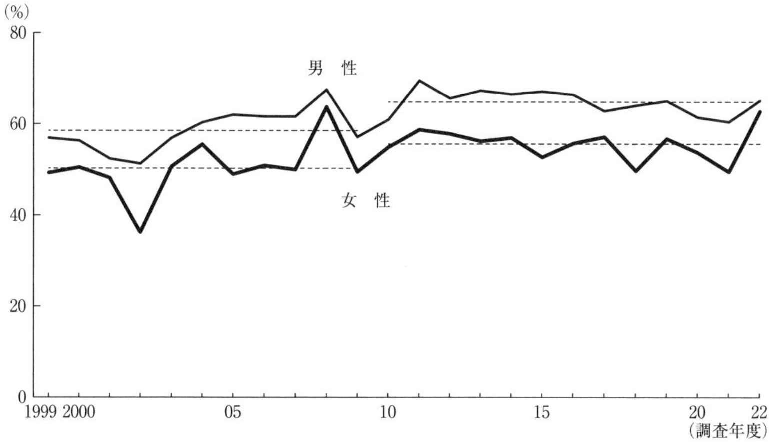

（注）1　採算状況について「黒字基調」か「赤字基調」かを尋ねた結果。1998年度までは選択肢が異なるため、結果を掲載していない。
2　破線は、1999～2009年度、2010～2022年度それぞれの期間の平均を示したもの。

色ない、もしくはそれ以上に事業を成長させている人が増えているのではないか。

前節では事業規模の指標として従業者数と月商の平均値を男女に分けて分析したが、本節では女性のなかで事業規模の大きな開業者がどれくらい存在しているのかを確かめるために、従業者数と月商の回答をカテゴリーに分け、その分布が時系列でどう変化しているのかをみていこう。さらに、開業者全体の平均を上回る事業規模の女性開業者についてその特徴もみていきたい。

(1)　女性開業者の規模分布

まず、調査時点の従業者数をみると、「1人（本人のみ）」の割合が2022年度に40.8％と、1991年度の15.0％や2000年度の25.9％、2010年度の23.8％から上昇している（図3－8）。少人数化が進む新規開業全体の傾向が表れている。2022年度は女性の平均が3.4人であったが、この水準を上回る「4人」

図3−8　女性の従業者数（調査時点）分布の推移

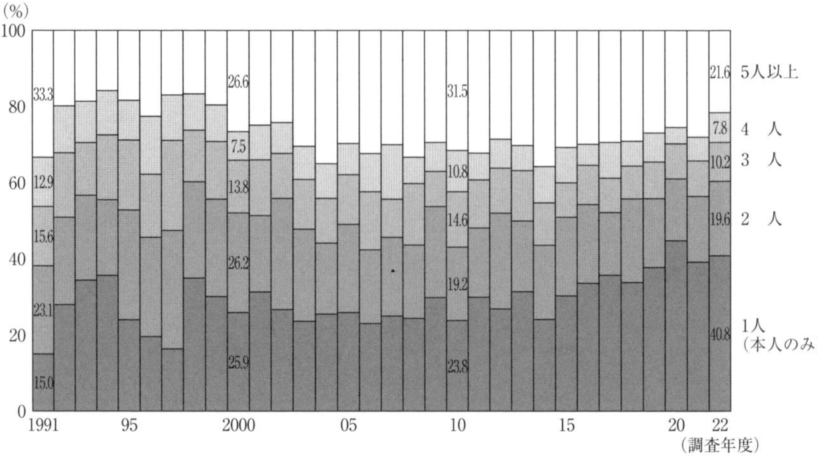

図3−9　女性の月商分布の推移

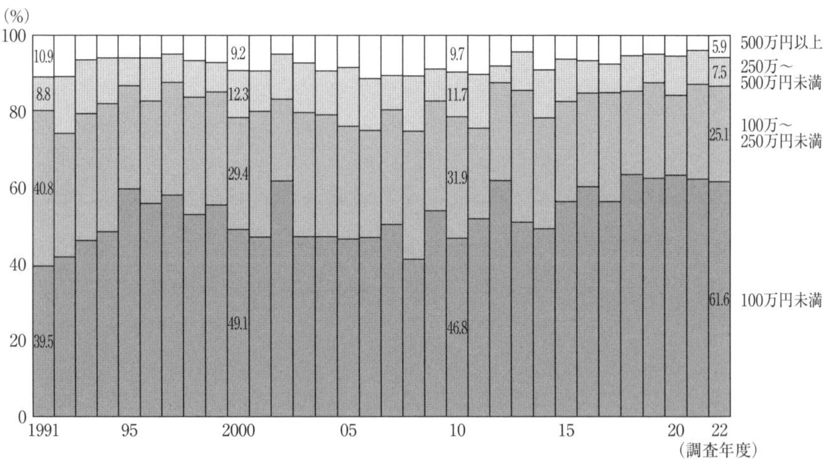

「5人以上」の層の割合も7.8%、21.6%と合わせて3割近い。

同様に女性の月商の分布をみても、売り上げが小さい層の割合が上昇傾向にある。「100万円未満」の割合は、1991年度の39.5%から2000年度は49.1%に上昇、2010年度の46.8%から2022年度は61.6%と10ポイント以上上昇している（図3−9）。一方で、2022年度の女性の平均165.3万円より多い「250万～500万円未満」が7.5％を占め、男性平均の457.4万円を上回る「500万円以上」の層も5.9％と少ないながら存在する[3]。

(2)　平均規模を上回る女性開業者の特徴

平均の事業規模を上回る女性の開業者にはどのような特徴があるのだろうか。ここからは、「2022年度新規開業実態調査（特別調査）」（以下、本調査）のデータを用いてみていこう[4]。調査時点の従業者数、月商のいずれかが、第1章でみた男性も含めた開業者全体の平均を上回る女性の開業者（従業者数4人超、月商387万円超）を抽出し、その属性や事業の概要を整理する。また、比較対象として、従業者数と月商の両方が女性開業者の平均以下となった女性の開業者（同3人以下、165万円以下）を抽出する。以下では前者を単に「大規模」、後者を「小規模」と呼ぶことにする[5]。また、参考として男性全体の平均も示す。観測数は、大規模が89人、小規模が197人、男性が1,310人である。従業者数の平均は順に8.4人、1.5人、4.3人、月商の平均は順に477.9万円、49.0万円、503.8万円となった。

先に事業の概要をみると、大規模では「医療・福祉」が43.8％と多い一方で、小規模では「サービス業」が過半となっている（表3－1）。より細かく業種をみると、大規模の「医療・福祉」のなかでは「看護業」と「その他の児童福祉事業」がそれぞれ2割超を占め、「知的障害者福祉事業」と「訪問介護事業」が続く。施設や人手が必要な事業が多い。一方、小規模の「サービス業」では、うち3割を「美容業」が占め、次いで多いのが「エステティック業」である。大規模でも「サービス業」の割合（14.6％）は2番目に高い。そこで、「サービス業」について、主な販売先が「事業所（企

3　男性の「250万～500万円未満」の割合は13.2％、「500万円以上」の割合は20.0％であった。
4　調査要領は第2章ｐ.46を参照されたい。
5　「大規模」「小規模」のいずれにも該当しない中規模層は集計対象としない。

表3-1　事業の概要

（単位：%、万円）

		女性		男性
		大規模	小規模	
開業業種	建設業	2.2	0.5	13.4
	製造業	0.0	3.6	4.0
	情報通信業	4.5	1.0	5.0
	運輸業	1.1	1.5	4.9
	卸売業	2.2	3.0	3.8
	小売業	13.5	13.7	13.1
	飲食店・宿泊業	12.4	13.7	8.9
	医療・福祉	43.8	5.1	11.7
	教育・学習支援業	2.2	3.0	3.8
	サービス業	14.6	53.3	25.3
	不動産業	3.4	1.0	5.0
	その他	0.0	0.5	1.2
商圏の範囲	事務所や店舗の近隣	12.9	9.7	9.5
	同じ市区町村内	40.0	44.6	22.1
	同じ都道府県内	17.6	22.6	24.9
	近隣の都道府県	5.9	6.5	14.6
	日本国内	22.4	16.1	27.0
	海　外	1.2	0.5	1.9
開業費用平均（万円）		1,186	576	947
経営形態（調査時点）	個人経営	24.7	83.0	53.0
	株式会社等	75.3	17.0	47.0

資料：日本政策金融公庫総合研究所「2022年度新規開業実態調査（特別調査）」（以下同じ）
（注）1　大規模は月商または従業者数が開業者全体の平均を上回る女性、小規模は月商と従業者数がともに女性開業者の平均以下である女性（表3－5まで同じ）。
2　「持ち帰り・配達飲食サービス業」は、「小売業」に含む（以下同じ）。
3　設問ごとにｎ(回答数)が異なるため、記載を省略(以下、ｎの記載のない表はすべて同じ)。

業・官公庁など)」と「一般消費者」のどちらかをみると、大規模では「事業所（企業・官公庁など)」が58.3%で、具体的な業種としては「その他の建物サービス業」「広告代理業」などがある。対して、「一般消費者」の割合は大規模で41.7%だが、美容業が多い小規模では86.3%に上る。

なお、男性も「サービス業」が25.3%を占めるが、内訳で多いのは「経営コンサルタント業」であった。男性の「医療・福祉」の割合は11.7%にとどまり、そのうち2割弱を占める「あん摩マッサージ指圧師・はり師・

きゅう師・柔道整復師の施術所」が最も多い。開業費用や開業前のキャリアなどは男女で差が薄れつつあったが、具体的な業種までは同質化していないようである。

大規模の商圏は、「事務所や店舗の近隣」（12.9％）が小規模や男性より多く、「同じ市区町村内」（40.0％）は男性の倍近い。大規模に多かった児童福祉施設や訪問介護業などは、近隣地域の人が対象になるためであろう。実際、大規模の医療・福祉について商圏をみると、「事務所や店舗の近隣」と「同じ市区町村内」で8割超を占める。他方、大規模では「日本国内」（22.4％）、「海外」（1.2％）の割合も小規模より多く、男性の水準に近い。同じく業種別にみると、大規模のなかで3番目に多かった小売業で「日本国内」「海外」と回答した人が比較的多い。EC（電子商取引）サイトなどを活用して販路を広げることができているのだろう。

開業費用の平均は、大規模は1,186万円と、小規模（576万円）だけでなく男性（947万円）をも上回る。業種構成でみたように、大規模は医療・福祉のように施設や人手が必要な事業を開業した人が多い。設備に対する初期投資や人件費がかかるため、開業費用が大きくなっているのだろう。

続いて、大規模の属性をみていきたい。開業時の年齢の分布をみると、小規模と比べて「50歳代」（30.3％）が多く、「29歳以下」（6.7％）や「30歳代」（20.2％）が少ない（表3－2）。20～30歳代は結婚や出産をする女性が多く、家事や育児などに時間をとられる分、大規模に開業する女性が少なくなるのだろうか。また、斯業経験を長く積んでから開業した女性の方が、事業規模が大きい傾向があるのかもしれない。

そこで、先に勤務キャリアをみると、斯業経験が「ある」割合は、大規模が84.3％と小規模（72.7％）より高い。管理職経験が「ある」割合（順に49.4％、39.2％）も同様である。さらに、経験年数を比べると、斯業経験は大規模が平均11.3年、小規模が9.7年、管理職経験は大規模が平均9.2年、

表3-2　開業者の属性と家庭環境

（単位：％）

		女性 大規模	女性 小規模	男性
開業時の年齢	29歳以下	6.7	13.7	8.6
	30歳代	20.2	27.9	32.1
	40歳代	40.4	38.6	32.5
	50歳代	30.3	16.2	17.9
	60歳以上	2.2	3.6	8.9
最終学歴	中　学	2.4	0.5	5.4
	高　校	23.5	23.0	30.3
	専修・各種学校	23.5	35.8	17.9
	短大・高専	17.6	16.0	2.3
	大学・大学院	32.9	24.6	44.1
	その他	0.0	0.0	0.1
開業直前の職業	会社や団体の常勤役員	10.3	1.6	13.8
	正社員・正職員（管理職）	33.3	21.3	39.5
	正社員・正職員（管理職以外）	26.4	25.0	31.8
	非正社員	19.5	36.2	6.0
	その他	10.3	16.0	8.8
勤務キャリア	勤務経験が「ある」	98.9	97.4	97.1
	斯業経験が「ある」	84.3	72.7	81.7
	管理職経験が「ある」	49.4	39.2	66.5
配偶者が「いる」		42.4	52.2	75.9
同居する子ども（未就学児）が「いる」		6.0	11.2	23.7
同居する子ども（学生・社会人）が「いる」		50.0	38.5	44.4
家事全般に充てる1日当たりの時間	携わっていない	10.5	7.4	20.2
	1時間未満	19.8	14.8	39.8
	1時間以上2時間未満	25.6	23.8	26.3
	2時間以上4時間未満	31.4	30.2	10.4
	4時間以上6時間未満	4.7	13.2	2.0
	6時間以上	8.1	10.6	1.3
主たる家計維持者に「該当」		71.8	53.2	93.3
事業収入が世帯収入に占める割合	25％未満	9.4	29.5	9.4
	25～50％未満	12.9	17.9	6.8
	50～75％未満	15.3	13.7	21.3
	75～100％未満	22.4	6.8	29.1
	100％	40.0	32.1	33.4

（注）1　斯業経験は現在の事業に関連する仕事の経験。管理職経験は3人以上の部下をもつ課もしくは部などの長またはリーダーとして働いた経験（以下同じ）。
　　　2　家事全般には育児や介護を含み、報酬を目的としたものは除く（以下同じ）。

小規模が7.0年と、いずれも大規模の方が長い。開業する前に勤務先でビジネススキルや経営ノウハウを身につけておくことが、大きな規模で開業する場合に役立っているとみることもできる。

次に最終学歴をみると、大規模と男性は「大学・大学院」が最も多く、小規模は「専修・各種学校」が最も多い。開業直前の職業は、大規模や男性は「正社員・正職員（管理職）」の割合が最も高いが、小規模で最も多いのは「非正社員」である。前節で大学・大学院卒や開業直前の職業が管理職の女性開業者が増えていることを示したが、こうした層が大規模の担い手として大きな存在になっているようである。

家庭環境についてもみると、配偶者が「いる」割合は、男性は75.9％と高いが、大規模は42.4％、小規模も52.2％と低い。女性の開業者は男性に比べて独身の人が多い。そのためか、未就学児の子どもと同居する割合は、男性の23.7％に対して小規模が11.2％、大規模が6.0％と低い。ただし、大規模は学生・社会人の子どもと同居している割合が50.0％と多く、小規模や男性に比べて「50歳代」の割合が高かったことと整合する。大規模は現時点で独身であるか、子どもが大きくなったため、事業に専念しやすい人が多いのだと思われる。

家事全般に充てる1日当たりの時間は、大規模、小規模ともに女性は男性より長い傾向がみられる。ただし、大規模は小規模に比べれば「4時間以上6時間未満」「6時間以上」など長時間のカテゴリーの割合が低い。大規模は独身者や子育てを終えた年齢層の人が多いことによる結果であろう。

主たる家計維持者である割合は、大規模は71.8％と小規模（53.2％）より高い。そもそも調査時点で独身の人が多いためで、大規模のうち配偶者が「いる」人に限れば、主たる家計維持者である割合は42.9％まで低下する。事業収入が世帯収入に占める割合も、大規模は4分の3以上である人が6割超と、小規模の倍近い。事業収入で家計を補塡する小規模に対して、

表3-3　開業者の働き方

（単位：%）

		女性 大規模	女性 小規模	男性
事業における1週間当たりの就労時間	15時間未満	4.5	6.6	7.5
	15～35時間未満	15.7	20.9	11.2
	35～50時間未満	31.5	35.7	29.6
	50時間以上	48.3	36.7	51.8
主な事業所までの通勤時間（片道）	自宅の一室・併設	15.1	34.9	32.9
	15分未満	38.4	29.1	26.4
	15分～30分未満	31.4	24.9	20.0
	30分～1時間未満	11.6	9.5	14.8
	1時間以上	3.5	1.6	5.9
事業での裁量	通常は自分の意向で決められる	56.6	76.5	55.9
	販売先・顧客や仕事の内容によって異なる	28.9	14.4	26.2
	通常は販売先・顧客の意向に従う	14.5	9.1	17.9
事業をするに当たり最も重視すること	収　入	24.7	27.8	36.9
	仕事のやりがい	52.9	37.1	38.6
	私生活との両立	22.4	35.1	24.5

大規模は開業によって家計を支えている人が多い。

働き方にも違いはあるだろうか。事業に充てる1週間当たりの時間をみると、大規模は「50時間以上」が48.3%と、小規模の36.7%に比べて多く、男性に近い水準である（表3－3)。事業規模が大きい方が、経営者として事業に充てなければならない時間も長くなるのだろう。前掲表3－2のとおり小規模に比べて家事に携わっていたり、未就学児がいたりする人が少なく、その分事業に充てる時間を長く確保できている面もあるのではないか。

通勤時間は、小規模に比べると長い人が多い。自宅の一室または自宅に併設した場所で開業している割合は15.1%と、小規模の半分以下である。開業業種で医療・福祉の割合が高く、施設など特別な場所が必要な事業を運営している人が多かったことによるものとみられる。

事業における裁量の度合いをみると、事業を行う場所や時間を「通常は自分の意向で決められる」と回答した割合は56.6%と小規模に比べて約

表3−4　開業動機（三つまでの複数回答）

（単位：％）

	女性		男性（n=1,289）
	大規模（n=88）	小規模（n=195）	
収入を増やしたかった	30.7	③ 38.5	② 52.8
自由に仕事がしたかった	② 47.7	① 56.4	① 59.1
事業経営という仕事に興味があった	31.8	23.1	38.3
自分の技術やアイデアを事業化したかった	27.3	② 39.5	27.2
仕事の経験・知識や資格を生かしたかった	① 54.5	37.4	③ 42.6
趣味や特技を生かしたかった	9.1	21.5	7.5
社会の役に立つ仕事がしたかった	③ 44.3	20.5	24.3
年齢や性別に関係なく仕事がしたかった	18.2	19.0	9.7
時間や気持ちにゆとりが欲しかった	12.5	29.2	20.1
適当な勤め先がなかった	5.7	5.1	6.1
その他	10.2	4.6	6.1

（注）それぞれの上位3項目には丸囲みで順位を示した。

20ポイントも低く、男性と同程度である。事業規模が大きい方が、顧客との調整が必要になる場面が増えるのではないか。

事業をするに当たり最も重視することをみると、「収入」の割合が男性に比べて低いことは大規模、小規模とも同じである。他方、小規模は「仕事のやりがい」と「私生活との両立」の割合が同程度であるのに対して、大規模は「仕事のやりがい」が過半と圧倒的に多い。この点も、大規模に多い医療・福祉の特色といえるかもしれない。

事業で重視することが違うように、事業を始めた理由も男女間だけでなく、女性内で規模による差がみられるかもしれない。表3−4で開業動機を三つまでの複数回答で尋ねた結果をみると、小規模と男性で最も多いのは「自由に仕事がしたかった」だが、大規模では「仕事の経験・知識や資格を生かしたかった」（54.5％）が最も多く、「自由に仕事がしたかった」（47.7％）は2番目である。3番目の「社会の役に立つ仕事がしたかった」は44.3％と小規模や男性より20ポイントほども多い。4番目は「事業経営という仕事に興味があった」で男性に近い31.8％の回答があった。一方で、小規模や男性で上位3項目に入った「収入を増やしたかった」（30.7％）は5番目にとどまる。小規模と比べて特に少ないのは、「時間や気持ちにゆとりが欲しかった」（12.5％）、「趣味や特技を生かしたかった」（9.1％）である。医療・福祉のなかでも看護・介護や児童福祉などの事業で開業した女性が多かったことと考え併せると、同業種に勤務して知識や経験を積んだ後、社会の役に立つという目標をもって独立した様子が浮かび上がってくる。

事業規模が男女の全体平均より大きい女性に関する本項の分析結果をまとめると次のとおりである。大規模は40～50歳代の人が多く、独身であるか子どもはすでに大きくなっていて、家事や育児の負担が比較的軽い。その分事業に充てる時間は長く、仕事においては特にやりがいを求めている。大卒以上の高学歴者が多く、その後の勤務で得た斯業経験や管理職経験を現在の事業に生かしている。開業動機は「仕事の経験・知識や資格を生かしたかった」が最も多いほか、「社会の役に立つ仕事がしたかった」という回答の多さが男性やほかの女性より目立つ。事業内容は看護・介護、福祉関係が多く、社会貢献という高い理想をもち、仕事で培ったスキルを発揮しステップアップしようとする様子がうかがえる。

なお、第2章の分析からは、女性が規模の大きな事業を経営するに当たり、周囲のサポートが重要な役割を果たしていることが明らかになった（前掲表2－11）。そこで、大規模と小規模についても相談相手やサポートしてくれる人の有無をみてみると、事業に関する、あるいは起因する悩みや困り事を相談する相手が「いる」割合は、大規模で79.8％と小規模を5ポイントほど上回る（表3－5）。さらに、事業を経営しながら生活するうえでサポートしてくれる人が「いる」との回答割合は、66.3％と小規模より10ポイント以上高い。大規模は家事や育児に充てる時間が小規模より短いとはいえ、周囲の理解やサポートを得ることが、大きく事業を行ううえで重要なポイントの一つになっているようである。

表3-5　相談相手・サポートしてくれる人（有償のサービスを除く）

（単位：％）

		女性		男性
		大規模	小規模	
相談相手	い　る	79.8	74.1	71.8
	いないが、いるとよいと思う	18.0	25.4	23.0
	いないし、必要ない	2.2	0.5	5.2
サポートしてくれる人	い　る	66.3	55.6	53.1
	いないが、いるとよいと思う	28.1	37.8	34.3
	いないし、必要ない	5.6	6.6	12.7

（注）相談相手は現在の事業に関する、あるいは起因する悩みや困り事（生活面を含む）を相談する相手。サポートしてくれる人は現在の事業を経営しながら生活するためのサポートをしてくれる人（以下同じ）。

(3)　平均規模を上回る開業の決定要因

前項ではクロス集計により大規模と小規模の違いを確認したが、この結果からは開業者の属性や事業の概要に関する各項目が事業規模に与える影響度合いの差をとらえることができない。大規模は医療・福祉で開業する人が多く、そのことが女性の大規模かどうかの決め手になっているようにもみえるが、業種の影響をコントロールした場合に、その他の項目は事業規模にどのように作用するのだろうか。以下、計量的手法により確かめたい。

なお、第2章で、数値データである月商を被説明変数にした推定によって事業規模の決定要因を探っているが（前掲表2－11）、ここでは規模が特に大きい大規模にターゲットを絞って分析を試みる。

①　推定方法

推定には、大規模、すなわち調査時点の従業者数と月商のいずれかが開業者全体の平均を上回る場合を1とするダミー変数を被説明変数にしたロジットモデルを用いる。女性以外に、男性のみのケース、男女全体のケースでも推定を行い、男女で影響する項目が異なるのか、女性であることが大規模であることに影響を与えるのかを確かめたい。そのため、以下で大規模という場合は、女性だけでなく男性も対象に含む。男性の大規模も女性と同様に従業者数または月商が第1章の開業者全体の平均を上回る場合を指す。

また、観測数を確保するため、大規模に該当しない開業者全員を、大規模ダミー＝0として推定する[6]。小規模だけでなく中規模の開業者も含むことで、より明確に大規模の決定要因を探ることができるはずである。なお、全体、女性、男性それぞれの観測数は順に1,508人、312人、1,196人、サンプルに占める大規模の割合は、順に38.7%、28.5%、41.3%であった。

説明変数には、第2章で行った推定と同じものを用いる。事業規模の決定要因のうち、特に大規模の決め手になるものが何かを確かめる。

② **推定結果**

推定結果は表3－6のとおりである。先に男女を合わせた全体について女性ダミーをみると、係数の符号はマイナスであるものの有意ではなく、有意にマイナスとなった第2章の推定とは異なる結果となった。大規模な事業を起こす場合に限れば、キャリアや家庭環境、業種といった要因をそろえると性別は影響しないようである。

続いて、女性の推定結果を中心に、男性との比較を交えながらみていていきたい。一見すると、女性は男性と比べて有意となる項目が少ない。

まず、開業時の年齢は男性でのみ有意にマイナスである。女性はシニア層だけでなく、結婚、出産、育児などのライフイベントが重なりやすい若年層でも大規模の占める割合が低いため、規模と年齢の間に相関が描かれなかったのだろう。

配偶者ダミーは、女性で有意にマイナスとなった。女性は非有意となっ

6　調査時点の従業者数と月商のいずれかが無回答の場合は対象に含まない。

表3−6　大規模の決定要因に関する推定結果（ロジットモデル）

被説明変数：大規模ダミー（大規模＝1、その他＝0）			全　体	女　性	男　性
女性ダミー（女性＝1、男性＝0）			−0.297 (0.207)	−	−
開業時の年齢（対数）			−0.887*** (0.295)	−0.116 (0.915)	−1.084*** (0.323)
家庭環境	配偶者ダミー（いる＝1、いない＝0）		0.033 (0.162)	−0.837* (0.468)	0.149 (0.185)
	家事全般に充てる1日当たりの時間	携わっていない		（基　準）	
		4時間未満	−0.447** (0.182)	−0.154 (0.701)	−0.470** (0.194)
		4時間以上	−0.485 (0.358)	0.430 (0.866)	−0.775* (0.470)
働き方	事業における1週間当たりの就労時間（対数）		0.203* (0.115)	0.117 (0.353)	0.185 (0.124)
	事業をするに当たり最も重視すること	収　入		（基　準）	
		仕事のやりがい	0.081 (0.155)	0.007 (0.500)	0.132 (0.169)
		私生活との両立	−0.331* (0.184)	−0.195 (0.555)	−0.409** (0.202)
キャリア	最終学歴	中学・高校		（基　準）	
		専修・各種学校	−0.251 (0.213)	−1.517** (0.630)	0.025 (0.235)
		短大・高専	−0.218 (0.337)	−0.483 (0.647)	−0.126 (0.477)
		大学・大学院	−0.028 (0.166)	−0.557 (0.577)	0.104 (0.179)
		その他	13.990 (846.729)	−	13.376 (565.130)
	開業直前の職業	会社や団体の常勤役員	0.451** (0.221)	1.159 (0.959)	0.369 (0.231)
		正社員（管理職）		（基　準）	
		正社員（非管理職）	−0.484*** (0.168)	0.018 (0.566)	−0.598*** (0.182)
		非正社員	−0.360 (0.268)	−0.035 (0.583)	−0.357 (0.344)
		その他	−0.162 (0.240)	−0.684 (0.659)	−0.002 (0.272)
	斯業経験ダミー（ある＝1、ない＝0）		0.323* (0.192)	0.655 (0.517)	0.188 (0.215)
事業の概要	調査時点の経営形態が法人ダミー（株式会社等＝1、個人経営＝0）		1.879*** (0.159)	2.531*** (0.505)	1.844*** (0.175)
	相談相手ダミー（いる−1、いない＝0）		0.136 (0.165)	0.372 (0.534)	0.133 (0.178)
	サポーターダミー（いる＝1、いない＝0）		0.060 (0.148)	1.301*** (0.481)	−0.101 (0.161)
	開業業種	建設業	−0.227	2.980*	−0.162
		製造業	−0.941**	−15.308	−0.842**
		情報通信業	−1.099***	−1.197	−1.134***
		運輸業	−0.708	−1.460	−0.604
		卸売業	0.572	−1.679	1.083**
		小売業		（基　準）	
		飲食店、宿泊業	0.532*	0.777	0.571*
		医療・福祉	0.697***	1.313**	0.506*
		教育・学習支援業	−0.367	−0.952	−0.309
		サービス業	−1.162***	−1.715***	−1.060***
		不動産業	−1.317***	−0.260	−1.457***
		その他	−2.045**	−16.603	−1.895**
観測数			1,324	267	1,057

（注）1　***は1%、**は5%、*は10%水準で有意であることを示す（以下同じ）。
　　　2　上段は係数、（　　）内は標準誤差（以下同じ）。
　　　3　開業業種は標準誤差の記載を省略（以下同じ）。
　　　4　コントロール変数である業歴（月数、対数）は記載を省略（以下同じ）。
　　　5　女性は最終学歴で「その他」の回答はなかった（以下同じ）。

た第2章の事業規模に関する推定と異なる結果である。夫がいる場合、一般的に妻である女性の方が家庭での役割が重くなる。開業者全体の平均を上回る規模の事業を運営しようとすると、女性にとって配偶者がいることはマイナスに作用するのだろう。

家事全般に充てる1日当たりの時間は、男性は「携わっていない」を基準とした場合に「4時間未満」「4時間以上」ともに有意にマイナスで、時間が長いほど係数のマイナス幅は大きくなる。一方、女性は非有意である。大規模の女性で家事に「携わっていない」割合が男性全体の約半分だったように（前掲表3－2)、女性は大規模でも事業に充てる時間が家事などで削られることがあり、家事時間と大規模の関係が男性ほどはっきりしないのかもしれない。

事業をするに当たり最も重視することは、第2章の推定と同様、男性は「私生活との両立」が有意にマイナスとなっている一方で、女性はどれも非有意である。家事全般に充てる時間と事業における1週間当たりの就労時間が非有意であることを考え併せると、女性の方が効率よく事業と私生活を両立できているのかもしれない。

最終学歴は、女性でのみ「専修・各種学校」が「中学・高校」を基準にした場合にマイナスで有意となっている。第2章で女性は「専修・各種学校」卒が多く（前掲図2－8)、その背景として美容業の開業が多いこと、前項でこうした特徴が女性の小規模で特に目立つこと（前掲表3－1）を指摘したが、これらと比べて違和感のない結果である。なお、「大学・大学院」は有意になっていないことから、高学歴の人が大規模であるというわけでもない。

開業直前の職業は、「正社員（管理職)」を基準として、男性は「正社員（非管理職)」がマイナスであり、管理職としてマネジメントのノウハウを培った人の方が事業規模が大きい傾向がみられる。一方、女性は第2章の推定と同様にどれも非有意である。女性は出産、育児などでキャリアが中断されることがあり、直前の職務は大規模かどうかに影響しにくいのだろう。ただ、第2章では有意にプラスとなっていた斯業経験ダミーも非有意になっている。男性も斯業経験は非有意である。大規模な事業を起こすかどうかに限ってみた場合は、実務経験の有無はそれほど重要ではなくなるのかもしれない。

法人ダミーは男女ともに有意にプラスである。個人経営よりも株式会社などの法人経営の方が大規模な事業が多いということは違和感のない結果である。

相談相手ダミーは非有意だが、サポーターダミーは女性でのみ有意にプラスとなった。どちらも第2章の推定結果と同じである。女性が大規模に事業を経営しながら生活するうえで、サポートしてくれる人が重要な役割を果たすことを裏づける結果となった。

開業業種は、「小売業」を基準として女性は「建設業」「医療・福祉」が有意にプラスとなり、「サービス業」がマイナスとなった。女性の開業業種と規模のクロス集計で、大規模に「医療・福祉」、小規模に「サービス業」が多かったことと符合する。そのほか、「建設業」は専門性の高い職域工事業など比較的月商の大きい企業が含まれる傾向にあるため、プラスとなったのかもしれないが、観測数がわずかなため解釈には注意が必要である。

業種の影響をコントロールして推定すると、女性は男性よりも有意な項目が少なかった。学歴、職歴といった属性について男女で同質化の傾向がみられたが、そのこと自体が大規模に事業を行う女性の存在に直結しているわけではなさそうである。反対に考えれば、創業環境が整いつつある今、大きく事業を起こすうえで、キャリアは以前ほど重要な要素ではなくなっているといえるのかもしれない。

4　女性開業者の増加とパフォーマンスの関係

第1章では、女性の開業者が増加していることと開業全体が小規模化していることを、第2章では、女性の開業が開業全体の小規模性に寄与していることを明らかにした。一方、本章でここまでみたとおり、医療・福祉の業種を中心に、男性と遜色ない大きな規模の事業を展開する女性が存在するなど、女性開業者のなかで多層化も起きている。

そうしたなかで、前掲図3－7でみたとおり、開業者の採算は悪化していなかった。そこで、以下では性別と事業規模を分析の切り口に据え、女性開業者の増加が新規開業企業の経営パフォーマンスの低下をもたらしていないことを改めて確認するとともに、パフォーマンスの良しあしを決定する要因は何かを探っていくことにしたい。

(1)　推定方法

開業者のパフォーマンスの指標として、採算状況、労働生産性、資本生産性を取り上げ、それぞれを被説明変数にした推定を行う。採算状況は、「黒字基調」を1、「赤字基調」を0とする黒字ダミーを用いる。労働生産性は、調査時点の月商を調査時点の従業者数で除した値を用いる。本調査では売上原価や販売管理費、人件費などの経費の額を尋ねておらず、労働生産性の計算で一般的に分子として用いられる付加価値額を把握できない。そのため、売り上げに占める付加価値額比率が企業間で同一と仮定し、月商を分子とすることとした。また、従業者ごとの就労時間も尋ねていないため、労働生産性の分母である従業者数は、パート・アルバイトなどの短時間従業員もフルタイムの従業員と同じ1人としてカウントしている。資本生産性の計算に当たっても分子には月商を用いた。分母には開業時の物的投資額として開業費用を使用する。

説明変数は、第2章で月商を被説明変数にして行った推定(前掲表2－11)と同じものを用いる。月商規模に対してマイナスに作用した女性ダミーが経営パフォーマンスに対しても同じ結果となるかを確かめたい。加えて、前節の推定で被説明変数とした大規模ダミーを説明変数として用いる。具体的には、大規模の条件に合致しない男性を基準とした場合に、大規模の女性のダミー、その他の女性のダミー、大規模の男性のダミーの推定結果がどうなるかをみていく。大規模ダミーと性別の両方を加味した説明変数を設定することで、大規模に当たる確率が性別でどう異なるかも観察したい。

推定の手法は、2値変数である採算はロジットモデル、量的変数である労働生産性と資本生産性については最小二乗法による。労働生産性と資本生産性は、基準をそろえて比較しやすくするために自然対数に変換する。三つの指標それぞれについて、開業者全体、女性のみ、男性のみの3種類のサンプルで推定を実施する。

(2)　推定結果

結果は表3－7(1)～(3)のとおりである。まず、規模と性別についてみると、開業者全体では採算状況と資本生産性に関して、大規模女性ダミーと大規模男性ダミーが、基準であるその他男性ダミーに対して有意にプラスとなっている。そのほか、資本生産性ではその他女性ダミーが有意にマイナスとなっている。その他女性は四つのカテゴリーのなかで最も売り上げが少ない一方で、開業時には最低限の設備投資は必要になることから、分母の大きさのわりに分子が小さいのだと思われる。労働生産性に関しては、大規模女性ダミーが非有意となり、大規模男性ダミーは有意にプラスである。大規模女性には医療・福祉のように多くの人手を要する業種が多

表3-7(1)　採算状況に関する推定結果（ロジットモデル）

被説明変数：黒字ダミー（黒字基調＝1、赤字基調＝0）			全　体	女　性	男　性
大規模・性別		大規模女性ダミー	1.030*** (0.310)	1.374*** (0.446)	－
		その他女性ダミー	−0.211 (0.211)	（基　準）	－
		大規模男性ダミー	0.732*** (0.161)	－	0.745*** (0.166)
		その他男性ダミー	（基　準）	－	（基　準）
開業時の年齢（対数）			−1.287*** (0.277)	−1.562** (0.699)	−1.208*** (0.312)
家庭環境	配偶者ダミー（いる＝1、いない＝0）		0.405*** (0.147)	0.843** (0.349)	0.330* (0.171)
	家事全般に充てる1日当たりの時間	携わっていない		（基　準）	
		4時間未満	0.063 (0.172)	−0.487 (0.568)	0.158 (0.184)
		4時間以上	−0.267 (0.308)	−0.690 (0.699)	−0.540 (0.413)
働き方	事業における1週間当たりの就労時間（対数）		0.269*** (0.104)	0.186 (0.264)	0.282** (0.116)
	事業をするに当たり最も重視すること	収　入		（基　準）	
		仕事のやりがい	0.268* (0.146)	0.346 (0.375)	0.316* (0.164)
		私生活との両立	0.244 (0.165)	0.566 (0.420)	0.209 (0.183)
キャリア	最終学歴	中学・高校		（基　準）	
		専修・各種学校	−0.117 (0.190)	0.303 (0.435)	−0.220 (0.218)
		短大・高専	−0.067 (0.293)	−0.030 (0.490)	0.344 (0.466)
		大学・大学院	0.014 (0.154)	0.409 (0.450)	−0.042 (0.168)
		その他	12.012 (558.567)	－	11.877 (496.257)
	開業直前の職業	会社や団体の常勤役員	−0.179 (0.209)	0.203 (0.813)	−0.255 (0.219)
		正社員（管理職）		（基　準）	
		正社員（非管理職）	−0.052 (0.157)	0.532 (0.446)	−0.144 (0.172)
		非正社員	0.025 (0.229)	0.251 (0.436)	−0.081 (0.306)
		その他	−0.183 (0.228)	−0.591 (0.520)	0.018 (0.272)
	斯業経験ダミー（ある＝1、ない＝0）		0.137 (0.166)	0.564 (0.378)	0.046 (0.194)
事業の概要	調査時点の経営形態が法人ダミー（株式会社等＝1、個人経営＝0）		−0.745*** (0.157)	−0.590 (0.429)	−0.812*** (0.175)
	相談相手ダミー（いる＝1、いない＝0）		0.321** (0.150)	0.413 (0.390)	0.335** (0.167)
	サポーターダミー（いる＝1、いない＝0）		0.009 (0.138)	0.369 (0.339)	−0.068 (0.154)
	開業業種	建設業	0.535*	−2.669*	0.552*
		製造業	0.503	0.561	0.476
		情報通信業	0.620*	1.036	0.494
		運輸業	0.300	0.722	0.255
		卸売業	0.554	1.286	0.594
		小売業		（基　準）	
		飲食店・宿泊業	−0.830***	−0.386	−0.979***
		医療・福祉	0.356	0.381	0.418
		教育・学習支援業	−0.053	−0.012	−0.029
		サービス業	0.686***	0.797*	0.691***
		不動産業	1.628***	15.903	1.530***
		その他	0.955	0.793	0.824
観測数			1,304	257	1,047

表3-7(2)　労働生産性に関する推定結果（最小二乗法）

被説明変数：労働生産性(月商÷従業者数、対数)			全　体	女　性	男　性
大規模・性別		大規模女性ダミー	0.221 (0.142)	0.366** (0.179)	－
		その他女性ダミー	−0.122 (0.101)	(基　準)	－
		大規模男性ダミー	0.674*** (0.075)	－	0.625*** (0.077)
		その他男性ダミー	(基　準)	－	(基　準)
開業時の年齢（対数）			−0.370*** (0.129)	−0.289 (0.284)	−0.388*** (0.146)
家庭環境	配偶者ダミー（いる＝1、いない＝0）		0.082 (0.070)	−0.013 (0.140)	0.070 (0.083)
	家事全般に充てる1日当たりの時間	携わっていない		(基　準)	
		4時間未満	−0.085 (0.082)	−0.148 (0.234)	−0.067 (0.088)
		4時間以上	−0.254* (0.147)	−0.254 (0.283)	−0.314 (0.202)
働き方	事業における1週間当たりの就労時間（対数）		0.211*** (0.050)	0.140 (0.112)	0.213*** (0.056)
	事業をするに当たり最も重視すること	収　入		(基　準)	
		仕事のやりがい	−0.051 (0.069)	−0.083 (0.159)	−0.009 (0.077)
		私生活との両立	−0.049 (0.078)	−0.049 (0.169)	−0.033 (0.088)
キャリア	最終学歴	中学・高校		(基　準)	
		専修・各種学校	0.081 (0.089)	0.269 (0.179)	0.064 (0.103)
		短大・高専	−0.165 (0.143)	0.118 (0.207)	−0.270 (0.221)
		大学・大学院	0.097 (0.073)	0.332* (0.190)	0.085 (0.080)
		その他	−0.378 (1.061)	－	−0.315 (1.072)
	開業直前の職業	会社や団体の常勤役員	0.084 (0.102)	−0.157 (0.340)	0.078 (0.108)
		正社員（管理職）		(基　準)	
		正社員（非管理職）	0.064 (0.0731)	0.034 (0.179)	0.057 (0.081)
		非正社員	−0.351*** (0.109)	−0.140 (0.179)	−0.553*** (0.149)
		その他	−0.186* (0.107)	−0.158 (0.215)	−0.095 (0.127)
	斯業経験ダミー（ある＝1、ない＝0）		0.132 (0.080)	0.077 (0.160)	0.134 (0.094)
事業の概要	調査時点の経営形態が法人ダミー（株式会社等＝1、個人経営＝0）		0.027 (0.073)	−0.289 (0.180)	0.096 (0.082)
	相談相手ダミー（いる＝1、いない＝0）		0.092 (0.071)	0.144 (0.162)	0.119 (0.080)
	サポーターダミー（いる＝1、いない＝0）		−0.042 (0.065)	0.135 (0.140)	−0.100 (0.073)
	開業業種	建設業	0.199	0.219	0.135
		製造業	−0.384**	−1.231**	−0.354*
		情報通信業	−0.018	0.855*	−0.180
		運輸業	−0.334*	0.259	−0.408**
		卸売業	1.077***	−0.312	1.251***
		小売業		(基　準)	
		飲食店・宿泊業	−0.817***	−0.603**	−0.881***
		医療・福祉	−0.868***	−0.444*	−0.945***
		教育・学習支援業	−1.162***	−1.242***	−1.144***
		サービス業	−0.302***	−0.115	−0.398***
		不動産業	0.189	1.526***	0.024
		その他	−0.206	0.546	−0.363
観測数			1,318	265	1,053

表3-7(3)　資本生産性に関する推定結果（最小二乗法）

被説明変数：資本生産性(月商÷開業費用、対数)			全　体	女　性	男　性
大規模・性別		大規模女性ダミー	0.884*** (0.170)	1.023*** (0.234)	–
		その他女性ダミー	−0.213* (0.121)	（基　準）	–
		大規模男性ダミー	1.061*** (0.091)	–	1.056*** (0.093)
		その他男性ダミー	（基　準）	–	（基　準）
開業時の年齢（対数）			−0.828*** (0.158)	−0.839** (0.368)	−0.834*** (0.178)
家庭環境	配偶者ダミー（いる＝1、いない＝0）		0.106 (0.084)	0.236 (0.182)	0.062 (0.989)
	家事全般に充てる1日当たりの時間	携わっていない		（基　準）	
		4時間未満	0.021 (0.099)	0.018 (0.301)	0.036 (0.106)
		4時間以上	−0.275 (0.175)	−0.241 (0.366)	−0.306 (0.236)
働き方	事業における1週間当たりの就労時間（対数）		−0.005 (0.061)	0.083 (0.145)	−0.027 (0.068)
	事業をするに当たり最も重視すること	収　入		（基　準）	
		仕事のやりがい	−0.088 (0.084)	−0.167 (0.204)	−0.040 (0.093)
		私生活との両立	0.039 (0.094)	−0.177 (0.219)	0.107 (0.106)
キャリア	最終学歴	中学・高校		（基　準）	
		専修・各種学校	−0.078 (0.107)	−0.141 (0.231)	−0.027 (0.124)
		短大・高専	−0.011 (0.173)	0.080 (0.267)	−0.111 (0.268)
		大学・大学院	−0.035 (0.089)	0.017 (0.247)	−0.043 (0.097)
		その他	0.028 (1.249)	–	0.113 (1.250)
	開業直前の職業	会社や団体の常勤役員	−0.049 (0.124)	−0.379 (0.456)	−0.050 (0.130)
		正社員（管理職）		（基　準）	
		正社員（非管理職）	−0.025 (0.089)	−0.174 (0.230)	−0.012 (0.098)
		非正社員	−0.227* (0.131)	−0.312 (0.232)	−0.229 (0.177)
		その他	−0.317** (0.129)	−0.534* (0.277)	−0.263* (0.151)
	斯業経験ダミー（ある＝1、ない＝0）		0.379*** (0.098)	0.383* (0.209)	0.395*** (0.114)
事業の概要	調査時点の経営形態が法人ダミー（株式会社等＝1、個人経営＝0）		0.309*** (0.090)	−0.209 (0.234)	0.369*** (0.099)
	相談相手ダミー（いる＝1、いない＝0）		0.005 (0.087)	0.112 (0.208)	−0.005 (0.097)
	サポーターダミー（いる＝1、いない＝0）		−0.008 (0.079)	0.142 (0.181)	−0.059 (0.088)
	開業業種	建設業	0.183	−0.056	0.211
		製造業	−0.389*	−1.552**	−0.270
		情報通信業	0.190	1.066*	0.089
		運輸業	−0.451**	0.266	−0.497**
		卸売業	0.614***	0.419	0.679***
		小売業		（基　準）	
		飲食店・宿泊業	−0.799***	−0.892***	−0.830***
		医療・福祉	−0.703***	−0.540*	−0.720***
		教育・学習支援業	−0.802***	−0.843*	−0.789***
		サービス業	0.000	−0.474*	0.096
		不動産業	−0.382*	0.769	−0.451**
		その他	−0.189	0.008	−0.214
観測数			1,243	258	985

く、大規模男性よりも分母が大きいため、労働生産性に関しては明確な差が表れなかったのかもしれない。また、男女別に推定した結果では、それぞれの大規模ダミーが大規模以外のダミーに対して有意にプラスとなった。つまり、大規模な開業者は女性も男性も大規模でない開業に比べて有意にパフォーマンスが高い。また、採算状況と労働生産性では全体におけるその他女性ダミーは有意になっていないことから、大規模ではない層同士で比べた場合、この二つの指標に関しては女性が男性に劣るわけではないといえる。

次に、係数の大きさを比べると、資本生産性は全体で大規模女性ダミーより大規模男性ダミーの方が大きい。同じ大規模のなかでも男性の方が月商規模が大きく（月商の平均は大規模女性が477.9万円、大規模男性が1,127.3万円）、月商を分子とする数値データの資本生産性の係数は男性でより大きくなるのだろう。他方、黒字基調か赤字基調かをみた採算状況については、女性の係数が男性の係数を上回っている。月商を分子とする生産性は男性より低くても、黒字を確保できている確率は女性の方が高い傾向がみられる[7]。

そのほかの項目については、女性と男性のサンプルの推定結果を比較しながらみていきたい。開業時の年齢は、女性の労働生産性を除くすべての推定においてマイナスで有意となっており、男女ともに年齢が高い方がパフォーマンスが低くなるという結果になった。年齢が高いほど増えるであろう経験値については、最終学歴や斯業経験ダミー、開業直前の職業などを説明変数とすることによってある程度コントロールされている。だとすれば、若い人の方がよりリスクをとって果敢な経営を行う、就労時間が同じであっても体力的に無理が効くといった要因が影響しているのかもしれ

7　ただし、資本生産性、採算状況それぞれの大規模女性ダミーと大規模男性ダミーの係数の差を検定したところ、有意な水準ではなかった。

ない。なお、規模を被説明変数にした第2章や前節の推定では、女性の場合は年齢は非有意であった。一般的に若年層の方がデジタルツールになじみやすく、事業に積極的に取り入れることで、規模は小さくても高い生産性をあげることができている可能性も考えられる。

家庭環境は、配偶者ダミーが採算では男女ともにプラスとなっている。配偶者は、事業で人手を補いたいときなどに最も身近な戦力になり得る。配偶者が低報酬で働いてくれることにより、採算にプラスに働いているのかもしれない。

働き方では、事業における1週間当たりの就労時間が、採算と労働生産性に関して男性でのみ有意にプラスとなっている。女性の方が家事や育児の負担が大きく、男性ほど事業に時間をかけずに効率よく収益をあげる工夫ができているということだろうか。

事業をするに当たり最も重視することは、女性はいずれの推定でも非有意となった。女性の経営パフォーマンスは何を重視しているかにあまり左右されないようである。

最終学歴は、女性の場合に労働生産性で「大学・大学院」が「中学・高校」に比べて有意にプラスになっている。男性はいずれも非有意である。女性の場合は高学歴の方が労働生産性にプラスという結果である。

開業直前の職業は、女性は資本生産性における「その他」を除いていずれも非有意である。一方、男性は労働生産性で「正社員（管理職）」を基準にして「非正社員」が有意にマイナスとなっている。管理職経験は人材を管理、育成して事業の生産性を上げることにつながるが、「非正社員」の場合は勤務時代にそうしたスキルを蓄積しにくく、開業後の労働生産性が低くなるのではないか。女性の場合に「非正社員」が非有意となっている背景としては、結婚や出産などで一度勤めを辞めているケースが多いうえに、前職が非正社員だったとしてもそれ以前に何らかのキャリアを形成しているケースもあることが考えられる。

斯業経験ダミーは、資本生産性では男女いずれのケースでも有意にプラスである。事前に同業種に勤務することで、事業に使う設備に関して情報や知識を蓄積でき、より効率の良い投資を選択できているのかもしれない。

法人ダミーは、採算状況と資本生産性が男性でのみ有意となっているが、係数の符号をみると採算状況はマイナス、資本生産性はプラスと逆になっている。第2章の月商規模に関する推定で法人ダミーが有意にプラスとなっていたように、個人経営より株式会社などの法人の方が事業規模は大きくなり、月商を分子に当てる資本生産性では係数がプラスになるのだろう。ただし、法人経営の方が人的投資も多くなるため、従業者数を分母にする労働生産性は非有意に、黒字かどうかの採算状況は有意にマイナスになったのだと推察される。

相談相手ダミーは、採算状況で男性は有意にプラスとなっているが、女性はいずれの推定でも非有意である。第2章では、男性は女性に比べて経営者仲間や金融機関などに相談する人が多く、女性は親や兄弟、知人などが相談相手に多かった（前掲図2－15、表2－7）。知識豊かな同業者や金融機関を相談相手にもつことで、男性は採算状況が相対的に良くなっているのではないか。

サポーターダミーは、第2章や前節の規模に関する推定では女性の場合に有意にプラスとなっていたが、経営パフォーマンスについてはいずれの推定も非有意であった。サポートしてくれる人の存在は、事業規模を大きくすることの助けになっていても、パフォーマンスの向上までにはつながらないのかもしれない。

開業業種について有意な項目をみると、女性は「小売業」を基準にして、採算状況では「建設業」がマイナス、「サービス業」がプラスとなっている。労働生産性と資本生産性では、「製造業」「飲食店・宿泊業」「医療・

福祉」「教育・学習支援業」がともにマイナス、「情報通信業」がともにプラスとなっている。加えて、労働生産性では「不動産業」がプラス、資本生産性では「サービス業」がマイナスである。採算状況は大きく黒字か赤字かの違いであるため業種ごとの差が出にくい一方、労働生産性と資本生産性は月商の数値データを分子とするため業種間の差が表れやすく、かつ似た結果になったのだろう。労働生産性や資本生産性で有意にマイナスとなった業種は、いずれも労働集約的であったり一定の設備が必要であったりするものである。分母となる従業者数や開業費用が大きくなり、「小売業」に比べて生産性が低くなっているのだと考えられる。他方、「情報通信業」は少人数、少設備でも比較的開業しやすい業種であり、有意にプラスとなったのではないだろうか。

5　おわりに

本章では、当研究所「新規開業実態調査」を用いて新規開業の長期的な変化を追い、女性だけでなく男性でも小規模化の動きがみられること、女性のなかにも男性開業者の特徴であった最終学歴が「大学・大学院」や前職が「正社員（管理職）」といった人が増えているなど、開業者全体が多層化していることを示した。また、女性のうち調査時点の従業者数もしくは月商が開業者全体の平均を上回る大規模について、属性やキャリア、家庭環境のうち多くの項目が大規模であることの決定要因になっていないことを明らかにした。さらに、採算状況や生産性に関する推定を行い、男女とも大規模はそうでないグループに比べてパフォーマンスが良いこと、大規模以外の層で女性の採算状況や労働生産性が男性に劣るわけではないことなどの結果を得た。

女性の開業が増えることはわが国の起業活動の底上げや女性の働く場の

拡充につながり、官民による支援も広がりつつあるが、一方では女性の事業規模の小ささや生産性の低さを問題視する声も聞かれる。確かに売り上げの規模は男性に比べて小さく、生み出す雇用も少ない。しかし、事業の規模が小さくても経営パフォーマンスが男性に劣るわけではないのであれば、女性の開業が増えることで新規開業の担い手の拡大と多様化を促すという点で大いに評価されるべきであろう。

女性は趣味や特技を生かしたい、年齢や性別に関係なく仕事がしたいといった動機で小さく事業を起こすことが多い一方、数は少ないながら開業者全体の平均値を上回る規模の事業を起こす女性もおり、後者は社会の役に立ちたいという思いがほかの開業者に比べて特に強かった。高齢化や貧困、地球温暖化などさまざまな問題を抱える現代社会において、多様な動機、多様な経営スタイルでしなやかに活躍する女性開業者たちは貴重な資源であると強く認識されるべきであろう。

第4章

「2022年度起業と起業意識に関する調査」でみる起業家の実態

日本政策金融公庫総合研究所
研究員　青木　遥

1　はじめに

(1)　「起業と起業意識に関する調査」の概要

第1章では当研究所「新規開業実態調査」による長期時系列データを用いて、開業の小規模化が進んでいることを確認した。小規模な事業のなかには、インターネットを経由して単発の仕事を請け負うギグワーカーや勤務しながら起業する副業起業家なども含まれるが、こうした人が開業時に借り入れをするケースは少ないと考えられる。日本政策金融公庫国民生活事業から融資を受けた人を対象にしている「新規開業実態調査」ではとらえられない、ごく小規模なものまで捕捉して開業の全体像に迫るため、当研究所では2013年度から毎年、インターネットアンケート「起業と起業意識に関する調査」(以下、本調査)を実施している。インターネット調査会社に登録しているモニターに対して行うもので、借り入れのない起業家はもちろん、まだ起業していない人にも起業への関心や起業の予定について尋ねることができる。

本調査が対象にするのは、調査時点で起業から5年未満の人のうち、事業に充てる時間が週35時間以上の「起業家」、同35時間未満の「パートタイム起業家」「起業関心層」「起業無関心層」の4者である。起業した人を二つに分けたのは、フルタイムで事業経営に携わる人と、勤務しながら副業として、あるいは家事の隙間時間を使って事業を始めた人とでは、その属性や働き方、事業の内容などが大きく異なると考えるからである。週35時間という基準は、総務省「労働力調査」で勤務時間が週35時間未満の場合を短時間勤務と定義している点に倣った。そしてもう一つ、本調査の特徴として「意識せざる起業家」がある。小さく事業を行う人のなかには自身を事業経営者と認識していない人もいる。こうした意識せざる起業家も、起業家またはパートタイム起業家に振り分けて分析の対象にしている。

2022年度の本調査で起業家、パートタイム起業家の起業費用をみると、起業時に費用は「かからなかった」という人がそれぞれ28.5%、46.3%と多い（後掲図4－7）。費用がかかった人のなかでも、金融機関から借り入れした割合は順に17.6%、8.3%と少ない。事業開始時の従業者数が「1人（本人のみ）」である割合は、「2022年度新規開業実態調査」の37.7%に対して、2022年度の本調査の起業家は75.8%、パートタイム起業家は77.7%と、大きな差がある。調査時点の月商（1カ月の売上高）が「100万円未満」の割合は、「新規開業実態調査」の42.3%に対し、本調査では順に75.5%、95.3%となっている（後掲図4－5）。本調査の回答者は小規模であり、なかでもパートタイム起業家は特にその傾向が強い。

(2) 調査の実施要領

ここで本調査の枠組みを説明しておきたい。本調査はインターネットによるアンケートであり、調査対象を抽出するための事前調査と、調査対象に具体的な質問を行う詳細調査の2段階で実施している。事前調査のサンプルはA群とB群に分かれ、A群は性別、年齢層、居住する地域の割合がわが国の人口構成に準拠するように、回収数を設定している。ただし、起業家やパートタイム起業家は人口に占める割合が低く、A群だけでは十分な観測数を確保できない。そのためインターネット調査会社に登録している職業が「経営者・役員」「自営業」「自由業」といった人たちを事前調査B群として追加している。詳細調査の結果には、事前調査A群で算出したカテゴリー別の性別・年齢によるウエイトをかけ合わせることで、よりわが国全体の実態に近い結果を得ようとしている。2022年度の本調査（以下、2022年度調査）の回収数はA群が1万9,992人、同B群が1万1,562人、詳細調査が2,681人であった。

表4－1に、本調査で対象とする起業家、パートタイム起業家、起業関心

「2022年度起業と起業意識に関する調査」の実施要領

調査時点	2022年11月
調査対象	全国の18歳から69歳までの人
調査方法	インターネットによるアンケート（事前調査と詳細調査の2段階） インターネット調査会社から登録モニターに電子メールで回答を依頼し、ウェブサイト上の調査画面に回答者自身が回答を入力
回 収 数	①事前調査　3万1,554人（A群1万9,992人、B群1万1,562人） ②詳細調査　　2,681人

表4−1　調査対象の抽出方法と各カテゴリーの分布（事前調査 A群）

									回収数（件）	構成比（%）	＜詳細調査の対象＞	
全国の18歳から69歳までの人	現在の職業	事業経営者	自分が起業した事業か	自分が起業した事業である	起業年	2018～2022年	事業に充てる時間	35時間以上/週	95	0.5	起業家	
								35時間未満/週	103	0.5	パートタイム起業家	
						2017年以前			778	3.9	調査対象外	
				自分が起業した事業ではない					345	1.7	調査対象外	
		それ以外	勤務収入以外の収入の有無	あ　り ＝ 事業経営者	起業年	2018～2022年	事業に充てる時間	35時間以上/週	69	0.3	起業家	意識せざる起業家
								35時間未満/週	898	4.5	パートタイム起業家	意識せざる起業家
						2017年以前			924	4.6	調査対象外	
				な　し	起業への関心の有無	起業に関心あり			2,356	11.8	起業関心層	
						以前も今も起業に関心なし			11,984	59.9	起業無関心層	
						以前は起業に関心があった（新型コロナウイルス感染症の事業者への影響をみて関心がなくなった）			674	3.4	調査対象外	
						以前は起業に関心があった			1,766	8.8	調査対象外	
合　計									19,992	100.0		

資料：日本政策金融公庫総合研究所「2022年度起業と起業意識に関する調査」（以下同じ）
（注）1　事前調査 A群の結果（図4－1も同じ）。
　　2　「勤務収入以外の収入がある」とは、過去1年間に年間20万円以上の収入（年金や仕送りからの収入、不動産賃貸による収入、太陽光発電による収入、金融や不動産などの投資収入、自身が使用していた既製品の販売による収入は除く）があり、今後も継続してその収入を得ていく場合のことをいう。
　　3　構成比は小数第2位を四捨五入して表示しているため、合計は100％にならない場合がある（以下同じ）。

図4−1　事業に充てる1週間当たりの時間（事前調査 A群）

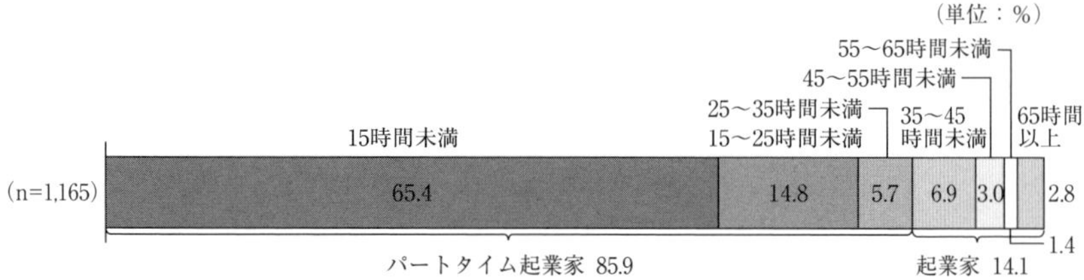

（注）nは回答数（以下同じ）。

層、起業無関心層の抽出方法と、2022年度調査における事前調査 A群でのそれぞれの構成比を示している。事業に充てる時間が週35時間以上の起業家は0.8%とごくわずかである。同35時間未満のパートタイム起業家は5.0%と起業家より多いが、二つを合わせても1割に満たない。起業関心層は11.8%で、起業無関心層が59.9%と多い。

起業した人全体の、事業に充てる1週間当たりの時間をさらに細かく区切ってみると、「15時間未満」である割合が65.4%に上る（図4−1）。起業している人の85.9%をパートタイム起業家が占めるが、その多くが非常に短い時間で事業を運営していることがわかる。

本章から第7章までは、起業家から起業無関心層までカテゴリーごとに詳しくみていきたい。まず、本章では2022年度調査の結果を用いて起業家とパートタイム起業家それぞれの特徴を示すほか、女性起業家と女性パートタイム起業家の特徴を、男性と比較しながら整理する。続く第5章では意識せざる起業家、第6章では起業関心層と起業無関心層について、その実態をみていく。そして、第7章で女性の起業意識について分析する。

(3)　各カテゴリーの属性

各章の分析に先立ち、起業家、パートタイム起業家、起業関心層、起業無関心層がどのような人たちなのかを表4−2でみておきたい。属性や家庭

表4−2　属性と家庭環境

（単位：％）

		起業家	パートタイム起業家	起業関心層	起業無関心層
年　齢	29歳以下	38.5	36.6	27.2	16.5
	30～39歳	22.3	26.2	23.0	17.2
	40～49歳	20.2	18.3	25.1	23.2
	50～59歳	14.5	12.0	16.7	21.6
	60～69歳	4.5	7.0	8.1	21.5
性　別	男　性	75.6	56.1	58.3	42.5
	女　性	24.4	43.9	41.7	57.5
最終学歴	中　学	3.2	3.2	1.7	2.3
	高　校	23.9	24.1	26.3	30.3
	専修・各種学校	16.5	16.3	11.0	14.2
	短大・高専	6.7	6.2	7.4	11.1
	大学・大学院	49.7	50.0	53.6	42.1
	その他	0.0	0.2	0.0	0.0
配偶者が「いる」		41.6	43.9	50.7	58.2
未就学児の子どもが「いる」		14.4	15.7	16.9	9.7
小学生の子どもが「いる」		10.0	13.0	13.8	9.4
主たる家計維持者に「該当」		72.3	57.1	60.8	48.2
世帯収入のうち最も大きな収入	自身の事業収入	71.4	30.4	0.0	0.0
	自身の勤務収入	4.9	28.9	51.9	42.5
	配偶者の収入	7.9	19.5	22.3	32.7
	配偶者以外の家族の収入	12.0	13.5	18.5	13.9
	年金や仕送り	0.4	4.0	5.7	7.9
	その他	3.5	3.6	1.6	3.0
世帯年収	300万円未満	21.2	29.9	18.1	25.6
	300万～600万円未満	38.8	35.2	33.4	38.0
	600万～900万円未満	17.9	17.7	26.6	19.6
	900万～1,500万円未満	17.3	13.8	16.6	13.0
	1,500万円以上	4.7	3.4	5.3	3.9

（注）1　数値は詳細調査によるデータに事前調査A群によるウエイト値で重みづけを行ったもの（以下同じ）。
2　設問ごとにn（回答数）が異なるため、記載を省略（以下、nの記載のない表はすべて同じ）。
3　起業家、パートタイム起業家の年齢は起業時のもの。
4　最終学歴は「答えたくない」、世帯年収は「わからない」「答えたくない」との回答を除いて集計（表4−10も同じ）。
5　世帯収入の「その他」には、「不動産賃貸による収入」「太陽光発電による収入」「金融や不動産などの投資収入（利子や売買益）」「勤務収入や事業収入以外の年間20万円未満の収入」が含まれる（表4−10も同じ）。
6　世帯収入のうち最も大きな収入は、分類上「自身の事業収入」は起業関心層および起業無関心層で0％となる。

環境を比較したところ、年齢（起業家、パートタイム起業家は起業時の年齢）は、起業家（38.5%）、パートタイム起業家（36.6%）、起業関心層（27.2%）では「29歳以下」の割合が最も高い。起業無関心層は「60～69歳」の割合が21.5%と、1割以下であるほかのカテゴリーに比べて高い。

性別をみると、起業家は「男性」が75.6%と特に多い。対してパートタイム起業家は、「女性」が43.9%と起業家（24.4%）より20ポイント近く多い。起業関心層は「男性」が58.3%、「女性」が41.7%である。「女性」の割合は起業無関心層（57.5%）で最も高い。

最終学歴は、「大学・大学院」である割合が四つのカテゴリーとも最も高いが(起業家49.7%、パートタイム起業家50.0%、起業関心層53.6%、起業無関心層42.1%)、起業無関心層はほかのカテゴリーに比べてやや低くなっている。代わりに、「高校」(30.3%)や「短大・高専」(11.1%)がほかに比べて多い。

家庭の状況について、配偶者が「いる」割合は起業家（41.6%）、パートタイム起業家（43.9%）ともに4割程度であるが、起業関心層（50.7%）や起業無関心層（58.2%）は既婚者である割合が比較的高い。

未就学児の子どもが「いる」割合は、起業関心層（16.9%）、パートタイム起業家（15.7%）、起業家（14.4%）、起業無関心層（9.7%）の順に多い。小学生の子どもが「いる」割合も同じく起業関心層（13.8%）、パートタイム起業家（13.0%）、起業家（10.0%）、起業無関心層（9.4%）の順となっている。起業無関心層は50歳代以上の割合が高かったことから、小学生以下の子どもが「いる」人が少ないのだと考えられる。

主たる家計維持者である割合は、起業家で72.3%と多く、パートタイム起業家（57.1%）、起業関心層（60.8%）が同程度で続き、起業無関心層が48.2%と最も低い。各カテゴリーとも男性の割合に近い水準となっている。

世帯収入のうち最も大きな収入は、起業家は「自身の事業収入」が71.4%

と特に多い。パートタイム起業家は、「自身の事業収入」（30.4%）と「自身の勤務収入」（28.9%）が3割ずつを占めている。起業関心層と起業無関心層で最も多かったのは「自身の勤務収入」で、それぞれ51.9%、42.5%である。女性の割合が高かった起業無関心層は、「配偶者の収入」（32.7%）とする割合がほかに比べて高い。

世帯年収の分布をみると、すべてのカテゴリーで「300万～600万円未満」が最も多くなっている（起業家38.8%、パートタイム起業家35.2%、起業関心層33.4%、起業無関心層38.0%）。「300万円未満」の割合は、パートタイム起業家（29.9%）でほかのカテゴリーに比べて高い。起業関心層は「600万～900万円未満」（26.6%）や「1,500万円以上」（5.3%）の割合がほかに比べて高く、年収が大きい世帯が多いようである。

ここまで四つのカテゴリーの属性や世帯の状況を概観した。カテゴリーごとの特徴を整理すると、起業家は男性や若年層の割合が高く、事業収入により家計を賄っている人が多かった。パートタイム起業家は女性の割合が高いほか、起業家と同様に若年層が多い。勤務収入の方が事業収入より高い人も多く、隙間時間を使って事業を行い、世帯の収入を補おうとする人が少なくないようである。起業関心層は主たる家計維持者である男性が多いほか、子育て中の人たちも少なくない。起業無関心層は女性や「60～69歳」が多く、小学生以下の子どもが「いる」割合は低いほか、主たる家計維持者である人が少ない。

2　起業家・パートタイム起業家の実態

本節では、四つのカテゴリーのうち起業家とパートタイム起業家について、職業キャリアや事業内容などを比較しながら、それぞれの特徴を整理していきたい。

表4−3　調査時点の勤務状況（複数回答）

（単位：％）

	起業家（n=567）	パートタイム起業家（n=837）
勤務している	11.2	45.1
役　員	3.0	0.4
正社員	8.9	30.9
非正社員	1.4	14.0
勤務していない	88.8	54.9

（注）n（回答数）は原数値を示す（以下同じ）。

図4−2　事業からの収入が経営者本人の定期的な収入に占める割合

（単位：％）

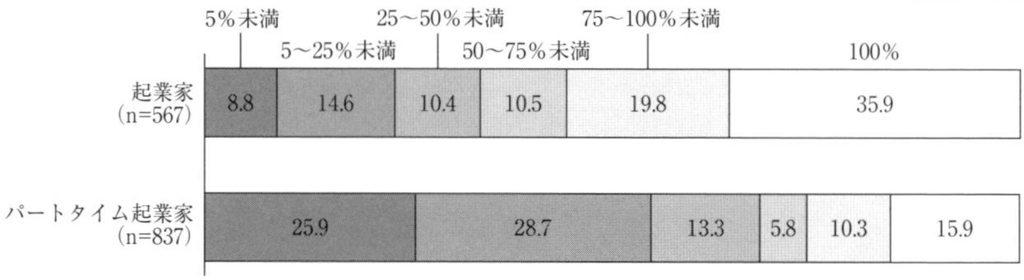

(1)　勤務キャリアと仕事で最も重視すること

調査時点において「勤務している」割合は、パートタイム起業家で45.1％と、起業家（11.2％）に比べて高い（表4−3）。雇用形態をみると、パートタイム起業家は「正社員」が30.9％、「非正社員」が14.0％と、いずれも起業家（順に8.9％、1.4％）を上回る。

事業収入が本人の定期的な収入に占める割合をみると、起業家は「100％」が35.9％と最も多く、「75～100％未満」（19.8％）と合わせると半数以上である（図4−2）。パートタイム起業家は「5～25％未満」（28.7％）や「5％未満」（25.9％）といった小さいレンジの回答が多くなっている。起業家にとって事業は生計を立てる手段となっている一方、パートタイム起業家は家計を補ったり、自由に使える収入を増やしたりする意味合いが強いようである。

図4-3　仕事において最も重視すること

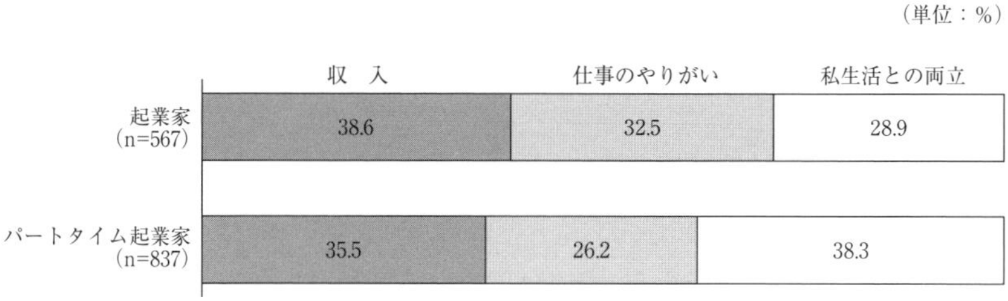

続いて、起業前の仕事の経験をみていく。管理職(3人以上の部下をもつ課もしくは部などの長またはリーダー)となった経験が「ある」起業家は30.7%と、パートタイム起業家(21.2%)より多い。また、顧客への営業活動や接客・販売促進に関する仕事をした経験(以下、営業経験)が「ある」人も起業家は34.7%と、パートタイム起業家(24.2%)を上回る。起業家は男性の割合が高かったことから、管理職や営業職として働いたことがある人が多いのだろう。斯業経験（現在の事業に関連する仕事の経験）が「ある」割合も起業家で55.6%と、パートタイム起業家（40.8%）より15ポイントほど高い。フルタイムでの事業経営では同業種でキャリアを積むことが重要といえそうである。

起業時の勤務状況や仕事の経験に違いがみられたように、仕事に対する考え方にも違いがあるのではないか。仕事において最も重視することをみると、起業家は「収入」（38.6%)が最も多く、「仕事のやりがい」（32.5%)が2番目に多い（図4－3)。パートタイム起業家で最も多いのは「私生活との両立」（38.3%）で、起業家（28.9%）を10ポイント近く上回る。「収入」（35.5%）は起業家と同程度だが、「仕事のやりがい」は26.2%と少ない。

(2)　事業の概要

起業の動機(三つまでの複数回答)をみると、起業家、パートタイム起業家ともに「自由に仕事がしたかった」（順に48.3%、37.2%)、「収入を増や

表4-4 起業動機（三つまでの複数回答）

（単位：%）

	起業家（n=567）	パートタイム起業家（n=837）
自由に仕事がしたかった	48.3	37.2
収入を増やしたかった	35.7	46.0
自分が自由に使える収入が欲しかった	19.4	20.1
仕事の経験・知識や資格を生かしたかった	16.5	13.1
時間や気持ちにゆとりが欲しかった	14.1	9.3
事業経営という仕事に興味があった	13.1	6.1
趣味や特技を生かしたかった	13.0	12.0
自分の技術やアイデアを試したかった	11.7	10.6
適当な勤め先がなかった	7.4	3.2
個人の生活を優先したかった	7.0	8.7
社会の役に立つ仕事がしたかった	6.8	4.6
自分や家族の健康上の問題	5.5	3.2
家事（育児・介護を含む）と両立できる仕事がしたかった	4.5	4.4
人や社会とかかわりをもちたかった	4.2	2.8
年齢や性別に関係なく仕事がしたかった	3.4	3.6
空いている時間を活用したかった	1.8	7.9
同じ趣味や経験をもつ仲間を増やしたかった	1.6	1.9
転勤がない	1.3	0.8
その他	1.6	1.2
特にない	3.9	5.1

したかった」（同35.7%、46.0%）、「自分が自由に使える収入が欲しかった」（同19.4%、20.1%）が多い（表4－4）。そのほか、パートタイム起業家は起業家に比べて「空いている時間を活用したかった」（同1.8%、7.9%）の回答が多く、「勤務している」割合や女性の割合が高かったことと考え併せると、勤務や家事・育児の合間に事業で収入を得ようとしている人が多いことがうかがえる。

調査時点の従業者数が「1人（本人のみ）」である割合は、起業家（71.6%）、パートタイム起業家（76.8%）ともに最も高く、多くの人が従業員を雇わずに小さく事業を行っている（図4－4）。そのほかの区分は、「2～4人」がそれぞれ15.0%、13.2%、「5～9人」が5.0%、3.9%、「10人以上」が8.5%、6.1%と、起業家の方が人員の規模はやや大きい傾向がある。

調査時点の月商は、「50万円未満」である割合がパートタイム起業家で

図4-4　調査時点の従業者数

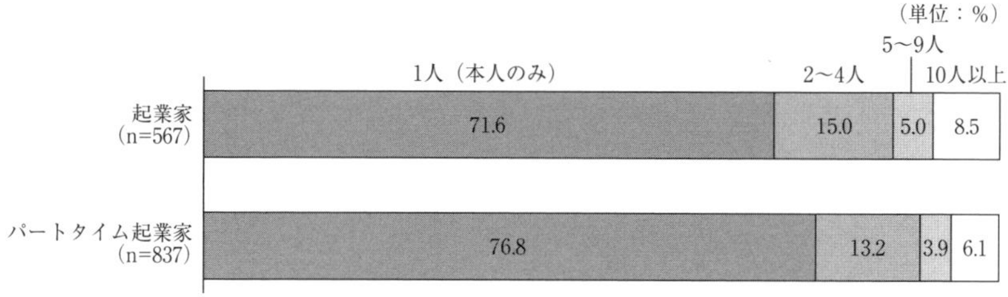

図4-5　月　商

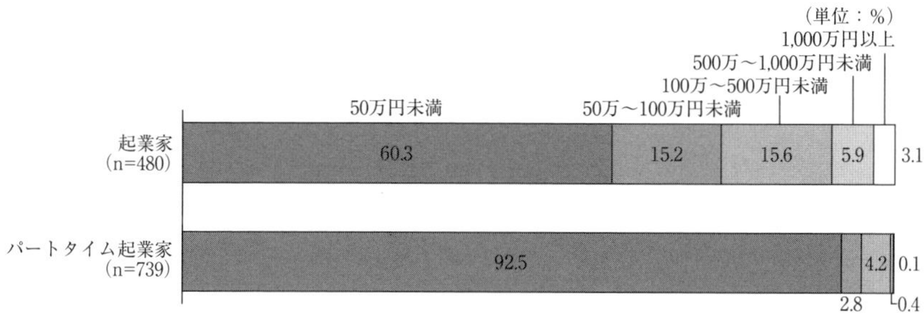

（注）「わからない」「答えたくない」との回答を除いて集計（表4－13も同じ）。

92.5％と非常に高い（図4－5）。起業家も60.3％を占める。月商の回答レンジが大きくなるにつれて起業家で割合が高くなっている。事業に充てる時間の長短が月商の多寡に反映されているといえる。

起業した業種は、起業家、パートタイム起業家ともに「個人向けサービス業」（順に22.9％、26.0％）が最も多い（表4－5）。2番目に多いのは「事業所向けサービス業」（同13.1％、12.3％）である。3番目は起業家が「情報通信業」（10.9％）、パートタイム起業家が「小売業」（10.2％）である。起業家は「建設業」（10.7％）が相対的に多い。男性が多いことを反映しているのだろう。一方、パートタイム起業家は「教育・学習支援業」（9.3％）が相対的に多い。時間を限定して仕事がしやすい業種である。

顧客についてみると、主な販売先・顧客が「事業所（企業・官公庁など）」である割合は、起業家が43.6％と、パートタイム起業家（32.7％）より

表4−5　業　種

（単位：％）

	起業家（n=564）	パートタイム起業家（n=834）
建設業	10.7	6.0
製造業	1.4	5.0
情報通信業	10.9	9.0
運輸業	7.1	4.7
卸売業	0.9	1.7
小売業	10.6	10.2
飲食店・宿泊業	7.0	3.7
医療・福祉	5.2	6.1
教育・学習支援業	4.2	9.3
個人向けサービス業	22.9	26.0
事業所向けサービス業	13.1	12.3
不動産業、物品賃貸業	3.5	2.2
その他	2.4	3.7

（注）1　事業の内容に最も近いと思う業種を尋ねたもの（表4−13も同じ）。
　　　2　複数の事業を経営している場合は、売上高が最も大きいものについて尋ねた(表4−13も同じ)。
　　　3　「持ち帰り・配達飲食サービス業」は、「小売業」に含む（表4−13も同じ）。

高い。「一般消費者」である割合は順に56.4％、67.3％であった。

仕事の場所をみると、「自宅の一室」が起業家（42.1％）、パートタイム起業家（51.8％）ともに最も多いが、割合はパートタイム起業家の方が10ポイント近く高く、勤務や家事の合間にやりやすい仕事を選んでいることがうかがえる（図4−6）。仕事場への通勤時間は30分未満である人が起業家、パートタイム起業家ともに8割前後を占め、自宅やその近くで事業を行うケースが多い。

起業家もパートタイム起業家も「自宅の一室」で1人で稼働している人が多い。となると、起業時にかける費用も少額であると予想される。実際、費用が「かからなかった」割合は、起業家が28.5％、パートタイム起業家が46.3％に上る(図4−7)。両者を比べるとパートタイム起業家の方が20ポイント近く高い。「50万円未満」の割合と合わせるとパートタイム起業家は8割以上に上る。起業家では「50万円未満」が32.4％と、最も回答の多いカテゴリー

図4-6 主な事業所までの通勤時間（片道）

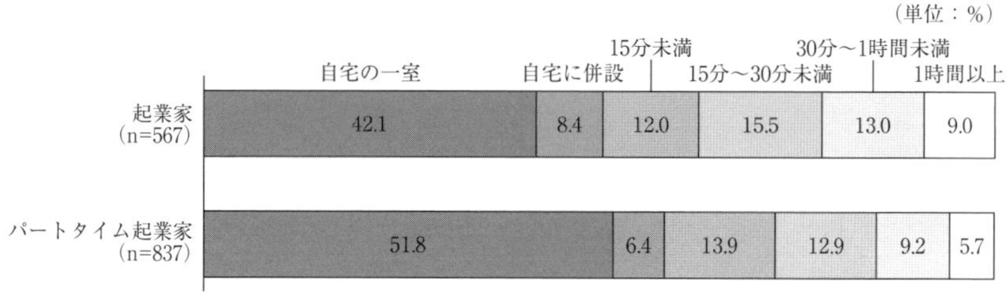

図4-7 起業費用

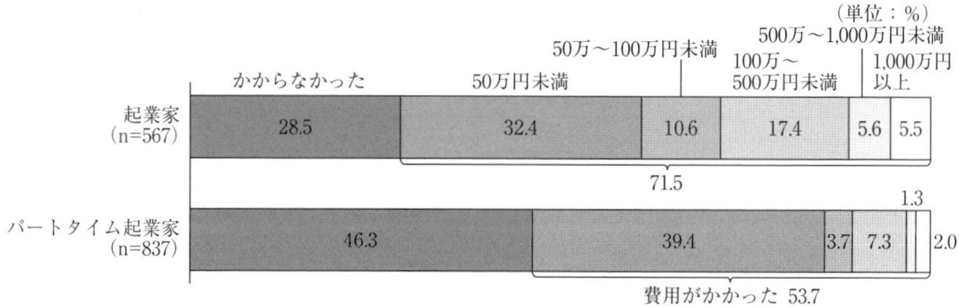

となった。

起業時に費用がかかった人に起業費用に占める自己資金の割合を尋ねると、「100%（自己資金だけで起業）」が起業家（70.5%）、パートタイム起業家（75.1%）ともに7割以上を占めている。そのほかの選択肢は「50～100%未満」（起業家8.5%、パートタイム起業家5.1%）、「0%超50%未満」（同12.5%、10.0%）、「0%」（同8.5%、9.8%）である。第1節でも述べたが、起業費用がかかった人のうち起業時に金融機関から借り入れをしたという人は起業家（17.6%）、パートタイム起業家（8.3%）ともに少ない。

起業費用が少額だったり、自己資金の割合が高かったりといった点を考えると、借入金を含む資金の調達が十分できなかった可能性もありそうだ。起業費用の調達額に対する満足度について、「希望どおり調達できた」人は起業家（72.8%）、パートタイム起業家（74.5%）ともに最も多いが、

表4-6　受注経路（複数回答）

（単位：％）

	起業家 (n=567)	パートタイム 起業家 (n=837)
取引先の紹介	①　27.5	13.7
自身のSNSやブログを通じて	②　27.1	②　24.8
友人・知人の紹介	③　26.2	①　24.9
ホームページの作成やチラシ等の配布などの、宣伝広告活動	19.8	③　16.8
前職での知り合いの紹介	18.7	12.1
訪問や電話などによる直接の営業活動	14.3	9.8
家族・親戚の紹介	9.4	8.1
クラウドソーシング業者を通じて	9.4	6.8
仲介会社を通じて	8.6	9.6
公開されている求人誌等の募集広告に応募して	8.0	5.7
コンペや入札に応募して	4.6	2.4
その他	1.8	1.2
特にない	24.3	27.3

（注）それぞれの上位3項目には丸囲みで順位を示した（以下同じ）。

「かなり不足した」（順に6.6％、3.3％）、「少し不足した」（同20.6％、22.2％）という人も存在する。

(3)　事業の進め方と業績

受注経路をみると、起業家は「取引先の紹介」（27.5％）が最も多く、パートタイム起業家（13.7％）を10ポイント以上上回る（表4－6）。そのほか、「前職での知り合いの紹介」（順に18.7％、12.1％）などもパートタイム起業家より多い。起業家は主な販売先や顧客が「事業所（企業・官公庁など）」である割合が比較的高かったことから、仕事上あるいは斯業経験のなかで得た人脈を生かして受注を得ている人が少なくないのだと考えられる。パートタイム起業家は「友人・知人の紹介」（24.9％）が最も多く、2番目は「自身のSNSやブログを通じて」（24.8％）であるなど、販路の開拓も身近な範囲で行っているようである。

前掲表4－4のとおり、起業家、パートタイム起業家ともに「自由に仕事

表4-7　仕事や作業の裁量

（単位：％）

		起業家 (n=567)	パートタイム 起業家 (n=837)
場所の裁量	通常は自分の意向で決められる	69.0	66.2
	発注者や仕事の内容によって異なる	13.4	17.5
	通常は発注者の意向に従う	17.5	16.3
時間の裁量	通常は自分の意向で決められる	72.8	67.3
	発注者や仕事の内容によって異なる	12.8	15.8
	通常は発注者の意向に従う	14.4	16.9
受注を断れるか	断れる	47.9	51.2
	発注者や受注条件によって断れる	47.0	39.8
	断れない	5.0	9.0

がしたかった」という動機で起業した人が多かったが、どれほど裁量をもって事業を運営できているのだろうか。仕事を行う場所を「通常は自分の意向で決められる」割合は起業家（69.0％）、パートタイム起業家（66.2％）ともに最も高い（表4－7）。仕事の時間についても同様であり、順に72.8％、67.3％である。仕事や作業を「断れる」という回答（起業家47.9％、パートタイム起業家51.2％）は半数ほどと、時間や場所の裁量に比べて少ないが、「断れない」（同5.0％、9.0％）とする人はわずかである。仕事をする場所、時間帯ともに起業家の方が「通常は自分の意向で決められる」割合が高い。パートタイム起業家は仕事や作業を「断れる」割合がやや高いものの、「断れない」とする割合も相対的には高いことから、総じて起業家の方が裁量は大きいようである。

売り上げ状況を尋ねると、起業家、パートタイム起業家ともに「横ばい」（順に50.9％、58.6％）が最も多いものの、「増加傾向」である割合は、起業家（32.9％）がパートタイム起業家（21.7％）を10ポイント以上上回る。「減少傾向」は順に16.2％、19.7％である。採算状況は、「黒字基調」の割合が起業家で74.3％、パートタイム起業家で71.1％といずれも高い。「赤字基調」の割合はそれぞれ25.7％、28.9％である。すでにみた月商規模（前掲図4－5）

表4−8　事業を行ううえで問題だと感じていること（複数回答）

（単位：％）

	起業家 （n=567）	パートタイム起業家 （n=837）
売り上げを安定的に確保しづらい	36.8	33.6
病気やけがになった場合の対応が難しい	29.2	17.1
業務に対する対価（代金や報酬）が低い	28.7	29.1
税金や保険などの手続きが面倒である	16.9	11.9
社会保障制度が手薄である	16.5	10.4
就業時間が長い	16.4	4.9
対価（代金や報酬）を受け取るまでに長期間かかる	16.2	12.9
資金の調達が難しい	10.9	5.6
相談相手がいない	10.5	8.8
仕事の打ち切りや一方的な縮小がある	10.2	7.9
納期が短い	8.7	7.8
顧客と良好な人間関係を築くのが難しい	8.6	6.4
仕事の質や成果に対して過大な要求を受ける	8.6	3.5
仕事に関する知識や技術、スキルを高めにくい	6.5	6.8
仕事の質や成果に対する評価が低い	6.4	6.1
その他	0.7	1.0
特にない	17.1	24.1

や、売り上げの増減には差がみられるが、採算面では大きな違いはみられない。事業規模が特に小さいパートタイム起業家も、それに応じた利益は確保できている。

では、事業を行ううえでどのようなことを問題と感じているのだろうか。起業家、パートタイム起業家ともに「売り上げを安定的に確保しづらい」（順に36.8％、33.6％）が最も多い（表4−8）。起業家で2番目に多いのは「病気やけがになった場合の対応が難しい」（29.2％）であり、パートタイム起業家（17.1％）を10ポイント以上上回る。起業家は事業収入で家計を賄っている人が多かった（前掲表4−2）ことから、事業ができなくなった場合の収入減に対する不安が特に大きいのだろう。パートタイム起業家で2番目に多いのは「業務に対する対価（代金や報酬）が低い」（29.1％）であった。起業家、パートタイム起業家ともにおおむね黒字を確保はできてはいたが、事業経営における課題がないわけではない。

表4-9　事業を始めて良かったこと（複数回答）

（単位：％）

	起業家 （n=567）	パートタイム起業家 （n=837）
自由に仕事ができた	①　52.0	①　42.9
仕事の経験・知識や資格を生かせた	②　25.1	19.5
事業経営を経験できた	③　24.7	14.4
自分の技術やアイデアを試せた	24.0	18.3
時間や気持ちにゆとりができた	23.4	17.1
自分が自由に使える収入を得られた	22.0	②　23.2
収入が予想どおり増えた	21.3	20.7
個人の生活を優先できた	20.3	18.4
人や社会とかかわりをもてた	18.4	13.3
自分の趣味や特技を生かせた	15.8	18.6
空いている時間を活用できた	14.0	③　21.2
社会の役に立つ仕事ができた	12.2	9.2
年齢や性別に関係なく仕事ができた	12.0	8.9
収入が予想以上に増えた	10.4	9.7
家事（育児・介護を含む）と仕事を両立できた	8.9	9.1
自分や家族の健康に配慮できた	8.4	7.9
転勤がない	8.3	6.3
同じ趣味や経験をもつ仲間が増えた	7.2	6.3
その他	1.3	0.2
特にない	6.8	12.8

(4)　事業を始めて良かったことと満足度

前掲表4－8でみたとおり、起業家、パートタイム起業家の約8割が事業を行ううえで何らかの問題を感じていた。反対に、事業を始めて良かったことを尋ねてみたところ、最も多いのは両者とも「自由に仕事ができた」（起業家52.0％、パートタイム起業家42.9％）である（表4－9）。2番目に多いのは起業家が「仕事の経験・知識や資格を生かせた」（25.1％）、パートタイム起業家が「自分が自由に使える収入を得られた」（23.2％）、3番目はそれぞれ「事業経営を経験できた」（24.7％）、「空いている時間を活用できた」（21.2％）である。前掲表4－4の起業動機として挙がっていた点は起業家、パートタイム起業家のいずれにおいてもある程度充足できてい

図4−8　満足度

（単位：%）

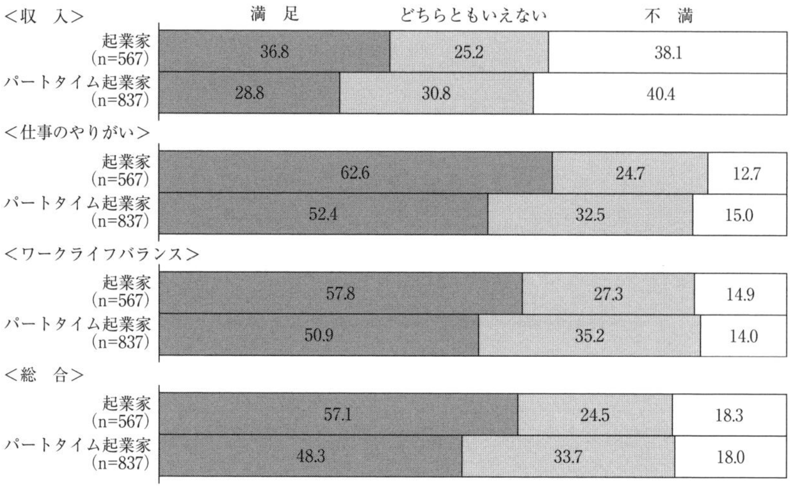

（注）選択肢の「かなり満足」「やや満足」を合わせて「満足」、「かなり不満」「やや不満」を合わせて「不満」とした（表4−21も同じ）。

るようだ。ただし、両者とも「収入が予想どおり増えた」は2割と、前掲表4−4で4割前後を占める「収入を増やしたかった」という起業動機を実現できた人は一部にとどまる。二つの回答割合の乖離はパートタイム起業家の方が大きく、相対的には起業家の方が目標の収入に届いている人が多いようだ。

そのため、収入に「満足」しているパートタイム起業家は28.8%と少ない（図4−8）。起業家も36.8%にとどまり、いずれも「不満」とする人が4割前後いる。そのほかの点に関する満足度もみると、仕事のやりがいに対しては、起業家の62.6%、パートタイム起業家の52.4%が「満足」している。起業家は、裁量をもってフルタイムで事業に携わっている分、やりがいも大きくなるのかもしれない。ワークライフバランスについても、「満足」の割合は起業家（57.8%）の方が高いものの、パートタイム起業家も50.9%は満足している。パートタイム起業家は「私生活との両立」を望む人が比較的多かったことから、収入に対する満足度こそ低いものの、勤務や家事の空き時間を活用して収入を得られていること自体に不満を感じる人は少ないのだろう。総合的な満足度は、「満足」している割合が起業家で57.1%、パートタイム起業家で48.3%となった。事業を始めて良かったこと（前掲表4－9）でみたように、起業家は起業動機として最も多かった「自由に仕事がしたかった」を実現できた人が半数以上であった一方、パートタイム起業家は最も多かった「収入を増やしたかった」という動機を充足できた人は2割にとどまることなどが満足度の差として表れているのだろう。

3　女性起業家・女性パートタイム起業家の実態

当研究所「新規開業実態調査」を用いて女性の開業者の特徴をまとめた第2章では、女性は小規模な事業を運営する傾向があることのほか、女性が事業規模を拡大するためには斯業経験だけでなく、事業経営と家庭生活の両立をサポートしてくれる家族の存在も重要であることを指摘した。2022年度調査でも、より小規模なパートタイム起業家の方が起業家より女性の割合が高かったが、同じ女性でも起業家とパートタイム起業家はどのように特徴が異なるのだろうか。また、同じカテゴリーの男性と比べた場合にどのような違いがあるだろうか。

⑴　属性と家庭環境

属性や家庭環境を概観すると、起業時の年齢は、女性起業家は「29歳以下」の割合が42.4%と、男性起業家（37.3%）だけでなく、パートタイム起業家の女性（36.7%）や男性（36.6%）と比べても高い（表4－10）。「60～69歳」は男性パートタイム起業家（8.3%）で最も多く、女性のパートタイム起業家（5.3%）を上回る。

最終学歴は、「新規開業実態調査」の結果をみた第2章では女性開業者の

表4-10　属性と家庭環境

（単位：％）

		起業家		パートタイム起業家	
		女　性	男　性	女　性	男　性
起業時の年齢	29歳以下	42.4	37.3	36.7	36.6
	30～39歳	23.2	22.0	27.2	25.4
	40～49歳	21.2	19.9	19.9	16.9
	50～59歳	13.2	14.9	10.9	12.8
	60～69歳	0.0	6.0	5.3	8.3
最終学歴	中　学	3.2	3.2	2.9	3.4
	高　校	11.7	27.9	25.4	23.1
	専修・各種学校	23.9	14.1	21.5	12.1
	短大・高専	19.3	2.6	11.0	2.4
	大学・大学院	41.9	52.2	38.7	59.1
	その他	0.0	0.0	0.4	0.0
配偶者が「いる」		42.5	41.3	45.7	42.6
未就学児の子どもが「いる」		12.9	14.9	17.2	14.4
小学生の子どもが「いる」		3.4	12.2	13.6	12.5
家事全般に充てる1日当たりの時間	携わっていない	58.7	57.3	46.9	61.2
	2時間未満	9.1	22.6	13.1	18.7
	2時間以上4時間未満	16.2	13.7	15.4	10.9
	4時間以上6時間未満	6.8	3.7	7.0	5.4
	6時間以上8時間未満	5.4	0.8	5.2	2.0
	8時間以上	3.8	1.9	12.4	1.8
主たる家計維持者に「該当」		45.0	81.1	38.2	71.8
世帯収入のうち最も大きな収入	自身の事業収入	57.6	75.8	22.0	37.0
	自身の勤務収入	2.9	5.6	17.9	37.6
	配偶者の収入	22.6	3.1	38.5	4.6
	配偶者以外の家族の収入	15.1	11.0	15.0	12.3
	年金や仕送り	1.2	0.1	3.6	4.4
	その他	0.6	4.4	3.0	4.1
世帯年収	300万円未満	22.1	20.9	33.6	27.5
	300万～600万円未満	37.5	39.2	31.2	38.0
	600万～900万円未満	18.5	17.7	18.7	17.0
	900万～1,500万円未満	18.7	16.9	13.2	14.2
	1,500万円以上	3.3	5.2	3.3	3.4
仕事において最も重視すること	収　入	28.3	41.9	30.7	39.3
	仕事のやりがい	38.3	30.7	21.8	29.7
	私生活との両立	33.3	27.4	47.5	31.0

（注）家事は報酬を目的としたものを除く。

うち「専修・各種学校」の割合が3割以上と最も多かったが（前掲図2－8）、2022年度調査でも女性（起業家23.9％、パートタイム起業家21.5％）は男性（同14.1%、12.1%）の倍近い。しかし、2022年度調査において女性で最も割合が高いのは「大学・大学院」（同41.9%、38.7%）である。「専修・各種学校」で培った専門的なスキルを生かして起業する人は、より事業規模が大きく、開業資金を日本政策金融公庫国民生活事業から借り入れた開業者を調査対象とする「新規開業実態調査」において、学歴に占めるウエイトが高くなるということだろうか。

配偶者が「いる」割合は、男性の場合は起業家（41.3%）とパートタイム起業家（42.6%）で違いはないものの、女性起業家は42.5%と、女性パートタイム起業家（45.7%）に比べてやや低く、独身である人が多い。

未就学児が「いる」割合は四つのカテゴリーのなかで女性パートタイム起業家（17.2%）が最も高く、女性起業家（12.9%）が最も低い。小学生の子どもが「いる」割合も同様であるが、女性起業家は3.4%と、1割を超えるほかの3カテゴリーに比べてかなり低い。女性起業家は若年層の割合が高いことから、子どものいる人が少なく、いる場合も就学前の小さな子どもである人が多いようだ。

家事に携わっている時間は、女性が男性より長い傾向にあり、特に女性パートタイム起業家は「8時間以上」が12.4%と、女性起業家を含めほかのカテゴリーより多い。家事や育児に時間をとられる女性にとって、パートタイム起業という働き方は選択しやすいといえそうである。女性起業家は既婚者や小学生以下の子どもが「いる」人の割合が低かったことから、女性パートタイム起業家に比べれば家事の負担が少ない。それがフルタイムで事業に携われる大きな理由なのだと考えられる。

主たる家計維持者である割合は、女性は起業家（45.0%）、パートタイム起業家（38.2%）ともに男性（順に81.1%、71.8%）に比べてかなり低い。

世帯収入のうち最も大きな収入を尋ねると、起業家は男女とも「自身の事業収入」（女性57.6%、男性75.8%）が最も多いが、女性の場合は男性より20ポイント近く低く、その分「配偶者の収入」の割合（同22.6%、3.1%）が多くなっている。女性パートタイム起業家は「配偶者の収入」の割合（38.5%）が最多を占める一方、男性パートタイム起業家は「自身の勤務収入」（37.6%）と「自身の事業収入」（37.0%）が多く、「配偶者の収入」は4.6%とわずかである。

世帯年収の分布をみると、男女ともパートタイム起業家は「300万円未満」の割合（女性33.6%、男性27.5%）が起業家（同22.1%、20.9%）に比べて高い。なかでも「300万円未満」の割合が高い女性パートタイム起業家は、女性起業家に比べて配偶者の「いる」割合がやや高いことを考え併せると、配偶者の収入を入れても世帯としての収入が少なく、事業収入によって家計を補填する必要に迫られているということなのかもしれない。事業と勤務、配偶者の収入を合わせて家計に必要な水準の収入を確保しようとしているのではないか。

仕事において最も重視することは、男性は「収入」とする割合が起業家（41.9%）、パートタイム起業家（39.3%）を問わず最も多い。男性はどちらのカテゴリーでも主たる家計維持者の割合が高いことによるものだろう。女性起業家は「仕事のやりがい」（38.3%）、女性パートタイム起業家は「私生活との両立」の割合（47.5%）が最も高い。女性は二つのカテゴリー間の家庭環境の違いが、仕事に対する考え方にも反映されているようである。起業家、パートタイム起業家ともに、女性の方が男性より主たる家計維持者である割合が低かったり、家事全般に充てる時間が長かったりする傾向がみられた。特に女性パートタイム起業家は小さな子どもがいる人が多く、家事・育児をこなせる範囲で事業を行い、家計を補填している人が多いのだろう。女性起業家は女性パートタイム起業家に比べて既婚者や子どものいる人が少ない。比較的家庭との両立が図りやすく、事業にやりがいを求めて長い時間を割くことができているのだろう。

表4-11　調査時点の勤務状況（複数回答）と起業前の勤務キャリア

（単位：%）

		起業家		パートタイム起業家	
		女　性 (n=125)	男　性 (n=442)	女　性 (n=360)	男　性 (n=477)
調査時点の勤務状況	勤務している	6.9	12.6	41.9	47.7
	役　員	0.0	4.0	0.2	0.5
	正社員	6.4	9.7	19.1	40.1
	非正社員	0.5	1.7	22.7	7.1
	勤務していない	93.1	87.4	58.1	52.3
起業前の勤務キャリア	斯業経験が「ある」	52.1	56.7	39.9	41.5
	営業経験が「ある」	26.9	37.2	24.7	23.7
	管理職経験が「ある」	17.8	34.8	12.6	28.0

（注）斯業経験は現在の事業に関連する仕事をした経験。営業経験は顧客への営業活動や接客・販売促進に関する仕事をした経験。管理職経験は3人以上の部下をもつ課もしくは部などの長またはリーダーとして働いた経験。

(2)　勤務キャリア

勤務キャリアについてみる前に、まず調査時点の勤務状況をみておきたい。パートタイム起業家は男女ともに勤務者である割合が高い(女性41.9%、男性47.7%)（表4－11)。事業に充てる時間が長い起業家は、男女ともに勤務している割合が低い(同6.9%、12.6%)。女性パートタイム起業家の勤務者としての役職は、「非正社員」が22.7%と最も多く、男性パートタイム起業家の7.1%を大きく上回っている。「正社員」の割合(19.1%)は男性(40.1%)の半分以下である。女性パートタイム起業家は、男性パートタイム起業家に比べて主たる家計維持者である割合が低く、家事に充てる時間が長かった（前掲表4－10)。家計を補塡するために、パートタイムで事業を営むだけでなく、勤務者としてもパートタイムの非正規雇用を選択する人が多いのだろう。

続いて斯業経験が「ある」割合をみると、女性起業家（52.1%）は男性（56.7%）よりやや少ない一方、女性パートタイム起業家（39.9%）は男性（41.5%）と同水準である。営業経験が「ある」割合も、女性起業家（26.9%）は男性（37.2%）に比べて低いが、パートタイム起業家の場合、女性(24.7%)と男性(23.7%)は同程度である。管理職経験の「ある」割合は、起業家、パートタイム起業家ともに女性(順に17.8%、12.6%)が男性(同34.8%、28.0%)の半分程度と低い。第2節でみたようにパートタイム起業家は起業家に比べて斯業経験がある人が少なかったことから、業界の経験がなくても始めやすい事業を行っていると考えられ、そこでの男女差は生じにくいのかもしれない。一方、フルタイムの起業家では、女性は斯業経験の「ある」割合が男性よりやや低いものの、女性のパートタイム起業家よりはかなり高い。フルタイムでの起業にはこれまでの経験が重要であることを示しているといえよう。管理職経験に大きな男女差がみられたのは、わが国全体でみて女性の社会進出が途上であることの反映といえるだろう。

(3) 事業の概要

これまで本節でみたとおり、起業家やパートタイム起業家について男女を比べると、家庭環境や、仕事で重視するものが異っていたが、それは起業の目的自体の違いとなって表れるのではないか。4者のカテゴリーについて起業動機を詳しくみていこう。

表4－12で三つまでの複数回答で尋ねた結果をみると、女性起業家は「自由に仕事がしたかった」(53.4%)が最も多く、割合は男性起業家(46.6%)やパートタイム起業家(女性35.5%、男性38.5%)を上回る。2番目は「収入を増やしたかった」(28.5%)であるが、ほかのカテゴリーを大きく下回る回答割合となった。3番目の「趣味や特技を生かしたかった」(26.8%)は男性起業家(8.5%)だけでなく女性パートタイム起業家(14.6%)に比べてもかなり多い。女性起業家は小学生以下の子どもがいる人が少なく、「仕事のやりがい」を重視する人が多いことなど(前掲表4－10)から、収入を増やすことよりも事業において自分のやりたいことを重要視する傾向

表4−12　起業動機（三つまでの複数回答）

（単位：％）

	起業家		パートタイム起業家	
	女　性 (n=125)	男　性 (n=442)	女　性 (n=360)	男　性 (n=477)
自由に仕事がしたかった	① 53.4	① 46.6	② 35.5	② 38.5
収入を増やしたかった	② 28.5	② 38.0	① 43.8	① 47.7
趣味や特技を生かしたかった	③ 26.8	8.5	14.6	9.9
時間や気持ちにゆとりが欲しかった	16.8	13.2	11.3	7.7
自分の技術やアイデアを試したかった	14.1	10.9	9.5	11.5
仕事の経験・知識や資格を生かしたかった	13.4	17.6	11.8	14.0
事業経営という仕事に興味があった	12.8	13.2	4.7	7.3
自分が自由に使える収入が欲しかった	12.5	③ 21.7	③ 19.5	③ 20.5
個人の生活を優先したかった	7.2	7.0	10.3	7.5
人や社会とかかわりをもちたかった	6.3	3.5	2.9	2.7
自分や家族の健康上の問題	5.4	5.6	3.4	3.0
家事(育児・介護を含む)と両立できる仕事がしたかった	5.0	4.4	7.9	1.8
適当な勤め先がなかった	5.0	8.2	4.5	2.2
社会の役に立つ仕事がしたかった	4.4	7.5	3.8	5.2
年齢や性別に関係なく仕事がしたかった	3.6	3.4	3.5	3.7
同じ趣味や経験をもつ仲間を増やしたかった	0.6	1.9	1.8	2.0
空いている時間を活用したかった	0.6	2.2	11.9	4.8
転勤がない	0.6	1.6	0.0	1.4
その他	3.2	1.1	1.9	0.6
特にない	3.2	4.2	5.5	4.7

が強いといえるのではないか。一方、女性パートタイム起業家は「収入を増やしたかった」（43.8％）が最も多いほか、男性に比べて「空いている時間を活用したかった」（女性11.9％、男性4.8％）や「家事（育児・介護を含む）と両立できる仕事がしたかった」（同7.9％、1.8％）などの割合が高い。家事や勤めの隙間時間を使って少しでも収入を増やそうと起業する人が多いようである。

続いて、起業した事業の内容をみていく。まず従業者数は、調査時点で「1人（本人のみ）」である割合が女性起業家は75.4％と、男性起業家（70.3％）を上回る（表4−13）。女性パートタイム起業家の場合も80.0％と、男性(74.4％)より多い。女性の方が男性より事業が小規模だという結果

表4-13　事業の概要

（単位：%）

		起業家		パートタイム起業家	
		女　性	男　性	女　性	男　性
従業者数（調査時点）	1人（本人のみ）	75.4	70.3	80.0	74.4
	2～4人	12.7	15.7	10.8	15.1
	5～9人	5.1	4.9	2.9	4.7
	10人以上	6.8	9.0	6.3	5.9
月　商	50万円未満	73.3	56.5	94.1	91.3
	50万～100万円未満	8.2	17.2	2.3	3.2
	100万～500万円未満	11.8	16.7	3.0	5.1
	500万～1,000万円未満	4.2	6.4	0.6	0.3
	1,000万円以上	2.5	3.2	0.0	0.1
業　種	建設業	2.5	13.4	2.4	8.7
	製造業	0.0	1.9	4.2	5.7
	情報通信業	4.3	13.0	5.6	11.7
	運輸業	3.2	8.4	1.8	6.9
	卸売業	0.0	1.2	1.3	2.0
	小売業	12.4	10.0	11.3	9.4
	飲食店・宿泊業	17.1	3.7	5.7	2.2
	医療・福祉	6.4	4.8	7.7	4.9
	教育・学習支援業	5.2	3.9	12.3	7.0
	個人向けサービス業	34.3	19.2	33.0	20.6
	事業所向けサービス業	12.3	13.3	11.9	12.6
	不動産業、物品賃貸業	1.5	4.2	0.4	3.6
	その他	0.6	3.0	2.2	4.8
主な販売先・顧客	事業所（企業・官公庁など）	30.9	47.7	25.5	38.3
	一般消費者	69.1	52.3	74.5	61.7
主な最終ユーザーの性別	女　性	41.5	9.8	28.4	8.6
	男　性	4.9	10.0	5.7	9.4
	男女を問わない	53.6	80.2	65.8	82.0

は、第2章でみた「新規開業実態調査」だけでなく、本調査でも確認できた。

月商規模についてもみると、「50万円未満」の割合は女性起業家で73.3%と、男性(56.5%)よりかなり高い。女性パートタイム起業家は94.1%と、男性（91.3%）とあまり変わらないが、「20万円未満」で区切ってみると、女性が82.6%と男性（74.2%）に比べて多い。月商規模が特に小さいパートタイム起業家のなかでも、女性の方が男性以上に小規模である。

業種をみると、女性起業家で最も多いのは「個人向けサービス業」（34.3%）で（男性は19.2%）、2番目は「飲食店・宿泊業」（女性起業家17.1%、男性起業家3.7%）であり、いずれも男性を10ポイント以上上回る。3番目は「小売業」（12.4%）で、これも男性（10.0%）より多い。4番目は「事業所向けサービス業」（12.3%）であった。女性パートタイム起業家も「個人向けサービス業」（33.0%）が最多で、男性（20.6%）を上回る。次いで「教育・学習支援業」（12.3%）、「事業所向けサービス業」（11.9%）、「小売業」（11.3%）が多い。女性起業家、女性パートタイム起業家ともに男性に比べて「建設業」や「情報通信業」「運輸業」などが少ない。

顧客について尋ねると、主な販売先・顧客が「一般消費者」である割合は、女性は起業家（69.1%）、パートタイム起業家（74.5%）ともに、男性（順に52.3%、61.7%）よりかなり高い。女性は個人向けサービス業や飲食店・宿泊業の割合が高いことによる結果であろう。

商品やサービスの主な最終ユーザーの性別は、「男女を問わない」が四つのカテゴリーいずれでも最も多く、起業家、パートタイム起業家ともに男性は8割以上と特に多い。女性は、「女性」を対象にしている人が相対的に多く、割合は女性起業家で41.5%と特に高い（女性パートタイム起業家は28.4%）。「女性」の割合の男女差は起業家の方が大きく、パートタイム起業家の場合に比べて起業家の方が女性が「女性」向けの商品やサービスに的を絞って事業展開しているケースが多いといえる。

起業費用をみると、「かからなかった」とする割合が女性起業家で31.2%と、男性（27.6%）を少し上回るが、「50万円未満」と合わせた割合はいずれも約6割となる（表4－14）。男女を問わず少額で起業するケースが多い。パートタイム起業家は起業家より少額で開業する傾向が強いが(前掲図4－7)、なかでも女性は51.1%が費用をかけずに起業している（男性は42.5%）。

起業費用がかかった人のうち、借り入れした人の割合は起業家の場合、

表4−14　起業費用

（単位：％）

		起業家		パートタイム起業家	
		女　性	男　性	女　性	男　性
起業費用	かからなかった	31.2	27.6	51.1	42.5
	50万円未満	30.5	33.0	38.8	39.9
	50万～100万円未満	15.4	9.0	2.3	4.7
	100万～500万円未満	14.4	18.4	6.2	8.2
	500万～1,000万円未満	4.3	6.0	0.5	2.0
	1,000万円以上	4.3	5.9	1.1	2.6
起業費用に占める自己資金の割合	0％	5.5	9.4	6.7	12.0
	0％超50％未満	11.8	12.7	5.1	13.2
	50～100％未満	8.7	8.4	3.8	5.9
	100％（自己資金だけで起業）	74.0	69.4	84.4	68.9
起業費用の調達額に対する満足度	希望どおり調達できた	64.6	75.3	74.3	74.7
	少し不足した	18.7	21.2	22.2	22.3
	かなり不足した	16.7	3.5	3.5	3.1

（注）自己資金割合と起業費用の調達額に対する満足度は、起業費用がかかった人に尋ねたもの。

女性（15.7％）も男性（18.1％）も2割未満とさほど差がない。パートタイム起業家では、女性は3.5％とわずかで、男性（11.5％）の方が多い。起業費用に占める自己資金の割合をみると、「100％（自己資金だけで起業）」は女性起業家で74.0％と男性（69.4％）よりやや多い。パートタイム起業家の場合、84.4％の女性が自己資金だけで起業しており、男性（68.9％）を15ポイント以上上回る。女性は借り入れせずに済む規模で小さく事業を始めようという意識がより強いようである。

女性の方が起業費用を自己資金だけで賄おうとする人が多いが、資金は足りているのだろうか。調達額に対する満足度を尋ねると、女性パートタイム起業家は「希望どおり調達できた」割合が74.3％と、男性（74.7％）とほぼ同水準だが、女性起業家は64.6％と、男性（75.3％）より少ない。女性起業家は「かなり不足した」との回答が16.7％と、男性（3.5％）より10ポイント以上多く、男性に比べ起業時に必要な資金を十分に調達できなかった人が多いようである。

表4－15 起業前に相談した専門機関（複数回答）

（単位：％）

	起業家		パートタイム起業家	
	女 性 (n=125)	男 性 (n=442)	女 性 (n=360)	男 性 (n=477)
商工会議所・商工会	15.9	11.1	4.5	10.4
自治体などの行政機関	14.0	9.4	4.9	10.7
専門家（税理士、司法書士等）	12.1	13.0	5.7	8.1
日本政策金融公庫	8.4	5.9	1.2	6.5
民間金融機関	1.1	10.9	2.5	4.4
民間の創業支援機関	1.0	3.6	1.8	3.4
当てはまるものは一つもない	64.8	72.0	86.2	71.5

（注）「日本政策金融公庫」「民間金融機関」は借り入れについての相談を除く。

(4) 相談相手とサポーター

第2章、第3章では、女性の新規開業者が事業規模を大きくするうえでは、事業を経営しながら生活するためのサポートをしてくれる人の存在が重要であることを述べた（前掲表2－11、表3－6）。より事業規模が小さい本調査の調査対象の人たちの場合はどうだろうか。

まず、起業に際して相談した相手からみていこう。専門機関への相談状況は、女性起業家や男性パートタイム起業家で「商工会議所・商工会」（順に15.9％、10.4％）や「自治体などの行政機関」（同14.0％、10.7％）が多くなっている（表4－15）。男性起業家は「専門家（税理士、司法書士等）」が13.0％と最も多く、女性起業家も12.1％と同水準である。対して女性パートタイム起業家はどの選択肢も割合が低く、「当てはまるものは一つもない」が86.2％とほかに比べて特に高い。起業時に必要な資金が多ければ、創業融資や補助金などを活用しようと専門機関に相談することが考えられるが、女性パートタイム起業家は起業費用が特に少なく、しかも自己資金だけで賄った人が多かった（前掲表4－14）。そのため、専門の相談機関と接点をもつ機会がとりわけ少なくなるのではないか。対照的に、比較

表4−16　専門機関へ相談しない理由（複数回答）

（単位：%）

	起業家		パートタイム起業家	
	女　性 (n=79)	男　性 (n=298)	女　性 (n=298)	男　性 (n=347)
適当な相談先を知らない	39.9	42.2	37.5	37.3
相談に行く時間がない	10.7	12.2	8.4	6.5
相談しづらい	18.8	8.1	9.8	6.2
相談する必要性を感じない	45.0	55.3	56.3	57.2
その他	1.1	0.9	0.3	0.3

（注）起業前から調査時点までの間に相談した専門機関について「当てはまるものは一つもない」と回答した人に尋ねたもの。

的事業規模が大きい男性の起業家では「民間金融機関」（10.9%）に相談した割合が四つのカテゴリーのなかで最も高くなっている。

起業前に専門機関に相談しなかった人は、女性起業家も64.8%と多い。起業前から調査時点までの間に専門機関に相談しなかった人にその理由を尋ねると、女性起業家、女性パートタイム起業家ともに「相談する必要性を感じない」がそれぞれ45.0%、56.3%と最も多いものの、「適当な相談先を知らない」との回答（順に39.9%、37.5%）も約4割と多い（表4−16）。「相談しづらい」とする割合は、起業家（女性18.8%、男性8.1%）、パートタイム起業家（同9.8%、6.2%）ともに女性の方が男性より高い。相談をしたいものの、どの専門機関を訪れたらよいのかわからなかったり、専門機関に訪れることへの心理的なハードルを感じていたりする女性は少なくないようである。

専門機関には相談できなくても、身近な人には相談しているのではないか。併せて、事業経営をしながら生活するうえで相談相手やサポーターとなってくれる人の存在についてもみていきたい。

事業に関するあるいは起因する悩みや困り事を相談する相手が「いる」割合は、女性は起業家（70.3%）、パートタイム起業家（70.0%）ともに7割と、男性（順に63.2%、55.2%）より高い（表4−17）。相談相手を具体的にみると、女性の起業家とパートタイム起業家、男性のパートタイム起

表4-17　相談相手とサポートしてくれる人（有償のサービスを除く、複数回答）

（単位：％）

	相談相手				サポートしてくれる人			
	起業家		パートタイム起業家		起業家		パートタイム起業家	
	女　性 (n=125)	男　性 (n=442)	女　性 (n=360)	男　性 (n=477)	女　性 (n=125)	男　性 (n=442)	女　性 (n=360)	男　性 (n=477)
い　る	70.3	63.2	70.0	55.2	71.8	56.2	62.8	51.6
配偶者	37.4	22.9	38.0	22.8	39.7	25.3	34.3	23.6
親・兄弟・親戚	22.7	26.1	28.6	21.3	28.4	21.6	28.9	18.2
自社の経営陣、従業員	6.2	5.7	2.5	3.1	4.2	4.5	2.2	2.9
経営者仲間	19.3	23.3	9.8	7.8	8.5	7.3	5.6	4.9
取引先	1.6	9.3	3.8	4.7	1.6	4.4	2.3	4.3
友人・知人	21.3	26.2	24.1	18.8	12.0	11.3	11.2	11.4
商工会議所・商工会	4.3	5.0	1.2	2.9	2.7	1.9	0.0	2.1
自治体などの行政機関	2.0	4.6	0.8	2.5	0.0	1.4	0.4	0.9
金融機関や税理士などの専門家	6.7	7.4	2.4	4.2	4.3	3.6	0.9	2.1
創業支援団体・ネットワーク	0.6	3.5	1.0	2.9	0.0	1.6	0.2	2.0
家族が通っている保育所や学校の先生、家族が利用している介護施設の職員	1.4	2.9	0.2	0.9	0.0	0.1	0.0	0.6
その他	0.5	0.1	0.4	0.2	0.5	0.0	0.0	0.2
いない	29.7	36.8	30.0	44.8	28.2	43.8	37.2	48.4

（注）相談相手は現在の事業に関する、あるいは起因する悩みや困り事（生活面を含む）を相談する相手。サポートしてくれる人は現在の事業を経営しながら生活するためのサポートをしてくれる人。

業家では「配偶者」「親・兄弟・親戚」「友人・知人」が上位の三つに挙がっている。家族や友人など親しい人たちを相談相手としている。「配偶者」の割合は女性（起業家37.4％、パートタイム起業家38.0％）で約4割と、男性（同22.9％、22.8％）に比べて高い。男性起業家の最も多い相談相手は「友人・知人」（26.2％）で、「配偶者」よりも「経営者仲間」（23.3％）

の方が割合は高くなっている。女性パートタイム起業家は専門機関に相談する割合は低かった一方で、家族に相談する人が多い。事業規模が小さく（前掲表4－13)、主たる家計維持者である人が少ない（前掲表4－10）ことから、経営に関する悩みよりも、事業をしながら家庭生活を維持するための悩みの方が多いのではないだろうか。

事業を経営しながら生活するに当たり、サポートしてくれる人が「いる」割合は、女性起業家で71.8％と男性起業家（56.2％）より高い。女性パートタイム起業家（62.8％）も男性（51.6％）を上回る。ただ、相談相手の有無の場合と異なり、女性パートタイム起業家の回答割合は女性起業家に比べて9ポイント低い。女性パートタイム起業家は事業に充てる時間が短いため、仕事をするうえでの悩みはあっても、実質的なサポートを必要とする人は女性起業家ほど多くないのかもしれない。具体的なサポーターをみると、男女の起業家、パートタイム起業家ともに「配偶者」が最も多く、「親・兄弟・親戚」「友人・知人」が続く。「配偶者」や「親・兄弟・親戚」の割合は女性の方が高く、家事や育児などをサポートしてくれる家族の存在が重要なようである。女性起業家は女性パートタイム起業家に比べて独身である人が多かったが（前掲表4－10)、サポーターに「配偶者」を挙げる割合は女性パートタイム起業家を上回る。既婚の女性がフルタイムで事業経営するうえでは、配偶者からのサポートが重要になるということなのだろう。

⑸　事業の状況

前掲表4－13のとおり、月商は起業家、パートタイム起業家ともに女性の方が少なかった。売り上げ状況についてもみると、女性起業家は、「増加傾向」の割合が32.3％と男性（33.0％）と同程度であるが、「減少傾向」の割合はそれぞれ22.4％、14.2％と女性の方が高い（表4－18)。パートタ

表4−18　業　績

（単位：％）

		起業家		パートタイム起業家	
		女　性	男　性	女　性	男　性
売り上げ状況	増加傾向	32.3	33.0	21.2	22.0
	横ばい	45.3	52.8	57.1	59.8
	減少傾向	22.4	14.2	21.7	18.2
採算状況	黒字基調	63.7	77.7	70.1	71.9
	赤字基調	36.3	22.3	29.9	28.1
業　況	良　い	13.5	16.5	17.0	15.6
	やや良い	49.1	52.9	52.9	50.5
	やや悪い	29.2	22.5	21.2	22.3
	悪　い	8.2	8.1	8.8	11.6

イム起業家は「増加傾向」（女性21.2％、男性22.0％）、「減少傾向」（同21.7％、18.2％）ともに男女でほとんど差はない。

採算状況をみると、「黒字基調」の割合は女性起業家が63.7％と男性（77.7％）より10ポイント以上少ない。女性パートタイム起業家は70.1％と男性（71.9％）と同水準である。

業況は、「良い」「やや良い」を合わせた割合が女性起業家は62.6％と、男性（69.4％）に比べて低い。女性パートタイム起業家は、69.9％と男性（66.2％）と同程度でむしろやや高い。

女性起業家は男性に比べて業績面で苦労している人が多いようである。女性起業家は男性起業家に比べて斯業や営業、管理職の経験をもつ割合が低く（前掲表4−11）、「29歳以下」の割合が高かった（前掲表4−10）。起業前に経験した仕事の内容やその年数の差が業績に表れているのかもしれない。一方、パートタイム起業家は月商規模がごく小さい（前掲表4−13）ためか大半が黒字を維持できており、売り上げ状況、採算状況、業況ともに男女で差が出なかったのではないか。

続いて、事業を行ううえでの問題をみると、女性起業家は「売り上げを安定的に確保しづらい」（40.4％）、「業務に対する対価（代金や報酬）が

表4-19　事業を行ううえで問題だと感じていること（複数回答）

（単位：%）

	起業家		パートタイム起業家	
	女　性 (n=125)	男　性 (n=442)	女　性 (n=360)	男　性 (n=477)
売り上げを安定的に確保しづらい	40.4	35.6	34.6	32.9
業務に対する対価（代金や報酬）が低い	32.0	27.6	29.2	29.0
病気やけがになった場合の対応が難しい	27.6	29.7	20.6	14.3
就業時間が長い	21.0	14.9	4.8	5.0
税金や保険などの手続きが面倒である	18.1	16.5	13.6	10.6
社会保障制度が手薄である	16.9	16.4	10.3	10.5
相談相手がいない	13.5	9.5	11.0	7.1
資金の調達が難しい	9.6	11.3	5.3	5.8
対価（代金や報酬）を受け取るまでに長期間かかる	8.5	18.7	9.8	15.2
仕事に関する知識や技術、スキルを高めにくい	6.2	6.6	6.8	6.8
納期が短い	5.2	9.8	6.9	8.6
仕事の打ち切りや一方的な縮小がある	5.2	11.8	6.5	9.0
顧客と良好な人間関係を築くのが難しい	5.0	9.8	5.0	7.5
仕事の質や成果に対して過大な要求を受ける	4.5	9.9	4.4	2.8
仕事の質や成果に対する評価が低い	4.1	7.2	6.6	5.7
その他	1.1	0.6	1.2	0.9
特にない	16.0	17.5	24.4	23.8

低い」(32.0%)がほかのカテゴリーに比べて多く、売り上げに関する問題を抱える人が多い（表4－19)。そのほか「就業時間が長い」(21.0%）が男性（14.9%)より多い。女性起業家は家事の時間が男性に比べて長い傾向(前掲表4－10）があることから、事業をフルタイムで運営しながら家庭での時間を確保することに苦労しているのだろう。パートタイム起業家は男女ともに「売り上げを安定的に確保しづらい」（女性34.6%、男性32.9%)が最も多く、2番目は「業務に対する対価（代金や報酬）が低い」（同29.2%、29.0%）である。男性は「対価（代金や報酬）を受け取るまでに長期間かかる」（起業家18.7%、パートタイム起業家15.2%)、「仕事の打ち切りや一方的な縮小がある」（同11.8%、9.0%）などが女性より多い。男性は建設業や情報通信業など事業所向けの事業が多い（前掲表4－13）ことによるものであろう。

表4−20　事業を始めて良かったこと（複数回答）

（単位：％）

	起業家		パートタイム起業家	
	女　性 (n=125)	男　性 (n=442)	女　性 (n=360)	男　性 (n=477)
自由に仕事ができた	①　53.2	①　51.6	①　44.7	①　41.4
仕事の経験・知識や資格を生かせた	②　35.5	21.7	19.2	19.7
自分の技術やアイデアを試せた	③　28.4	22.6	17.9	18.7
事業経営を経験できた	27.1	②　23.9	11.8	16.4
時間や気持ちにゆとりができた	26.7	22.3	③　23.3	12.3
人や社会とかかわりをもてた	24.3	16.5	14.8	12.2
個人の生活を優先できた	23.7	19.2	23.1	14.7
自分の趣味や特技を生かせた	21.3	14.1	21.7	16.2
収入が予想どおり増えた	19.9	21.8	20.6	③　20.8
自分が自由に使える収入を得られた	18.2	③　23.3	23.0	②　23.4
空いている時間を活用できた	16.7	13.2	②　26.5	17.1
家事（育児・介護を含む）と仕事を両立できた	12.4	7.8	13.6	5.6
年齢や性別に関係なく仕事ができた	11.7	12.1	11.7	6.7
収入が予想以上に増えた	9.5	10.7	8.0	11.0
転勤がない	9.4	7.9	7.0	5.7
自分や家族の健康に配慮できた	9.4	8.1	10.2	6.0
同じ趣味や経験をもつ仲間が増えた	9.1	6.6	7.6	5.4
社会の役に立つ仕事ができた	8.0	13.5	8.7	9.6
その他	0.6	1.5	0.2	0.1
特にない	5.7	7.2	11.4	13.9

(6)　事業を始めて良かったことと満足度

ここまでみてきたように、男女の起業家、パートタイム起業家で起業の目的や家庭環境などが異なる。では、起業したことに対する満足度はそれぞれどうなっているのだろうか。

事業を始めて良かったことをみると、「自由に仕事ができた」の割合が女性起業家（53.2%）、女性パートタイム起業家（44.7%）、男性起業家（51.6%）、男性パートタイム起業家（41.4%）のいずれにおいても最も高い（表4−20）。起業動機（前掲表4−12）で上位に挙がっていた選択肢であり、それぞれ起業の目的をある程度達成できている。

女性起業家は、ほかに「仕事の経験・知識や資格を生かせた」（35.5%）、

「自分の技術やアイデアを試せた」(28.4%)が上位になっているが、男性起業家ではそれらの回答より、「事業経営を経験できた」(23.9%)、「自分が自由に使える収入を得られた」(23.3%)の方が多い。女性起業家が男性に比べて多いのは「人や社会とかかわりをもてた」(女性24.3%、男性16.5%)や「自分の趣味や特技を生かせた」(同21.3%、14.1%)などである。好きなことを仕事にしてさまざまな人とつながりももてるようになり、事業を始めて良かったと感じているのだろう。

一方、女性パートタイム起業家で2番目に多いのは「空いている時間を活用できた」(26.5%)、3番目は「時間や気持ちにゆとりができた」(23.3%)であり、いずれも男性(順に17.1%、12.3%)より割合は高い。そのほか、男性より多いのは「個人の生活を優先できた」(女性23.1%、男性14.7%)や「家事(育児・介護を含む)と仕事を両立できた」(同13.6%、5.6%)などである。女性パートタイム起業家は時間を有効に使って収入を得ることで、暮らしの面での充実度が増した人が多いようだ。

項目別に満足度を尋ねた結果は、収入に「満足」している割合が女性起業家で29.1%と、男性起業家(39.3%)より10ポイント以上低い(表4-21)。女性起業家は月商が男性より少なく(前掲表4-13)、「赤字基調」の割合が高かったこと(前掲表4-18)が関係しているのだろう。仕事のやりがいとワークライフバランスに関しては、女性起業家の「満足」の割合が順に65.9%、60.7%と、男性起業家(順に61.5%、56.9%)より高い。いずれの項目も四つのカテゴリーのなかで最も高い満足度となっている。それを反映して、総合的な満足度も女性起業家(60.4%)が男性起業家(56.1%)より高く、4カテゴリー中でも最も「満足」の割合が高い結果となっている。一方、パートタイム起業家についてみると、4項目のいずれも「満足」の割合は起業家の男女より低い。ただ、男女間の差はなく、短時間で小さく事業経営するなかでは満足度に差が生じにくいのだと考

表4−21　満足度

（単位：％）

		起業家		パートタイム起業家	
		女　性 (n=125)	男　性 (n=442)	女　性 (n=360)	男　性 (n=477)
収　入	満　足	29.1	39.3	28.7	28.9
	どちらともいえない	30.7	23.4	29.6	31.8
	不　満	40.3	37.4	41.7	39.3
仕事のやりがい	満　足	65.9	61.5	53.6	51.5
	どちらともいえない	25.7	24.4	32.1	32.9
	不　満	8.3	14.1	14.3	15.6
ワークライフバランス	満　足	60.7	56.9	51.9	50.1
	どちらともいえない	27.6	27.2	34.6	35.6
	不　満	11.7	15.9	13.5	14.3
総　合	満　足	60.4	56.1	48.4	48.3
	どちらともいえない	27.6	23.5	32.9	34.3
	不　満	12.0	20.4	18.7	17.4

えられる。

事業を続けるうえで必要だと思う支援は何かを尋ねると、女性起業家で最も多いのは「税務・法律関連の相談制度の充実」（29.9％）、女性パートタイム起業家では「技術やスキルなどを向上させる機会の充実」（20.2％）となっている（表4−22）。女性起業家の方が男性に比べて高いのは「けがや病気などで働けないときの所得補償制度の充実」（女性28.8％、男性19.9％）や「事業資金の調達に対する支援」（同26.1％、17.5％）、「育児・保育制度を使いやすくする」（同15.8％、7.5％）などである。今後必要だと思う支援が「特にない」とする割合は、女性起業家（26.1％）が4カテゴリーのなかで最も低く、女性パートタイム起業家（50.9％）は最も高い。女性起業家は女性パートタイム起業家に比べて事業運営において問題を感じている人が多いことがわかる。

女性起業家は個人向けサービス業の割合が高く（前掲表4−13）、その内容は美容室やエステティックサロンといった、技術をもつ本人が対人でサービスを提供しなくてはならないものが多い。1人で事業経営している

表4-22　今後必要だと思う支援（複数回答）

（単位：％）

	起業家		パートタイム起業家	
	女　性 (n=125)	男　性 (n=442)	女　性 (n=360)	男　性 (n=477)
税務・法律関連の相談制度の充実	①　29.9	①　29.0	②　18.5	①　20.5
けがや病気などで働けないときの所得補償制度の充実	②　28.8	③　19.9	③　18.2	③　15.4
事業資金の調達に対する支援	③　26.1	17.5	8.7	11.2
技術やスキルなどを向上させる機会の充実	24.4	②　27.0	①　20.2	②　20.2
健康診断・人間ドックの受診に対する補助	18.9	19.5	15.9	13.3
同業者と交流できるネットワーク等の整備	18.4	18.7	15.7	14.5
事業資金の融資制度の充実	16.2	16.4	5.3	9.7
育児・保育制度を使いやすくする	15.8	7.5	11.0	6.4
発注者や仕事の仲介会社、クラウドソーシング業者に対するルールや規制の明確化	12.1	10.1	7.6	7.9
シェアオフィス・コワーキングスペースなどの充実	9.0	8.5	6.7	8.1
納期遅延や情報漏えいなどの賠償リスクに対する保険制度の創設	6.7	10.4	6.1	6.4
その他	0.0	0.1	0.0	0.2
特にない	26.1	42.0	50.9	46.5

割合が高かった（前掲表4－13）ことから、けがや病気で休むとサービスを提供できる人がいなくなってしまうケースが多いのではないか。また、女性起業家は女性パートタイム起業家に比べて独身である割合が高く、自身の事業収入が世帯年収のなかで最も大きいとする人が約6割と多かったことから（前掲表4－10）、事業収入が減少することによる生活への影響が大きいと考えられる。こうしたことから、所得補償を必要とする割合が特に高くなっているのだろう。事業資金の調達の支援を求めていることは、起業の際の調達額が十分でないと感じている人が女性起業家で多かったこと（前掲表4－14）と整合する。女性起業家は「29歳以下」の割合が高く

体力があると思われることや、子どもがいない人が多いことにもかかわらず（前掲表4－10）、育児や保育制度を求める割合は女性パートタイム起業家以上に高い結果となった。将来を見据えたときに、育児や家事と事業経営を両立することに不安があるのかもしれない。

4　おわりに

本章では起業家、パートタイム起業家それぞれの特徴を概観したうえで、女性起業家、女性パートタイム起業家の特徴を男性と比較しながら整理してきた。

起業家、パートタイム起業家ともに少額で起業する人や、1人で事業を行う人が多く、第1章から第3章で取り上げた当研究所「新規開業実態調査」の開業者と比べても事業規模は小さかった。特にパートタイム起業家は勤務と掛け持ちする人が大半で、家計の足しにするために小さく商いをしているようだった。それでも、起業家、パートタイム起業家ともに利益は確保できており、起業の目的もある程度達成できていた。

女性起業家は配偶者あるいは子どものいる人が少なく、比較的家庭生活とバランスをとりやすいなかで起業していた。起業動機で自由に仕事をすることや趣味や特技を生かすことを挙げる割合がほかに比べて高く、仕事においてやりがいを重視する傾向が強い。自由に仕事ができたと自己評価しており、仕事のやりがいはもちろん、総合的な満足度も四つのカテゴリーで最も高い結果となった。

女性パートタイム起業家は小さな子どもがいて、家事や育児の時間が必要な人が多く、「私生活との両立」を重視する割合が高かった。起業によって時間を有効に使い、家庭生活とバランスをとりつつ収入を得られたことに満足している人が多く、総合的にみても満足度は男性パートタイム起業家と変わらない水準であった。女性起業家も女性パートタイム起業家も起業を通じて、希望する働き方や暮らしを実現できているといえそうだ。

女性パートタイム起業家は、男性パートタイム起業家と比べたときに業績に対する満足度に大きな違いはみられなかった。一方、フルタイムで事業を経営する女性起業家は、男性起業家より困難を伴うことがわかった。女性起業家は男性に比べて「赤字基調」となっている人が多く、事業を軌道に乗せるのに苦労していた。また、起業時の資金調達を十分にできなかった人が男性より多かったほか、事業を続けるうえで支援が必要だと考える割合が高かった。その一方で、事業について相談する適当な専門機関がわからなかったり、相談しづらいと感じていたりする人が少なくなかった。起業前から気軽に相談できる場をつくったり、困り事に応じて相談に適した機関を紹介したりするなど、女性が事業を円滑に運営していけるようなサポートが必要であろう。

第5章

意識せざる起業家の特徴
―「起業と起業意識に関する調査」データから―

日本政策金融公庫総合研究所
主席研究員　桑本 香梨

1　はじめに

第4章で紹介したとおり、当研究所「起業と起業意識に関する調査」では、自営しているという意識をもたないまま実態は事業を経営している「意識せざる起業家」も、起業家またはパートタイム起業家の一部に組み入れている[1]。通信技術の発展により、仕事や家事の合間にごく小規模に事業収入を得る人が増えている。こうした人たちのなかには、起業家として表層化していない人が少なからずいるのではないかという問題意識から、2018年度に新設したカテゴリーである。

意識せざる起業家について、年齢、性別、居住地域がわが国の人口構成に沿ったサンプル（事前調査A群）に占める割合の推移をみると、図5－1のとおりとなる。カテゴリーを設けた2018年度には2.6％だったものが、年々上昇して直近の2022年度には4.8％まで上昇している。インターネット上で、単発の仕事を請け負ったり自分のつくった商品を売ったりすることが簡単にできるようになり、意識しないまま自ら事業を行っている人が増えているとみられる。

本書でたびたびみたように、女性は小規模に事業を運営する傾向が強く、この意識せざる起業家は「意識している」起業家に比べて女性の占める割合が高いと思われる。女性の起業の一端を明らかにするため、本章では意識せざる起業家の実態を探っていく。現時点で本人に意識はないものの、起業家に類似した特徴を備え、いずれ本格的な起業に至る可能性をもつ存在であることに注目し、以下、本章においては意識せざる起業家を「準起業家」と呼ぶことにする。本格的な起業に対する彼らの意識についても分析を試みる。

1　調査の実施要領および起業家・パートタイム起業家・起業関心層・起業無関心層の定義は第4章p.114で紹介したとおりである。

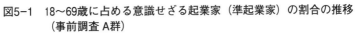

図5−1　18〜69歳に占める意識せざる起業家（準起業家）の割合の推移（事前調査 A群）

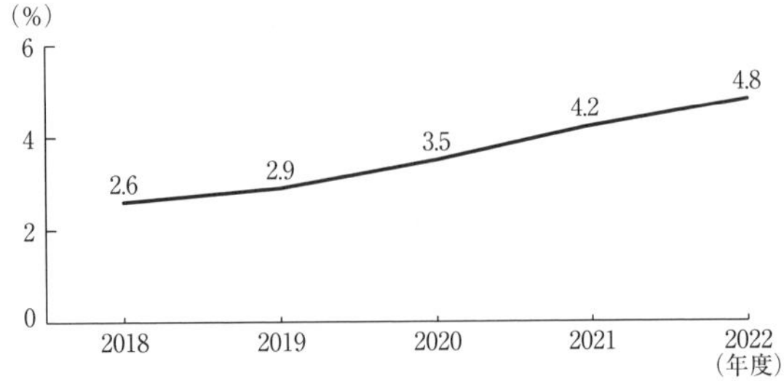

資料：日本政策金融公庫総合研究所「起業と起業意識に関する調査」
（注）事前調査A群の結果（表5−1、図5−2、図5−3、表5−9も同じ）。

2　準起業家の概要

(1)　準起業家の定義

準起業家の定義に用いる要件は次の三つである。①「現在事業を経営している」と回答していない人で、勤務収入以外に過去1年間に年間20万円以上の収入があった人（ただし、年金や仕送り、不動産賃貸や太陽光発電による収入、金融や不動産の投資収入、自身が使用していた既製品の販売による収入を除く）で、②その収入を今後も継続して得ていく予定であり、③収入を得始めてから5年以内の人と定義している。要件の①については、想定される収入の内容を32種類列挙して、いずれかに該当する人を対象とした。選択肢の「その他」を回答した場合は、具体的な内容を尋ねてできる限り再分類した。

表5−1に、要件①で挙げる準起業家の32種類の事業内容[2]と、当研究所「2022年度起業と起業意識に関する調査」（以下、本調査）における回答割合を示した。事前調査 A群による構成比をみると、「データ入力」

2　労働政策研究・研修機構（2019）による独立自営業者の仕事の内容を参考にした。

表5−1　準起業家の事業内容（事前調査 A群、複数回答）

（単位：％）

		準起業家（n=967）	女性（n=414）	男性（n=553）
建設・運輸関連	電気工事、内外装工事、とび、左官、造園などの建設工事	5.3	1.7	8.0
	建築・土木設計、測量	4.1	1.7	6.0
	運輸、輸送、配送サービス	10.2	4.1	14.8
	清掃、建物のメンテナンス	4.8	5.3	4.3
専門業務関連	税理士、弁護士、弁理士、司法書士、行政書士などの専門サービス	5.0	5.6	4.5
	調査・研究、コンサルティング	3.0	1.7	4.0
	営業・販売（不動産、化粧品、保険、食料品など）代行	8.8	8.2	9.2
	翻訳、通訳	2.1	2.4	1.8
	原稿・記事執筆、ライティング	2.7	1.7	3.4
	楽器演奏、歌唱、司会、モデルなどの芸能サービス	1.6	1.2	1.8
事務関連	データ入力	18.0	21.3	15.6
	文書入力、テープ起こし、反訳	4.8	4.6	4.9
	添削、校正、採点	3.9	2.2	5.2
IT関連	ソフトウエア開発、アプリやシステムの設計	8.7	2.7	13.2
	ウェブサイトの作成	3.4	1.0	5.2
デザイン・映像制作関連	自身のSNSやブログに関連する広告収入	4.6	4.1	4.9
	デザイン・広告制作	3.2	2.9	3.4
	コンテンツ（写真、映像、音楽、イラスト、ネーミング、コピーライト、ゲームなど）の制作	5.1	3.9	6.0
教育関連	勉学、語学、珠算などを教えること	7.3	7.0	7.6
	芸事（ピアノ、茶道など）、料理、スポーツなどを教えること	3.1	4.1	2.4
生活関連サービス	鍼灸、整体やマッサージ	1.2	1.4	1.1
	理容・美容、ネイルやエステ、着付けなどの理美容サービス	2.8	3.1	2.5
	家事、育児、介護の代行	4.8	7.0	3.1
	接客サービス（コンパニオン、芸妓などを含む）	7.3	9.7	5.6
	自宅カフェ、週末カフェなどの飲食サービス	3.2	3.9	2.7
	民泊、民宿などの宿泊サービス	1.1	1.2	1.1
	自身が仕入れた既製品（中古品を含む）の転売	5.9	7.5	4.7
物品制作関連	自作の服飾雑貨（衣服、アクセサリー、フラワーアレンジメントなど）の販売	4.8	6.3	3.6
	自作の工芸品（陶芸、木工・皮革製品など）の販売	2.8	1.9	3.4
	自作の飲食料品（パン、菓子、惣菜など）の販売	2.3	1.9	2.5
	メニュー、レシピの開発受託	1.4	1.2	1.6
その他		4.3	3.6	4.9

資料：日本政策金融公庫総合研究所「2022年度起業と起業意識に関する調査」（以下断りのない限り同じ）
（注）nは回答数（以下同じ）。

図5-2　準起業家の分布（事前調査 A群）

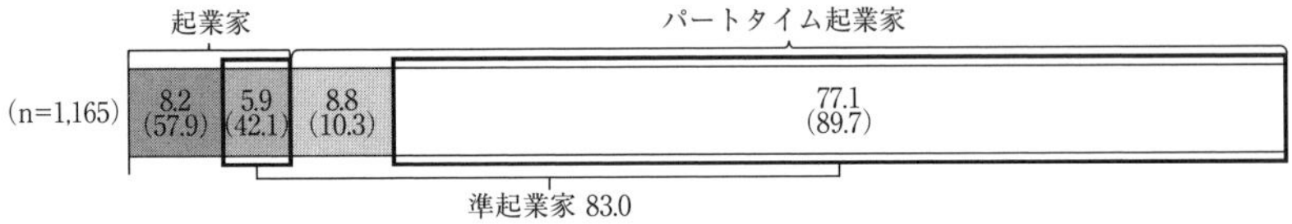

（注）1　（　　）内は、起業家、パートタイム起業家それぞれを100%とした場合の内訳。
2　構成比は小数第2位を四捨五入して表示しているため、合計は100%にならない場合がある（以下同じ）。

（18.0%）や「運輸、輸送、配送サービス」（10.2%）、「営業・販売（不動産、化粧品、保険、食料品など）代行」（8.8%）、「ソフトウエア開発、アプリやシステムの設計」（8.7%）などが多い。男女別にみると、女性は「データ入力」（女性21.3%、男性15.6%）がかなり多いほか、「接客サービス(コンパニコン、芸妓などを含む)」（同9.7%、5.6%）、「家事、育児、介護の代行」（同7.0%、3.1%）などの回答割合が男性に比べて高くなっている。一方、男性は「データ入力」のほか「運輸、輸送、配送サービス」（同4.1%、14.8%）、「ソフトウエア開発、アプリやシステムの設計」（同2.7%、13.2%）が1割を超えており、後の二つや「電気工事、内外装工事、とび、左官、造園などの建設工事」（同1.7%、8.0%）、「建築・土木設計、測量」（同1.7%、6.0%）などで回答割合が女性に比べて高い。

第4章で説明したとおり、本調査では通常、準起業家を事業に充てる時間の長さによって起業家とパートタイム起業家に振り分けたうえで、起業したという意識がある層と合わせて集計している。事前調査 A群における回答者の分布をみると、全体の実に83.0%は準起業家で構成されている（図5-2）。パートタイム起業家に占める準起業家の割合は89.7%、起業家の場合は42.1%で、準起業家の多くがパートタイム起業家に分類されることがわかる。

本章に限っては、以下、準起業家以外の起業家とパートタイム起業家を

「その他の起業家」としてくくり、準起業家の実態を観察するうえでの比較対象としたい。なお、本調査における詳細調査[3]の回収数は、準起業家が423人、その他の起業家が981人であった。

(2)　準起業家の特徴

準起業家の属性をその他の起業家と比較すると、「女性」の割合は42.8%と、その他の起業家（32.8%）に比べて高い（表5－2)。すでに本書の各所で女性は小規模に開業する傾向があることを指摘したが、準起業家というごく小規模な層では女性が際立って多い。

起業時の年齢は「29歳以下」が39.2%とその他の起業家（25.3%）を10ポイント以上上回り、「30～39歳」以降はその他の起業家に比べて少ないか同程度である。「29歳以下」や2番目に多い「30～39歳」は、準起業家に多い女性にとって出産や育児の時期に重なる。子育ての隙間時間を活用して小さく事業を始めたケースが多いのではないだろうか。逆に、40歳代や50歳代の男性は勤め先での役割が大きくなるなどして、仕事の合間に行う準起業を選択しにくくなるという面も考えられる。

最終学歴についてもみると、準起業家、その他の起業家ともに「大学・大学院」が半数前後を占めている。その他の選択肢の構成比にも大きな差はみられない。

主たる家計維持者である人は59.1%と、その他の起業家（66.1%）に比べると少ない。事業による収入が世帯収入に占める割合をみると、準起業家は「5%未満」である人が半数近い。「5%以上25%未満」と合わせると9割以上に上る。対して、その他の起業家は「100%」という人が23.4%に上

3　事前調査により抽出した調査対象について行う、より詳しい調査。以降のデータは断りのない限り、詳細調査による回答割合に、事前調査A群による回答から算出したウエイトをかけたものである。

表5-2　準起業家の特徴（その他の起業家との比較）

（単位：%）

		準起業家	その他の起業家
性　別	男　性	57.2	67.2
	女　性	42.8	32.8
起業時の年齢	29歳以下	39.2	25.3
	30～39歳	24.2	28.9
	40～49歳	18.0	23.0
	50～59歳	11.0	15.8
	60～69歳	7.5	7.0
最終学歴	中　学	2.2	3.4
	高　校	25.1	23.8
	専修・各種学校	13.5	18.8
	短大・高専	7.0	5.9
	大学・大学院	52.2	48.0
	その他	0.0	0.1
主たる家計維持者に「該当」		59.1	66.1
世帯収入に占める事業収入の割合	5%未満	49.7	14.1
	5%以上25%未満	42.2	20.7
	25%以上50%未満	4.1	15.0
	50%以上75%未満	1.8	12.1
	75%以上100%未満	0.8	14.8
	100%	1.4	23.4
勤務者に「該当」		85.3	3.6
事業に充てる1週間当たりの時間	15時間未満	71.6	19.0
	15時間以上25時間未満	16.1	13.4
	25時間以上35時間未満	5.1	15.3
	35時間以上45時間未満	3.5	23.3
	45時間以上55時間未満	1.8	12.8
	55時間以上	1.9	16.2
仕事において最も重視すること	収　入	48.1	29.1
	仕事のやりがい	20.8	32.8
	私生活との両立	31.1	38.1

（注）1　数値は詳細調査によるデータに事前調査A群で算出したウエイト値で重みづけを行ったもの（以下、図5－3、表5－9を除き同じ）。
2　設問ごとにｎ（回答数）が異なるため、記載を省略（以下、ｎの記載のない表はすべて同じ）。
3　最終学歴は「答えたくない」との回答を除いて集計。
4　勤務者は非正社員を含む（表5－3も同じ）。

る（準起業家は1.4%）。家計を補填したり、自由に使えるお金を増やしたりするために、勤務などでは足りない分の収入を準起業によって得ようとしているのではないだろうか。

そこで、勤務（非正社員を含む）もしている割合をみると、準起業家は85.3%と、その他の起業家（3.6%）を大きく上回る。1週間当たりの事業に充てる時間も短く、準起業家は「15時間未満」が71.6%である（その他の起業家は19.0%）。

仕事において最も重視することを尋ねると、準起業家は「収入」が48.1%と最も多く、その他の起業家（29.1%）を20ポイント近く上回る。次に多いのが「私生活との両立」（31.1%）で（その他の起業家は38.1%）、「仕事のやりがい」は20.8%とその他の起業家の32.8%を大きく下回る。勤務しながら家計を補填するために準起業家となった人が多く、そこでのやりがいは後回しにならざるを得ないのかもしれない。

前掲図5－2のとおり、パートタイム起業家の大半は自営の意識がない準起業家である。第4章ではパートタイム起業家の男女で働き方に大きな違いがみられた。同じことは準起業家でもいえると予想される。そこで、働き方に関する主な調査項目を男女別にみると、女性は主たる家計維持者である割合が35.6%と男性（76.7%）の半分以下である（表5－3）。ただ、配偶者や、未就学児または小学生の子どもが「いる」割合は、男女で変わらない。家事全般に充てる1日当たりの時間が「8時間以上」である割合は、女性が11.7%と男性（1.6%）を大きく上回る。一方、勤務者である割合は、女性（77.6%）は男性（91.1%）に比べて低い。仕事において最も重視することは、女性は「収入」（42.1%）と「私生活との両立」（40.8%）がともに4割超と多い一方、男性は「収入」（52.6%）が半数を占め、「私生活との両立」（23.9%）は女性に比べて少ない。男性の場合は勤務収入だけでは家計を賄えずに、女性の場合は家事や育児の合間に夫の収入を補填するために、準起業を行っている姿が想像される。

表5−3　準起業家の特徴（男女別）

（単位：%）

		女　性 （n=187）	男　性 （n=236）
主たる家計維持者に「該当」		35. 6	76. 7
配偶者が「いる」		49. 1	50. 1
未就学児の子どもが「いる」		19. 2	19. 7
小学生の子どもが「いる」		17. 3	18. 9
家事全般に充てる1日当たりの時間	携わっていない	45. 2	54. 7
	2時間未満	11. 8	19. 8
	2〜4時間未満	17. 1	13. 0
	4〜6時間未満	9. 3	8. 2
	6〜8時間未満	4. 9	2. 8
	8時間以上	11. 7	1. 6
勤務者に「該当」		77. 6	91. 1
仕事において最も重視すること	収　入	42. 1	52. 6
	仕事のやりがい	17. 1	23. 6
	私生活との両立	40. 8	23. 9

（注）1　n（回答数）は原数値を示す（以下、図5−3、表5−9を除き同じ）。
　　　2　家事は報酬を目的としたものを除く。

(3)　準起業家の事業概要

準起業家の事業の概要についてもみていきたい。

起業の動機を三つまでの複数回答で尋ねたところ、「収入を増やしたかった」が66. 2%と最も多くなった（表5−4）。その他の起業家（28. 9%）と比べてもかなり高い。2番目に多いのは「自分が自由に使える収入が欲しかった」（24. 9%）で、これもその他の起業家（15. 1%）より多い。その他の起業家で55. 5%と最も多かった「自由に仕事がしたかった」（14. 4%）は3番目となった。そのほか、「時間や気持ちにゆとりが欲しかった」（準起業家2. 6%、その他の起業家15. 9%）、「個人の生活を優先したかった」（同2. 0%、11. 8%）などでその他の起業家より回答割合が低い。収入に関する動機が上位にある一方で、仕事や生活での自由やゆとりを挙げる人は比較的少なく、前掲表5−2でみた勤務や家事の合間に家計を補塡しようとする準起業家の特徴と符合する。準起業家の起業動機の男女による違いは、

表5-4　準起業家の起業動機（その他の起業家との比較、三つまでの複数回答）

（単位：%）

	準起業家（n=423）	その他の起業家（n=981）
収入を増やしたかった	66.2	28.9
自分が自由に使える収入が欲しかった	24.9	15.1
自由に仕事がしたかった	14.4	55.5
空いている時間を活用したかった	11.6	2.8
趣味や特技を生かしたかった	8.9	12.9
仕事の経験・知識や資格を生かしたかった	7.9	19.4
自分の技術やアイデアを試したかった	7.9	13.7
事業経営という仕事に興味があった	4.5	10.8
年齢や性別に関係なく仕事がしたかった	4.3	3.2
人や社会とかかわりをもちたかった	3.5	3.2
社会の役に立つ仕事がしたかった	3.4	6.8
時間や気持ちにゆとりが欲しかった	2.6	15.9
同じ趣味や経験をもつ仲間を増やしたかった	2.4	1.0
家事（育児・介護を含む）と両立できる仕事がしたかった	2.1	5.9
個人の生活を優先したかった	2.0	11.8
自分や家族の健康上の問題	1.4	5.5
適当な勤め先がなかった	1.0	6.5
転勤がない	0.4	1.4
その他	0.8	1.8
特にない	7.0	3.8

パートタイム起業家のそれ（前掲表4－12）と類似する。男女とも収入に関する動機が大きいが、女性が男性に比べて特に回答割合が高くなっていたのは「空いている時間を活用したかった」（女性17.9%、男性6.9%）であった。

事業は小規模であることが予想されるが、調査時点の従業者数が「1人（本人のみ）」の割合は、準起業家（70.3%）がその他の起業家（77.8%）を下回った（表5－5）。「10人以上」という準起業家も1割ほどいて、準起業家の方がその他の起業家より従業者規模が大きい傾向がみられる。明確な理由はわからないが、本調査で準起業家に対しては「仕事を一緒に行っている仲間の人数」として尋ねているため、自身が雇っているわけではないが、一緒に事業を行っている自営業者仲間をカウントした可能性も考えられる。

表5-5　準起業家の事業の特徴（その他の起業家との比較）

（単位：%）

		準起業家	その他の起業家
従業者数（調査時点）	1人（本人のみ）	70.3	77.8
	2～4人	14.6	14.2
	5～9人	5.6	3.5
	10人以上	9.6	4.5
月　商	10万円未満	78.8	29.4
	10万～20万円未満	10.3	12.0
	20万～50万円未満	7.7	28.8
	50万～100万円未満	0.7	12.2
	100万円以上	2.6	17.5
業　種	建設業	8.4	7.6
	製造業	7.2	2.0
	情報通信業	10.3	9.7
	運輸業	5.5	5.9
	卸売業	3.1	0.9
	小売業	12.2	8.6
	飲食店・宿泊業	4.1	4.0
	医療・福祉	7.3	5.5
	教育・学習支援業	9.9	5.9
	個人向けサービス業	19.6	27.6
	事業所向けサービス業	8.2	15.8
	不動産業・物品賃貸業	0.3	3.8
	その他	3.8	2.8

（注）1　月商は「わからない」「答えたくない」と回答した人を除いて集計。
2　業種は、事業の内容に最も近いと思うものを尋ねたもの。複数の事業を経営している場合は売上高が最も大きいものについて尋ねている。また、「持ち帰り・配達飲食サービス業」は「小売業」に含む。

月商（1カ月の売上高）については、準起業家は78.8%が「10万円未満」と答えており、回答割合はその他の起業家（29.4%）を大きく上回る。9割以上が50万円未満である。月商でみれば、準起業家の方がその他の起業家よりも事業規模が小さいといえる。

事業内容に最も近いと思う業種を尋ねた結果をみると、準起業家、その他の起業家ともに「個人向けサービス業」（順に19.6%、27.6%）が最も多い。そのほか、準起業家はその他の起業家より「製造業」（同7.2%、

表5-6　準起業家の事業における裁量（その他の起業家との比較）

（単位：%）

		準起業家 (n=423)	その他の 起業家 (n=981)
場所の裁量	通常は自分の意向で決められる	56.1	73.7
	発注者や仕事の内容によって異なる	20.7	13.6
	通常は発注者の意向に従う	23.2	12.7
時間の裁量	通常は自分の意向で決められる	59.6	74.6
	発注者や仕事の内容によって異なる	18.8	12.6
	通常は発注者の意向に従う	21.7	12.8
受注を断れるか	断れる	51.1	47.8
	発注者や仕事の内容によって断れる	34.3	47.6
	断れない	14.6	4.6

2.0%)、「教育・学習支援業」(同9.9%、5.9%）などの割合が高くなっている。前掲表5－1の結果と併せてみると、消費者向けに直接商品をつくったり売ったりしている人が多いようである。

ごく小規模に事業を営んでいる場合、事業における裁量はそれほど大きくないのかもしれない。事業における裁量をみると、場所や時間を「通常は自分の意向で決められる」とする準起業家は、場所については56.1%、時間については59.6%とその他の起業家（順に73.7%、74.6%）に比べて少ない（表5－6)。受注を「断れる」とする割合は51.1%でその他の起業家（47.8%）よりやや高いが、「断れない」が14.6%とその他の起業家（4.6%）を10ポイント上回る。総じて、準起業家は事業における裁量が小さく、請負のような形態で仕事をしている人が多いことが予想される。こうした裁量の小ささが、自営している認識をもたないことにもつながっているとも考えられる。

(4)　業績と満足度

準起業家の事業の業績についてもみていきたい。売り上げ状況が「増加傾向」という人は16.6%と、その他の起業家（29.8%）に比べて少ない

表5-7　準起業家の業績（その他の起業家との比較）

（単位：%）

		準起業家（n=423）	その他の起業家（n=981）
売り上げ状況	増加傾向	16.6	29.8
	横ばい	66.8	50.8
	減少傾向	16.6	19.3
採算状況	黒字基調	82.1	67.2
	赤字基調	17.9	32.8
業　況	良　い	18.7	13.6
	やや良い	58.0	48.2
	やや悪い	17.5	26.3
	悪　い	5.8	11.9

（表5－7）。ただし、「減少傾向」という人も16.6%と、その他の起業家（19.3%）を下回り、約7割が「横ばい」としている。採算状況は、82.1%が「黒字基調」と回答しており、その他の起業の67.2%を15ポイント近く上回る。「赤字基調」である準起業家は17.9%と少ない。業況も、「良い」（18.7%）、「やや良い」（58.0%）を合わせると76.7%と、その他の起業家（61.8%）を大きく上回る。

準起業家は事業規模が小さく、裁量もその他の起業家ほど強くないことから、企業経営者というより勤務者に近い性格をもっているといえる。事業の内容も、前掲表5－1にあるとおり、請負形態の賃仕事のようなものが多いため、赤字は出にくいのだと考えられる。従って、業績も良いとの回答が多くなるのだろう。事業の規模も小さいがリスクも小さいという点で、準起業家は自営業者と勤務者の狭間にある存在といえるかもしれない。

収入、仕事のやりがい、ワークライフバランスについて「満足」している割合をみると、準起業家は収入に関して34.1%とその他の起業家（29.3%）を上回る（表5－8）。しかし、仕事のやりがいとワークライフバランスについてはそれぞれ43.9%（その他の起業家は62.7%）、41.5%

表5-8　準起業家の満足度（その他の起業家との比較）

（単位：%）

		準起業家（n=423）	その他の起業家（n=981）
収　入	満　足	34.1	29.3
	どちらともいえない	34.7	26.2
	不　満	31.2	44.6
仕事のやりがい	満　足	43.9	62.7
	どちらともいえない	35.8	26.7
	不　満	20.3	10.6
ワークライフバランス	満　足	41.5	59.1
	どちらともいえない	40.0	28.4
	不　満	18.5	12.6
総　合	満　足	43.5	55.5
	どちらともいえない	36.0	27.8
	不　満	20.4	16.7

（注）選択肢の「かなり満足」「やや満足」を合わせて「満足」、「かなり不満」「やや不満」を合わせて「不満」とした。

（同59.1%）と約20ポイント下回っている。準起業家はそもそも想定する売上高が小さく、収入に対しては満足しやすいのだろう。ただ、裁量がその他の起業家より小さかったことを考えると、仕事のやりがいやワークライフバランスに関する満足感は得にくいのかもしれない。結果として、総合的な満足度も、「満足」の割合が準起業家は43.5%と、その他の起業家（55.5%）より低く、「不満」を感じる人は20.4%とその他の起業家（16.7%）より多い。他方、売り上げは横ばいだが利益を確保できているからか、「どちらともいえない」が36.0%とその他の起業家（27.8%）よりも多い。

3　本格的な起業への関心

準起業家は、勤務や家事の合間に収入を増やすことを目的に事業を始めた人が多く、その他の起業家と比べて事業規模は小さいが、事業に不満を

図5−3　準起業家の起業に対する関心（事前調査 A群）

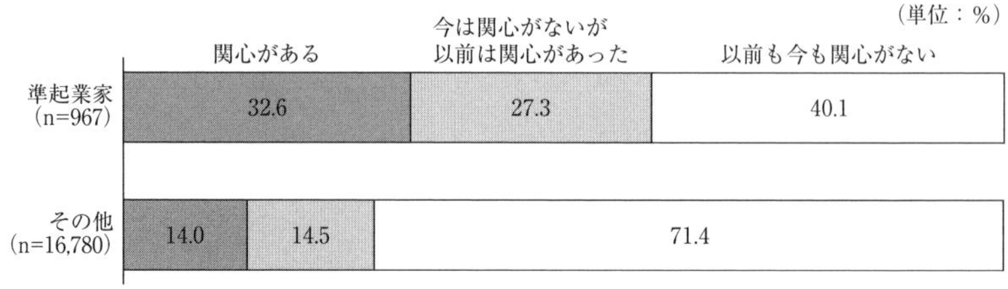

（注）その他は、事業経営者（準起業家を含む）以外の人（以下同じ）。

感じている人は少なかった。本人に自営業の認識がないなかで、現状に満足を覚えているとすれば、もっと収入を増やせる本格的な起業への関心を強くしている準起業家もいるのではないか。自ら起業家であると認識していない人たちであることから、本調査では準起業家に対しても、事業経営者以外の人に対して行った起業への関心に関する質問を尋ねている。その結果をみていきたい。

(1)　本格的な起業への関心の有無と起業予定

事前調査 A群で、準起業家の本格的な起業への関心の有無について割合をみると、「以前も今も関心がない」という人が40.1%と多いが、「関心がある」という人が32.6%に上る（図5−3）。この割合は非常に高い。準起業家を含めた事業経営者以外の人（以下、その他）では、「関心がある」割合は14.0%と、準起業家の場合の半分にも満たない。7割以上が「以前も今も関心がない」と答えている。

起業に「関心がある」準起業家に起業の予定と時期を尋ねると、10年以内に起業する予定の人が51.1%に上る（表5−9）。その他の15.8%に比べて割合はかなり高く、「1年以内に起業予定」という人も1割いる。「起業するかどうかはまだわからない」人は18.1%とその他（38.0%）の半分以下で、

表5−9　起業に関心がある人の起業予定（事前調査A群）

（単位：%）

	準起業家 (n=315)	その他 (n=2,356)
1年以内に起業予定	10.2	3.9
1年超3年以内に起業する	25.1	5.6
3年超5年以内に起業する	12.7	3.7
5年超10年以内に起業する	3.2	2.7
いずれは起業したいが、起業時期は未定	28.3	38.9
起業するかどうかはまだわからない	18.1	38.0
起業するつもりはない	2.5	7.3

（注）図5−3で「関心がある」と回答した人に尋ねたもの（以下同じ）。

「起業するつもりはない」人も2.5%とわずかである。準起業という働き方をする人はもともと起業への関心が強いのかもしれないが、準起業の経験が本格的な起業への意欲を高めることにつながっている面もあるに違いない。

(2)　起業の際に求める支援

では、どうすれば、準起業家は本格的な起業に移行するのだろうか。起業に「関心がある」と答えた準起業家に、詳細調査においてまだ起業しない理由を尋ねたところ、「自己資金が不足している」（44.0%）、「ビジネスのアイデアが思いつかない」（22.0%）、「失敗したときのリスクが大きい」（20.0%）などの回答が多い（表5−10）。しかし、回答割合はいずれもその他（順に51.1%、32.1%、29.9%）より低い。「十分な収入が得られそうにない」（準起業家13.1%、その他21.2%）や「財務・税務・法務など事業の運営に関する知識・ノウハウが不足している」（同12.9%、19.5%）なども その他より少ない。その他に比べて多いのは、「仕入先・外注先の確保が難しそう」（同15.6%、6.3%）、「販売先の確保が難しそう」（同15.5%、8.5%）、「従業員の確保が難しそう」（同14.5%、8.0%）などである。起業に近い働き方をすることによって、起業に対する抽象的な懸念が減る一方で、販路開拓や人材確保のような具体的な不安がみえてきているのか

表5−10　起業に関心があるが、まだ起業していない理由（複数回答）

（単位：％）

	準起業家（n=194）	その他（n=630）
自己資金が不足している	44.0	51.1
ビジネスのアイデアが思いつかない	22.0	32.1
失敗したときのリスクが大きい	20.0	29.9
製品・商品・サービスに関する知識や技術が不足している	19.3	16.5
外部資金（借り入れ等）の調達が難しそう	16.2	14.9
仕入先・外注先の確保が難しそう	15.6	6.3
販売先の確保が難しそう	15.5	8.5
従業員の確保が難しそう	14.5	8.0
仕入れ・流通・宣伝など商品等の供給に関する知識・ノウハウが不足している	14.4	16.1
十分な収入が得られそうにない	13.1	21.2
財務・税務・法務など事業の運営に関する知識・ノウハウが不足している	12.9	19.5
起業に必要な資格や許認可などを取得できていない	8.8	13.4
希望の立地（店舗、事務所など）が見つからない	8.8	7.5
家事・育児・介護等の時間が取れなくなりそう	8.3	6.7
起業について相談できる相手がいない	7.7	14.2
勤務先を辞めることができない	6.8	9.5
健康・体調面に不安がある	6.6	7.2
家族から反対されている	4.2	2.9
その他	0.0	1.2
すでに起業の準備中である	1.4	0.8
特に理由はない	10.0	10.0

もしれない。準起業が、ビジネスのアイデアを試したり、収入を十分に得られるか確認したりする手段になっていることも考えられる。

そのためか、起業の際に支援を求める準起業家は、その他に比べて少ない。起業する際にあったらよいと思う支援策について「特にない」と回答した人が24.0％と、その他（11.6％）の倍以上いる（表5−11）。準起業したことで、支援がなくても本格的に起業する素地を整えられているのかもしれない。求める支援のなかで最も多いのは「税務・法律関連の相談制度の充実」（28.2％）だが、それもその他（47.9％）を20ポイント近く下回る。続く「技術やスキルなどを向上させる機会の充実」（準起業家25.6％、その他30.4％）、「事業資金の融資制度の充実」（同24.9％、28.5％）も、

表5−11　起業に関心がある人が、起業する際にあったらよいと思う支援策（複数回答）

（単位：%）

	準起業家（n=194）	その他（n=630）
税務・法律関連の相談制度の充実	28.2	47.9
技術やスキルなどを向上させる機会の充実	25.6	30.4
事業資金の融資制度の充実	24.9	28.5
同業者と交流できるネットワーク等の整備	22.1	25.4
けがや病気などで働けないときの所得補償制度の充実	21.3	26.1
事業資金の調達に対する支援	21.0	37.1
納期遅延や情報漏えいなどの賠償リスクに対する保険制度の創設	17.2	17.1
シェアオフィス・コワーキングスペースなどの充実	14.4	15.0
健康診断・人間ドックの受診に対する補助	14.1	21.4
育児・保育制度を使いやすくする	13.9	18.7
発注者や仕事の仲介会社、クラウドソーシング業者に対するルールや規制の明確化	13.6	14.8
その他	0.0	0.5
特にない	24.0	11.6

その他に比べ回答割合は低い。準起業により自分のやりたい事業に必要な支援を絞り込むことができているのではないだろうか。

4　おわりに

本章では、起業したという認識をもたないまま実態は事業を行っている意識せざる起業家を、準起業家と呼んでその実態を分析した。インターネットの普及により、単発の仕事を請け負ったり、手づくりの商品を販売したりして小さく商いをする人は増えている。その傾向は本調査のデータからも明らかであった。

準起業家は、短い時間、ごく小規模に事業を行っている人が大半で、男性の場合は勤務収入だけでは賄い切れない家計の足しにするために、女性の場合は家事や育児の合間に夫の収入を補填するために、準起業を行うケースが多いようであった。一般的な起業家に比べて女性の割合が高く、家事や育児の負担が大きくなりがちな若い女性にも選択しやすい働き方なのだと思われる。事業における裁量は比較的小さく、仕事においてやりがいを重視する人は少なかったが、8割以上が黒字を維持できており、事業に不満を感じている人よりも、満足している人の方が多かった。

また、準起業家は、まだ起業していない起業関心層に比べて本格的な起業に対する関心が強く、関心がある人のなかには3年以内に起業するつもりという人が3割以上もいた。また、将来の起業に向けて仕入先や販売先、人材の確保など具体的な問題を挙げる人が比較的多い一方、ビジネスに関するアイデアの不足や失敗のリスクを訴える人は、その他の人の場合より少なかった。準起業は本格的な起業の試行プロセスになっているとも考えられる。「意識せざる」起業は、「意識している」起業に比べて挑戦のハードルはかなり低いはずである。準起業することで起業を阻害する要因が取り除かれ、わが国における起業の促進につながるものと期待される。

準起業家は自営と勤務の狭間の存在であり、社会的な位置づけがまだ確立されていない面もある。しかし、経済社会のあらゆる場面で多様性が広がるなか、こうした働き方は今後一層増えていくものと思われ、研究対象としての重要性はさらに高まっていくだろう。低迷する起業活動を活発にする糸口を探るためにも、「意識せざる」起業家たちの動向を追い続けたい。

＜参考文献＞

労働政策研究・研修機構（2019）「『独立自営業者』の就業実態」JILPT 調査シリーズ No. 187

第6章

「2022年度起業と起業意識に関する調査」でみる起業への関心

日本政策金融公庫総合研究所
研究員　青木 遥

1　はじめに

第4章でみたように、当研究所「2022年度起業と起業意識に関する調査」（以下、本調査）から算出される、わが国の人口に占める起業家・パートタイム起業家の割合はそれぞれ0.8%、5.0%と非常に低く、起業関心層も11.8%と少ない（前掲表4－1）[1]。59.9%もが起業無関心層である。序章で述べたように各国と比べて低迷が目立つわが国の起業活動を活発にしていくためには、まず起業に関心をもってもらうことが重要であろう。では起業に関心がある人とそうでない人ではどのような違いがあるのか。関心をもつきっかけはどのようなものなのか。本章では本調査の結果を用いて、起業関心層と起業無関心層の特徴を概観するとともに、起業の関心を高めたり、起業に踏み切ることを後押ししたりするにはどのような取り組みやサポートが必要なのかみていきたい。

2　起業関心層・起業無関心層の実態

上述のとおり全人口の約1割にとどまるとみられる起業関心層だが、そのなかでもすでにその予定がある人や迷っている人などさまざまな人がいる。わが国の人口構成に沿った事前調査A群で起業の予定の有無や時期について尋ねた結果が図6－1である。起業関心層のうち、「10年以内に起業する」という人は15.8%と、具体的な時期まで決まっている人は少ないものの、「いずれは起業したいが、時期は未定」（38.9%）を合わせた、起業したいと考えている人は54.7%と多い。「起業するかどうかはまだわか

1　調査の実施要領および起業家・パートタイム起業家・起業関心層・起業無関心層の定義は、第4章 p. 114で紹介したとおりである。

図6−1　起業予定の有無（起業関心層、事前調査 A群）

（単位：%）

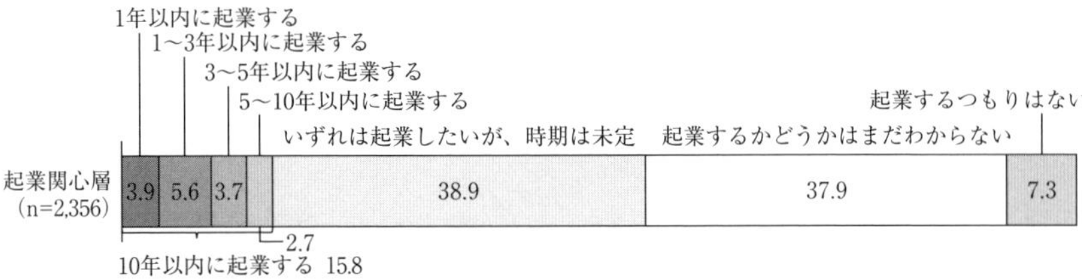

資料：日本政策金融公庫総合研究所「2022年度起業と起業意識に関する調査」（以下同じ）
（注）1　事前調査A群の結果。
2　nは回答数（以下同じ）。
3　構成比は小数第2位を四捨五入して表示しているため、合計は100%にならない場合がある（以下同じ）。

らない」人も37.9%と少なくない。関心はあるものの、「起業するつもりはない」とする人は7.3%であった。

起業の意思の程度によって、起業に対する考え方や抱えている問題も異なるだろう。そこで、以下では起業関心層全体についてみるだけでなく、「10年以内に起業する」のほか、「いずれは起業したいが、時期は未定」（以下、いずれは起業したい）、「起業するかどうかはまだわからない」（以下、起業するかわからない）の三つの類型について、起業無関心層とも比較しながらそれぞれの属性や家庭環境、キャリアなどをみていく[2]。

(1)　属性と家庭環境

起業関心層とその三つの類型、および起業無関心層について、それぞれの属性をまとめたものが表6−1である[3]。

年齢をみると、10年以内に起業する人は「40～49歳」（26.6%）が最も多く、「30～39歳」（24.8%）も同じくらいの割合になっている。起業関

2　起業関心層のうち「起業するつもりはない」人は類型別の分析では記載を省略する。
3　以降のデータは断りのない限り、詳細調査による回答割合に事前調査 A群による回答から算出したウエイトをかけたものである。

表6−1　属性と家庭環境

（単位：%）

		起業関心層（n=630）	10年以内に起業する（n=87）	いずれは起業したい（n=232）	起業するかわからない（n=258）	起業無関心層（n=647）
年　齢	18〜29歳	27.2	22.1	31.5	24.7	16.5
	30〜39歳	23.0	24.8	18.9	26.0	17.2
	40〜49歳	25.1	26.6	25.4	24.0	23.2
	50〜59歳	16.7	14.0	16.9	17.3	21.6
	60〜69歳	8.1	12.5	7.4	8.0	21.5
性　別	男　性	58.3	79.7	63.7	48.3	42.5
	女　性	41.7	20.3	36.3	51.7	57.5
配偶者が「いる」		50.7	55.5	49.2	47.5	58.2
未就学児が「いる」		16.9	20.0	13.7	16.4	9.7
小学生の子どもが「いる」		13.8	22.3	12.3	12.1	9.4
主たる家計維持者に「該当」		60.8	82.7	63.8	51.6	48.2
仕事において最も重視すること	収　入	38.8	52.6	34.7	37.0	39.4
	仕事のやりがい	24.0	20.6	28.7	22.0	15.7
	私生活との両立	37.1	26.8	36.6	41.0	44.9

（注）1　数値は詳細調査によるデータに事前調査A群で算出したウエイト値で重みづけを行ったもの。ただし、n（回答数）は原数値を示す（以下同じ）。
2　起業関心層と起業無関心層は一部表4−2を再掲。
3　起業関心層のうち「起業するつもりはない」人については記載を省略。ただし、起業関心層全体には含めて集計している（以下同じ）。

心層のほかの類型に比べて「60〜69歳」の割合（12.5%）が高いのが特徴で、子どもが手を離れていたり定年退職前後であったりするため、起業について具体的な計画を描きやすいのかもしれない。いずれは起業したい人は「18〜29歳」が31.5%と最も多く、その割合は他の2類型と比べても高い。起業を目的にもつ若い人が多く含まれているといえる。起業するかわからない人は「18〜29歳」「30〜39歳」「40〜49歳」がいずれも2割台で比較的均等な分布となっている。参考に比較対象とする起業無関心層は、「50〜59歳」と「60〜69歳」の割合が起業関心層に比べてかなり高くなっている。

性別をみると、起業関心層全体で「男性」が58.3%、「女性」が41.7%を占めるのに対し、10年以内に起業する人は79.7%が「男性」とかなり多い。

いずれは起業したい人も「男性」（63.7%）が多く、起業関心層のなかでも実際に起業したいと考える人の多くは男性であることがわかる。起業の意思が明確でなくなるほど「女性」の割合が高くなり、起業するかわからない人や起業無関心層では過半を占める。起業無関心層では「女性」の割合が57.5%と、起業関心層全体での割合（41.7%）を15ポイントも上回っており、女性は男性より関心が低い傾向にある。女性の起業への関心については次章で詳しくみていきたい。

続いて、家庭の状況をみていこう。配偶者が「いる」割合は、起業関心層のなかでは10年以内に起業する人が55.5%と最も高い。未就学児や小学生が「いる」とする回答も、10年以内に起業する人（順に20.0%、22.3%）で最も多い。起業関心層のほかの2類型に比べて「18～29歳」の若年層が少なく、配偶者や子どものいる人が多くなっているのだと考えられる。起業無関心層は既婚者が58.2%と多いものの、小学生以下の子どもが「いる」人が少ない。50歳代以上の年齢の人が多かったことによるものだろう。

主たる家計維持者である人は、10年以内に起業する人で82.7%と大半を占める。男性の割合がいずれは起業したい人、起業するかわからない人、起業無関心層の順に低くなっていることを反映してか、主たる家計維持者である割合もそれぞれ63.8%、51.6%、48.2%と低くなる傾向にある。

仕事において最も重視することをみると、10年以内に起業する人は「収入」が最も多く、割合は52.6%とほかの類型に比べても高い。家計を主に支えている人が多いことが関係しているのだろう。いずれは起業したい、起業するかわからない、起業無関心層では「私生活との両立」が最も多く（順に36.6%、41.0%、44.9%）、なかでも起業無関心層で回答割合が高くなっている。

表6−2　職業と勤務キャリア

（単位：%）

		起業関心層（n=630）	10年以内に起業する（n=87）	いずれは起業したい（n=232）	起業するかわからない（n=258）	起業無関心層（n=647）
調査時点の職業（複数回答）	勤務者（役員）	3.6	2.6	3.4	3.5	0.8
	勤務者（正社員）	51.3	68.8	53.1	43.2	41.8
	勤務者（非正社員）	19.6	14.5	17.3	23.7	22.3
	学　生	9.3	9.0	10.9	9.3	4.4
	主婦・主夫	9.3	2.6	8.5	11.3	20.0
	現役は引退した	0.7	0.7	0.8	0.5	2.5
	無　職	7.7	3.6	6.6	10.9	9.5
勤務キャリア	営業経験が「ある」	23.5	37.5	21.2	23.4	11.3
	管理職経験が「ある」	22.2	35.3	24.3	16.9	12.2
	勤務先で新規事業の立ち上げに関与した経験が「ある」	10.2	12.6	10.4	10.0	4.5
	事業開始後5年以内の企業に勤務した経験が「ある」	7.2	14.5	6.9	5.4	3.1

（注）営業経験は顧客への営業活動や接客・販売促進に関する仕事をした経験。管理職経験は3人以上の部下をもつ課もしくは部などの長またはリーダーとして働いた経験。

(2)　勤務キャリアと経験

続いて、現在の職業やこれまでの勤務経験についてみていく。調査時点において「勤務者（役員）」「勤務者（正社員）」「勤務者（非正社員）」のいずれかである人をすべて合わせた、勤務者である割合は10年以内に起業する人が85.8%と最も高く、起業関心層のほかの類型（いずれは起業したい73.6%、起業するかわからない70.1%）でも7割台と多い（表6−2）。起業無関心層は64.5%とやや少なくなる。なかでも「勤務者（正社員）」がどの類型でも最も多い。ただし、女性の割合が過半であった、起業するかわからない人、起業無関心層では「主婦・主夫」の割合（順に11.3%、

20.0%）が相対的に高い。

勤務者としての経験をみると、顧客への営業活動や接客・販売促進に関する仕事をした経験（以下、営業経験）や管理職（3人以上の部下をもつ課もしくは部などの長またはリーダー）となった経験が「ある」割合は、10年以内に起業する人（順に37.5%、35.3%）で最も高く、起業無関心層（同11.3%、12.2%）で低い傾向にある。営業やマネジメントの経験を積むことが、事業を始める自信や意欲につながっているのではないか。

また、勤務先で新規事業の立ち上げに関与した経験や事業開始後5年以内の企業に勤務した経験について尋ねても、10年以内に起業する人（順に12.6%、14.5%）でほかの類型より多く、起業無関心層（同4.5%、3.1%）では少ない。仕事において起業に近い経験をすることは、起業への関心を高める効果があるのかもしれない。

仕事での経験以外に、家庭や学校で起業を身近に感じる経験も起業に関心をもつきっかけになるのではないか。両親や祖父母、兄弟姉妹、配偶者に起業家がいるかどうかを尋ねたところ、「いる」とする割合は10年以内に起業する人で39.8%と最も高い。いずれは起業したい（27.9%）、起業するかわからない（20.4%）、起業無関心層（14.4%）と起業の意思や関心が弱まるにつれて割合は低くなる。また、学生時代に起業や企業経営に関する授業を受けた経験が「ある」割合（順に16.1%、5.0%、1.3%、0.6%）についても同様の傾向がみられる。身近に起業家がいたり、起業について知る機会があることで、起業をキャリアの選択肢の一つとして考えたり、起業への関心が高まったりするようになるのだろう。

(3) 起業に関心がない理由とコロナ禍の影響

実際、起業無関心層に起業に関心がない理由を尋ねると、「起業を選択肢として考えたことがない」が50.5%と最も多く、「起業についてイメー

図6−2　起業に関心がない理由（起業無関心層、複数回答）

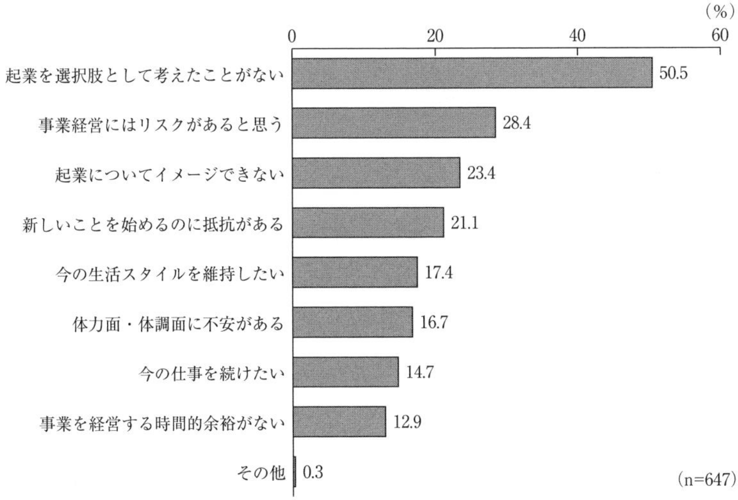

ジできない」という回答も23.4%に上る（図6−2）。起業について知る機会が乏しいなかでは、起業に関心をもちにくいだろう。そのほか、「事業経営にはリスクがあると思う」も28.4%と多い。勤務者としてのキャリアが相対的に少なかったことや、「主婦・主夫」の割合が高かったこと（前掲表6−2）と考え併せると、自ら家計を支える必要性に迫られていない、家事で忙しい、経験が乏しいといったなかで事業を経営することにリスクを感じるのではないだろうか。

起業への関心は個々人のキャリアや家庭環境だけでなく、コロナ禍のような大きな外的ショックにも影響を受ける。第4章の前掲表4−1に示したとおり、「以前は起業に関心があった（新型コロナウイルス感染症の事業者への影響をみて関心がなくなった）」という人が、事前調査A群全体のなかに3.4%いた。

反対に、コロナ禍で減少した収入を補おうと、あるいは在宅勤務でできた隙間時間を活用しようと、副業としての起業に関心を高めた人もいると

図6−3　起業の関心とコロナ禍の影響（起業関心層）

（単位：%）

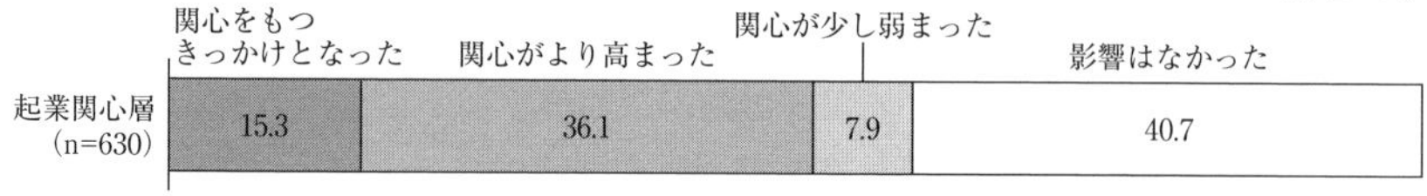

考えられる。詳細調査において、起業関心層にコロナ禍が起業への関心にどのように影響したか尋ねたところ、「影響はなかった」が40.7%と最も多いが、「関心をもつきっかけとなった」という人も15.3%いる（図6−3）。「関心がより高まった」は36.1%と多い。「関心が少し弱まった」は7.9%と1割に満たない。どちらかといえばコロナ禍は、起業への関心を高める方向に作用したようである。

(4)　起業に関心をもった理由とまだ起業していない理由

ここからは起業関心層が起業に関心をもった理由と、他方でまだ起業に至っていない理由についてみていきたい。

起業に関心をもった理由（三つまでの複数回答）を尋ねた結果は、起業関心層全体で「収入を増やしたい」（56.9%）、「自由に仕事がしたい」（42.8%）の二つが多くなっている（表6−3）。三つの類型ごとにみても同じ結果である。3番目に多い回答は、10年以内に起業する人で「仕事の経験・知識や資格を生かしたい」が23.8%と、ほかの類型に比べて特に多い。「自分の技術やアイデアを試したい」（15.3%）も相対的に多く、自身の経験やスキルを生かした起業を考える人が多いようである。いずれは起業したい人、起業するかわからない人で3番目に多いのは「自分が自由に使える収入が欲しい」（順に21.8%、22.0%）である。ほかに、いずれは起業したい人で相対的に多いのは、「事業経営という仕事に興味がある」（19.5%）や「趣味や特技を生かしたい」（15.9%）、「人や社会とのかかわりをもちたい」

表6-3　起業に関心をもった理由（起業関心層、三つまでの複数回答）

（単位：%）

	起業関心層（n=630）	10年以内に起業する（n=87）	いずれは起業したい（n=232）	起業するかわからない（n=258）
収入を増やしたい	① 56.9	① 54.0	① 55.4	① 57.5
自由に仕事がしたい	② 42.8	② 41.8	② 45.6	② 42.2
自分が自由に使える収入が欲しい	③ 21.3	22.5	③ 21.8	③ 22.0
事業経営という仕事に興味がある	13.7	11.6	19.5	10.9
仕事の経験・知識や資格を生かしたい	13.6	③ 23.8	12.5	12.9
時間や気持ちにゆとりが欲しい	13.3	7.6	11.6	16.9
自分の技術やアイデアを試したい	13.0	15.3	14.8	11.1
趣味や特技を生かしたい	12.2	13.3	15.9	8.5
年齢や性別に関係なく仕事がしたい	8.4	9.0	7.5	9.9
家事（育児・介護を含む）と両立できる仕事をしたい	6.6	4.6	6.0	7.0
個人の生活を優先したい	6.3	5.1	3.3	10.5
空いた時間を活用したい	6.1	3.1	4.3	7.9
社会の役に立つ仕事がしたい	6.0	8.3	6.1	5.0
人や社会とかかわりをもちたい	5.9	4.0	8.8	4.4
自分や家族の健康に配慮したい	4.3	2.5	5.1	4.1
同じ趣味や経験をもつ仲間を増やしたい	3.8	10.9	3.2	2.1
適当な勤め先がない	2.6	2.1	2.8	2.8
転勤がない	1.6	0.0	0.7	3.0
その他	0.4	0.0	0.3	0.7
特にない	2.8	5.1	0.0	2.8

（注）それぞれの上位3項目には丸囲みで順位を示した（以下同じ）。

（8.8%）など、仕事の内容に関するものが目立つ。収入増加だけでなく自己実現の手段として起業を位置づけている人が多いともいえそうである。起業するかわからない人では、「時間や気持ちにゆとりが欲しい」(16.9%)、「個人の生活を優先したい」(10.5%) といった回答が増えてくる。起業を考えるに当たって生活面の充実が重要な条件になっているようだ。

起業の意思が明確である人ほど、起業を通じて生かしたい能力や実現したいアイデアをもっている傾向がある。一方で、起業する意思がさほど強くない人はワークライフバランスの充実に関連する回答が多く、女性や主婦の割合が高かった (前掲表6－1、表6－2) ことと整合する。時間を有効に使いたいと起業に興味をもったものの、実際に私生活と事業を両立できるか確証がなく、関心を強くもてないのかもしれない。

起業に関心があってもまだ起業していない理由についても尋ねると、起業関心層全体で最も多いのは「自己資金が不足している」(51.1%) で、回答割合が最も高い点は3類型すべてに共通している (表6－4)。起業関心層全体の2番目は「ビジネスのアイデアが思いつかない」(32.1%)、3番目は「失敗したときのリスクが大きい」(29.9%) である。2番目と3番目の順位が入れ替わることはあるものの、いずれは起業したい人、起業するかわからない人では上位三つが同じ回答となっている。ただし、いずれは起業したい人の「ビジネスのアイデアが思いつかない」とする割合は25.4%と、起業するかわからない人 (45.2%) に比べて低い。起業意思が明確な人ほど、起業のアイデアもある程度描けているのだろう。

10年以内に起業する人では、「ビジネスのアイデアが思いつかない」が10.6%とさらに少なく、順位は7番目まで下がる。他方、10年以内に起業する人で2番目に多いのは「起業に必要な資格や許認可などを取得できていない」(16.7%)、3番目は「希望の立地 (店舗、事務所など) が見つからない」(16.4%) と、ほかの2類型の人よりも具体的な理由が挙がっている。逆に、「仕入れ・流通・宣伝など商品等の供給に関する知識・ノウハウが不足している」(4.2%)や「十分な収入が得られそうにない」(11.8%)

表6−4　まだ起業していない理由（起業関心層、複数回答）

（単位：%）

		起業関心層（n=630）	10年以内に起業する（n=87）	いずれは起業したい（n=232）	起業するかわからない（n=258）
経営資源	自己資金が不足している	① 51.1	① 45.7	① 52.4	① 51.4
	外部資金（借り入れ等）の調達が難しそう	14.9	15.0	15.1	15.1
	従業員の確保が難しそう	8.0	8.3	8.0	7.4
取引先・立地	販売先の確保が難しそう	8.5	9.8	11.2	6.3
	希望の立地（店舗、事務所など）が見つからない	7.5	③ 16.4	7.5	5.7
	仕入先・外注先の確保が難しそう	6.3	9.7	5.9	6.2
アイデア・知識・資格	ビジネスのアイデアが思いつかない	② 32.1	10.6	③ 25.4	② 45.2
	財務・税務・法務など事業の運営に関する知識・ノウハウが不足している	19.5	15.5	19.2	22.1
	製品・商品・サービスに関する知識や技術が不足している	16.5	10.6	16.2	20.0
	仕入れ・流通・宣伝など商品等の供給に関する知識・ノウハウが不足している	16.1	4.2	18.5	19.3
	起業に必要な資格や許認可などを取得できていない	13.4	② 16.7	11.4	13.5
周囲との関係	起業について相談できる相手がいない	14.2	8.8	14.4	16.9
	勤務先を辞めることができない	9.5	9.6	11.3	9.5
	家族から反対されている	2.9	6.3	3.8	1.2
その他の不安	失敗したときのリスクが大きい	③ 29.9	13.1	② 32.7	③ 33.3
	十分な収入が得られそうにない	21.2	11.8	22.7	23.7
	健康・体調面に不安がある	7.2	4.7	7.5	7.3
	家事・育児・介護等の時間が取れなくなりそう	6.7	3.6	7.6	6.6
	その他	1.2	0.8	2.4	0.6
すでに起業の準備中である		0.8	3.3	0.5	0.0
特に理由はない		10.0	4.3	9.0	12.4

などの漠然とした理由を挙げる人はほかの類型に比べて少なく、起業に向けた課題がより明らかになっている様子がうかがえる。いずれは起業した

図6−4　失敗したときのリスクの具体的な内容（起業関心層、複数回答）

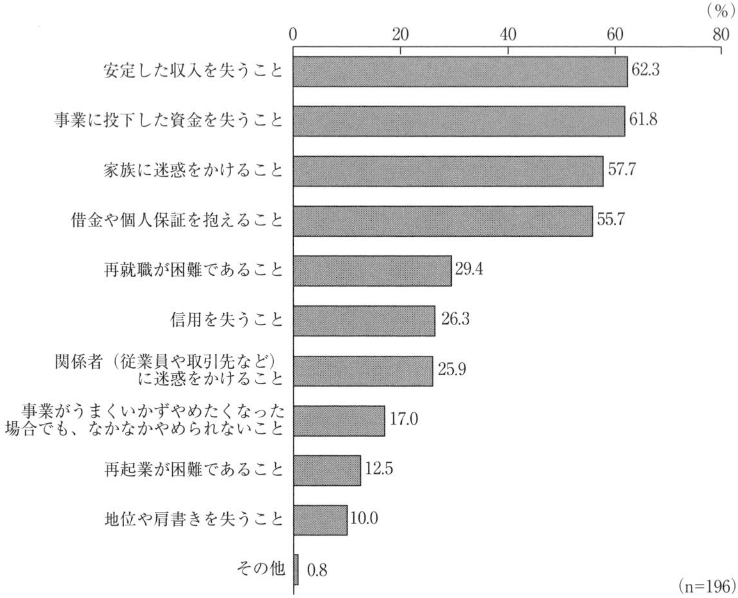

（注）表6−4で「失敗したときのリスクが大きい」と回答した人に尋ねたもの。

い人と起業するかわからない人は、「財務・税務・法務など事業の運営に関する知識・ノウハウが不足している」（順に19.2%、22.1%）や「仕入れ・流通・宣伝など商品等の供給に関する知識・ノウハウが不足している」（同18.5%、19.3%）、「製品・商品・サービスに関する知識や技術が不足している」（同16.2%、20.0%）などの割合が10年以内に起業する人に比べて高く、まだ事業に関する知識の習得が必要な段階であることがわかる。

続いて、まだ起業していない理由として「失敗したときのリスクが大きい」と回答した人にその内容を具体的に尋ねた結果を図6−4でみることにしよう。起業関心層全体でみると[4]、最も多いのは「安定した収入を失うこと」（62.3%）であり、ほかに「事業に投下した資金を失うこと」

4　回答数が少ないため、三つの類型に分けた回答割合は図6−4に示さなかった。

(61.8%)、「家族に迷惑をかけること」(57.7%)、「借金や個人保証を抱えること」(55.7%) といった問題も半数以上の人が指摘している。前掲表6－2でみたように起業関心層は勤務者が多く、現在の給与収入をなくしてまで起業するのはリスクが大きいと考えるのだろう。また、起業していない理由として自己資金の不足を挙げる人が多かった(前掲表6－4)ことから、準備した自己資金を事業がうまくいかずに使い切ってしまうことで将来の蓄えが減ってしまうことに不安を感じる人も少なくないのだと思われる。

(5) 起業に際して必要な支援

これまでみてきたように、起業関心層の意識は三つのタイプによって異なっており、抱える課題もさまざまである。最後に彼らに対する支援について考えてみたい。

起業する際にどのような支援があったらよいと思うか尋ねたところ、起業関心層全体では「税務・法律関連の相談制度の充実」(47.9%)が最も多く、「事業資金の調達に対する支援」(37.1%)、「技術やスキルなどを向上させる機会の充実」(30.4%)が続く(表6－5)。最も多い回答はどの類型でも同じであり、経営者としての経験をもたない人にとって税や法律の問題は大きなハードルのようである。そのほかを類型別にみると、10年以内に起業する人では2番目が「事業資金の融資制度の充実」(30.0%)、3番目が「事業資金の調達に対する支援」(27.8%) となっている。「事業資金の調達に対する支援」はそのほかの類型でも2番目となっており、資金面のサポートを期待する人は多い。いずれは起業したい人は10年以内に起業する人に比べると、「納期遅延や情報漏えいなどの賠償リスクに対する保険制度の創設」(19.4%)や「技術やスキルなどを向上させる機会の充実」(29.9%)の割合が高い。まだ起業していない理由 (前掲表6－4) でみたように、専門知識のフォローやリスクの低減策を必要とする人が少なくない。

表6-5　起業する際にあったらよいと思う支援（起業関心層、複数回答）

（単位：％）

	起業関心層（n=630）	10年以内に起業する（n=87）	いずれは起業したい（n=232）	起業するかわからない（n=258）
税務・法律関連の相談制度の充実	①　47.9	①　36.0	①　52.4	①　49.6
事業資金の調達に対する支援	②　37.1	③　27.8	②　34.0	②　43.5
技術やスキルなどを向上させる機会の充実	③　30.4	20.7	29.9	③　37.0
事業資金の融資制度の充実	28.5	②　30.0	③　30.0	27.1
けがや病気などで働けないときの所得補償制度の充実	26.1	24.8	25.6	27.1
同業者と交流できるネットワーク等の整備	25.4	23.4	24.8	26.3
健康診断・人間ドックの受診に対する補助	21.4	25.1	20.9	19.9
育児・保育制度を使いやすくする	18.7	15.5	18.4	20.3
納期遅延や情報漏えいなどの賠償リスクに対する保険制度の創設	17.1	8.7	19.4	20.0
シェアオフィス・コワーキングスペースなどの充実	15.0	9.0	16.7	17.6
発注者や仕事の仲介会社、クラウドソーシング業者に対するルールや規制の明確化	14.8	14.9	17.0	12.8
その他	0.5	0.7	1.2	0.0
特にない	11.6	3.9	12.4	13.1

3　おわりに

本章では起業関心層の特徴を詳しくみてきた。起業関心層がまだ起業しない理由としては自己資金の不足が最も多く、求める支援でも資金調達に関するものを挙げる割合が高かった。資金面でのサポートの充実は、起業に対する人々の関心を高めるうえで大きな鍵になるといえる。

起業関心層を起業の意思の強さに応じて分類すると、起業の予定が決まっている人とそうでない人では起業への課題や求める支援が異なっていた。10年以内に起業する人は資格や許認可の取得、仕入先・外注先の確保などに悩む割合が相対的に高く、いずれは起業したい人は若年層が多いこともあり、商品・サービスや事業運営に必要な知識の不足に不安を感じている人が多かった。起業するかわからない人は主婦である女性が多く、収入を増やすために起業に興味はもっているものの、私生活と両立できるような事業のアイデアが思いつかないという人が多かった。販路や仕入先の開拓といったより具体的なノウハウから起業につながるアイデアや知識を得るためのより一般的な機会の提供まで、それぞれの人のステージに応じた支援が起業活動を活発にしていくためにたいへん重要だと考えられる。

起業の意思や関心は、男性や管理職、営業の経験がある人の方が強い傾向がみられた。加えて、身近に起業家がいたり、起業に関する教育を受けたりした経験も起業への関心を高めていた。人は、よく知らないことに対しては、必要以上にリスクを感じがちである。起業の実態を知る機会を広げることが、起業に関心をもつ人を増やすことになる。第4章でみたように、フルタイムで事業を行い家計を支える起業家ばかりではなく、費用をかけずに起業し、勤務や家庭生活と事業を両立させているパートタイム起業家も多い。起業にはさまざまなかたちがあり得ると知ることで、起業に対する漠然とした不安を取り除けるかもしれない。今後も当研究所の調査を通じて起業の多様な可能性を広く発信し、起業に対する人々の関心を高めることに少しでも貢献できればと考えている。

第7章

女性の起業への関心
—「起業と起業意識に関する調査」データから—

日本政策金融公庫総合研究所
主席研究員　桑本 香梨

1　はじめに

ここまでみてきたように、女性は男性と比べて起業する人が少なく、そもそも起業に関心をもつ人も少ない。当研究所「2022年度起業と起業意識に関する調査」（以下、本調査）の結果から、性別と年齢が人口構成に沿った事前調査A群における起業の有無や起業への関心の分布を男女別にみると、女性のうち起業家もしくはパートタイム起業家である割合は4.8%にすぎない（図7－1）[1]。起業に関心がある人も9.9%と、男性（13.7%）と比べて少ない。一方で、起業に「以前も今も関心がない」と答えた起業無関心層が女性の69.1%を占めている。男性の割合（50.8%）を20ポイント近く上回っており、特に女性で起業への関心が低いことがわかる。本章では、引き続き本調査を用いて女性の起業に対する関心について掘り下げていきたい。

分析に先立ち、起業家、パートタイム起業家、起業関心層、起業無関心層それぞれについて男女別に年齢（起業家、パートタイム起業家は起業時の年齢）の分布を確認しておこう。図7－2をみると、起業家やパートタイム起業家に若年層が多く、起業無関心層にシニア層が多い傾向は、男女で変わらない。女性の起業関心層をみると、「29歳以下」の割合は25.9%と起業家（40.0%）やパートタイム起業家（37.1%）に比べると低いが、起業無関心層（16.3%）を10ポイント近く上回る。「30～39歳」（24.4%）、「40～49歳」（26.8%）の割合も、起業無関心層（順に16.7%、22.6%）に比べて高い。若い人の方が、新しいことに興味があったり、収入を増やしたいと考えたりする人が多く、起業に関心が向きやすいのだろう。

1　調査の実施要領および起業家・パートタイム起業家・起業関心層・起業無関心層の定義は、第4章 p.114で紹介したとおりである。

図7−1　男女別にみた起業関心層、無関心層の割合（事前調査 A群）

（単位：％）

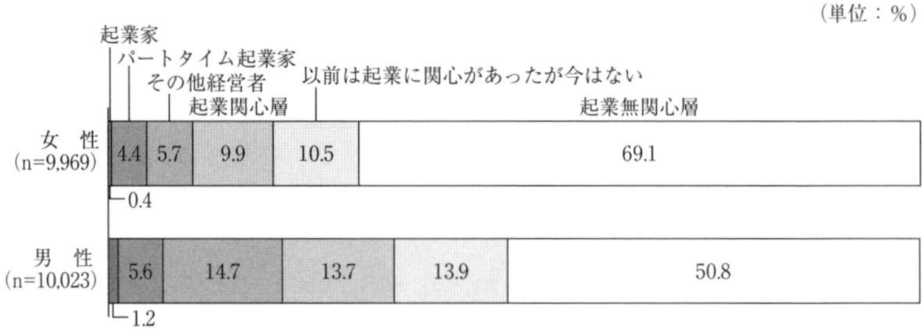

資料：日本政策金融公庫総合研究所「2022年度起業と起業意識に関する調査」（以下同じ）
（注）1　事前調査A群の結果（図7−2、図7−3も同じ）。
　　　2　nは回答数（以下同じ）。
　　　3　構成比は小数第2位を四捨五入して表示しているため、合計は100％にならない場合がある（以下同じ）。

図7−2　男女別・カテゴリー別にみた年齢（事前調査 A群）

（単位：％）

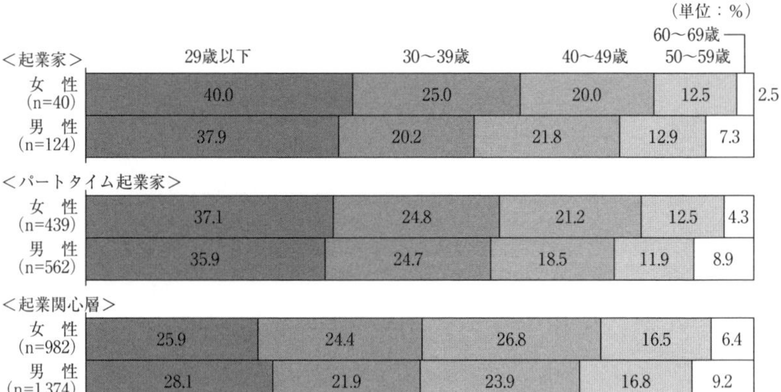

（注）起業家、パートタイム起業家の年齢は起業時のもの。

他方、「60〜69歳」は起業無関心層で22.5％を占め、起業関心層におけるウエイト（6.4％）を大きく上回る。若年層に比べて新しいことに挑戦する気力が湧かなかったり、体力に自信がなかったりということなの

表7−1　男女別にみた起業無関心層が起業に関心がない理由（複数回答）

（単位：%）

	女　性 (n=322)	男　性 (n=325)
起業を選択肢として考えたことがない	53.0	47.0
事業経営にはリスクがあると思う	30.6	25.4
起業についてイメージできない	26.3	19.6
新しいことを始めるのに抵抗がある	23.3	18.1
今の生活スタイルを維持したい	19.2	15.0
体力面・体調面に不安がある	16.6	17.0
事業を経営する時間的余裕がない	13.7	11.8
今の仕事を続けたい	12.5	17.8
その他	0.2	0.3

（注）数値は詳細調査によるデータに事前調査A群で算出したウエイト値で重みづけを行ったもの。
ただし、n（回答数）は原数値を示す（以下同じ）。

かもしれない。こうした年齢による違いも踏まえながら、以下、分析を進めていきたい。

2　女性が起業に無関心な理由

序章で先行研究をレビューしたとおり、世界的にみてわが国の起業活動は不活発であり、特に女性は起業を考える人が少ない。ほかの多くの国でも、女性は起業に対して男性より積極的でない点は共通しており、その背景として、女性が家庭で多くの役割を期待されているという文化的要因が挙げられている。長らく男性が政治や経済で中心的な役割を担ってきたことによるロールモデルの不在から、女性自身が起業という選択肢を思いつかないといった問題もある。

そこで、起業無関心層に対して起業に関心がない理由を尋ねると、男女ともに最も多いのは「起業を選択肢として考えたことがない」で、女性（53.0%）の方が男性（47.0%）より回答割合が高い（表7−1）。回答割合の差が大きい項目をみると、「起業についてイメージできない」（女性

表7−2　男女別にみた身近な起業家が「いる」割合

（単位：％）

		⑴ 両親・祖父母・兄弟姉妹・配偶者に起業家が「いる」割合	⑵ ⑴のうち事業に失敗した人が「いる」割合	⑶ 両親・祖父母・兄弟姉妹・配偶者に企業の役員やCEOを務めている（いた）人が「いる」割合
起業家	女　性	46.1	21.8	17.0
	男　性	33.7	37.6	19.1
パートタイム起業家	女　性	29.9	40.4	15.2
	男　性	29.6	34.4	19.8
起業関心層	女　性	29.2	29.4	13.2
	男　性	23.4	37.2	16.0
起業無関心層	女　性	16.5	34.0	9.8
	男　性	11.4	44.0	4.9

（注）設問ごとにｎ（回答数）が異なるため、記載を省略（以下、ｎの記載のない表はすべて同じ）。

26.3％、男性19.6％）で女性の方が7ポイント近く高い。他方、「今の仕事を続けたい」（同12.5％、17.8％）は男性が女性を上回る。女性の場合は特に、起業という働き方が身近でないために関心が向かないという人が多いことがうかがえる。

その理由の一つとして先行研究が挙げているロールモデルの不在（序章参照）についてみてみよう。両親、祖父母、兄弟姉妹、配偶者のなかに自ら起業して経営者になった人がいるかを尋ねたところ、いずれかが「いる」と回答した人の割合は、起業無関心層の女性では16.5％で、女性の起業関心層における割合（29.2％）の約半分と低い（表7−2⑴）。同じ割合を起業家やパートタイム起業家についてもみると、女性はそれぞれ46.1％、29.9％である。身近に起業家がいる人の方が、起業に対する具体的な行動を起こす確率が高まるといえる。

ただし、身近に起業家が「いる」女性に限ってみると、そのなかに事業がうまくいかずに辞めた人や、事業を続けているものの苦労している人が「いる」との回答割合は、起業無関心層（34.0％）で起業家（21.8％）より高い（表7−2⑵）。身近で起業の失敗をみてリスクを感じ、関心をもてなくなったというケースも少なからずありそうである。

また、自ら起こした事業ではなくても、企業の代表など実際の経営に携わっている人が身近にいる場合も、起業への意識に影響があるかもしれない。そこで、同じく両親、祖父母、兄弟姉妹、配偶者のなかに企業の役員やCEOを務めている、もしくは務めていた人が「いる」との回答割合をみると、女性は起業家（17.0%）、パートタイム起業家（15.2%）、起業関心層（13.2%）、起業無関心層（9.8%）の順で高い（表7－2(3)）。

こうした傾向は男性にも共通する。身近に起業家が「いる」人の割合は、起業家(33.7%)やパートタイム起業家(29.6%)で高く、起業関心層(23.4%)は起業無関心層(11.4%)より高い。一方、身近な起業家に事業に失敗した人が「いる」割合は、起業無関心層（44.0%）が起業家（37.6%）を上回る。経営に携わっている人が「いる」割合も、起業関心層（16.0%）の方が起業無関心層（4.9%）より高い。

興味深い点は、男性の起業家や起業関心層では身近に起業家が「いる」との回答割合が同じカテゴリーの女性より低いことである。例えば、男性起業家は33.7%で女性起業家を10ポイント以上下回る。男性は、親族にロールモデルがなくても勤務を通じてさまざまな経験を得ることで、起業が選択肢の一つになりやすいのかもしれない。また、仕事を通じて事業経営者と接する機会が女性より多く、ロールモデルを得やすいといったことも考えられる。

実際、男性は起業関心層、無関心層ともに「正社員」として勤務している人が6割超と、女性の場合の倍以上いる（表7－3）。他方、女性は起業関心層、無関心層ともに「非正社員」(順に29.9%、29.6%）や「主婦・主夫」(同21.7%、34.3%）の割合が男性に比べて高い。女性は外で事業経営者に接する機会が少なく、家族にロールモデルがいないと起業に関心をもちにくくなるのだろう。

表7-3　男女別にみた現在の職業（複数回答）

（単位：%）

		勤務者			学　生	主婦・主夫	無　職
		役　員	正社員	非正社員			
起業関心層	女　性（n=315）	1.6	30.2	29.9	8.5	21.7	9.7
	男　性（n=315）	4.9	66.4	12.2	9.9	0.5	7.4
起業無関心層	女　性（n=322）	0.3	24.7	29.6	4.1	34.3	9.0
	男　性（n=325）	1.5	65.1	12.5	4.9	0.7	16.1

なお、女性の場合は特に、母親が最も身近な女性のロールモデルになるようにも思われる。そこで、女性のうち母親が最も長く就いていた職業が「事業(会社または個人事業)経営者」である割合をみると、起業家(8.2%)で最も高く、起業関心層（5.8%）、パートタイム起業家（4.8%）が続き、起業無関心層（3.6%）で最も低くなった。経営の仕事と家事や育児を両立する母親の姿を間近にみてきたことが、起業に対する不安を取り除き、興味をもつことにつながっているのではないか。

最近は、学校教育の場で起業について学ぶ機会が増えつつある。こうした機会も、起業を身近に感じ、将来の選択肢の一つとして早いうちから認識することにつながるだろう。小学校から大学院までの間に起業や企業経営に関する授業を受けた経験が「ある」との回答割合をみると、女性の起業無関心層は0.0%と誰もいない。起業家（1.9%）、パートタイム起業家（2.7%）、起業関心層（1.5%）でもごくわずかにとどまる。他方、男性は、起業家（7.2%）、パートタイム起業家（7.8%）、起業関心層（7.1%）が7%台で、起業無関心層だけが1.5%と少ない。大学で経営学や商学を専攻する女性はまだ比較的少ないことが、男女の回答割合の差に表れているのだと思われる。起業家教育は起業に関心をもつうえで一定の効果がある。専攻が関係しない義務教育期間に起業について学ぶ機会を設け、女性に関心をもってもらうことが有効なのではないか。

図7−3　男女別にみた起業関心層の起業予定時期（事前調査 A群）

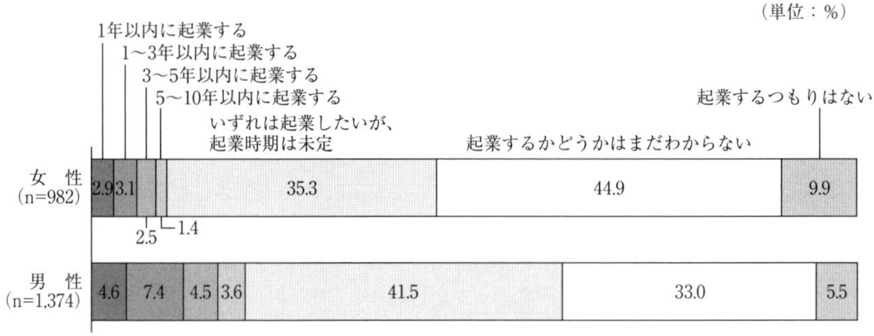

3　女性が起業しない理由

起業に関心をもったとして、そこから実際の起業に踏み出す女性はさらに一握りにすぎない。起業関心層の女性に起業予定を尋ねると、10年以内に起業するという人は9.9%と男性の場合（20.0%）に比べてかなり少ない（図7−3）。44.9%が「起業するかどうかはまだわからない」としており、関心はあっても「起業するつもりはない」という人も1割ほどいる。なぜ女性の場合は、起業行動を起こそうとする人が特に少ないのだろう。

(1)　知識・スキルの不足、失敗のリスク

起業に関心がある男女にまだ起業していない理由を尋ねたところ、いずれも「自己資金が不足している」との回答割合が最も高い（女性50.7%、男性51.4%）（表7−4）。「外部資金（借り入れ等）の調達が難しそう」との回答は男女ともに1割強と少ない。起業するには蓄えが足りないものの、ほかから資金を借りることまで考える人は少ないようである。

男女で異なる点をみると、女性は男性に比べて「ビジネスのアイデアが思いつかない」（女性40.5%、男性26.1%）、「仕入れ・流通・宣伝など商品等の供給に関する知識・ノウハウが不足している」（同23.1%、

表7−4　男女別にみた起業関心層がまだ起業していない理由（複数回答）

（単位：％）

	女　性（n=315）	男　性（n=315）
自己資金が不足している	50.7	51.4
ビジネスのアイデアが思いつかない	40.5	26.1
失敗したときのリスクが大きい	36.6	25.1
財務・税務・法務など事業運営に関する知識・ノウハウが不足している	24.4	16.0
十分な収入が得られそうにない	23.5	19.6
仕入れ・流通・宣伝など商品等の供給に関する知識・ノウハウが不足している	23.1	11.1
製品・商品・サービスに関する知識や技術が不足している	22.2	12.5
起業について相談できる相手がいない	19.4	10.5
起業に必要な資格や許認可などを取得できていない	18.4	9.7
外部資金（借り入れ等）の調達が難しそう	12.9	16.2
家事・育児・介護等の時間が取れなくなりそう	10.0	4.3
健康・体調面に不安がある	8.1	6.5
勤務先を辞めることができない	7.9	10.7
従業員の確保が難しそう	5.9	9.5
希望の立地（店舗、事務所など）が見つからない	5.6	8.8
仕入先・外注先の確保が難しそう	5.3	7.0
販売先の確保が難しそう	5.2	10.8
家族から反対されている	1.5	3.9
その他	1.0	1.4
すでに起業の準備中である	0.8	0.8
特に理由はない	7.9	11.4

11.1％）、「失敗したときのリスクが大きい」（同36.6％、25.1％）との回答割合が高くなっている。そのほか、上位には「財務・税務・法務など事業運営に関する知識・ノウハウが不足している」（同24.4％、16.0％）や「製品・商品・サービスに関する知識や技術が不足している」（同22.2％、12.5％）など、知識やスキルの不足を挙げる声が目立つ。こうしたアイデアやスキルに対する不安をなぜ感じるのだろうか。また、失敗したときのリスクとして具体的にはどのようなことを心配しているのだろうか。

先に、失敗したときのリスクの内容を尋ねた結果をみると、女性は「安定した収入を失うこと」が70.9％と最も多い（表7−5）。男性で最も多い

表7−5　男女別にみた失敗したときのリスクの具体的な内容（複数回答）

（単位：％）

	女　性（n=108）	男　性（n=88）
安定した収入を失うこと	70.9	53.4
家族に迷惑をかけること	61.5	53.8
借金や個人保証を抱えること	58.4	52.9
事業に投下した資金を失うこと	56.7	67.2
関係者（従業員や取引先など）に迷惑をかけること	29.9	21.8
信用を失うこと	23.5	29.3
再就職が困難であること	22.1	37.0
事業がうまくいかずやめたくなった場合でもなかなかやめられないこと	14.6	19.5
再起業が困難であること	11.4	13.7
地位や肩書きを失うこと	9.3	10.8
その他	0.0	1.6

（注）表7−4で「失敗したときのリスクが大きい」と回答した人に尋ねたもの。

のは「事業に投下した資金を失うこと」（67.2％）であり、どちらも資金面でのリスクを強く懸念していることがわかる。そのほか、女性は男性に比べて「家族に迷惑をかけること」（女性61.5％、男性53.8％）、「関係者（従業員や取引先など）に迷惑をかけること」（同29.9％、21.8％）など、自身が失敗することで周囲に影響が及ぶことを心配する人が多い。他方、男性と比べて少ないのは、「再就職が困難であること」（同22.1％、37.0％）、「信用を失うこと」（同23.5％、29.3％）などである。本書でたびたびみたように女性は一般的に男性より事業規模が小さく、男性のように社会的な立場に関するリスクを想定する人は少ないのだろう。ただ、小さな事業を想定しているにもかかわらず失敗のリスクを挙げる女性が多いということは、そもそもリスクに対して男性より慎重な姿勢が、女性の起業行動にも表れているといえるかもしれない。リスク態度と起業意識の関係については、次節で少し詳しくみていきたい。

続いて、起業関心層が起業するうえでの不安材料になっていたビジネスのアイデアやスキルの不足についてもみていきたい。アイデアのヒントを

表7−6　男女別にみた最終学歴、勤務キャリア、創業セミナーへの参加経験

（単位：%）

		起業関心層		起業無関心層		＜参　考＞	
		女　性	男　性	女　性	男　性	女性 起業家	女性 パートタイム 起業家
最終学歴	中　学	1.9	1.5	2.3	2.3	3.2	2.9
	高　校	32.3	22.0	32.9	27.0	11.7	25.4
	専修・各種学校	14.7	8.3	16.8	10.8	23.9	21.5
	高専・短大	13.7	2.8	17.6	2.5	19.3	11.0
	大学・大学院	37.4	65.3	30.5	57.5	41.9	38.7
勤務 キャリア	正社員経験が「ある」	67.0	77.8	67.3	72.7	70.2	64.6
	管理職経験が「ある」	8.4	32.1	5.2	21.7	17.8	12.6
創業セミナーの参加経験が「ある」		2.2	6.1	0.0	0.2	13.7	3.8

（注）1　最終学歴は「答えたくない」との回答を除いて集計（以下同じ）。「その他」の記載は省略。
　　　2　管理職経験は、3人以上の部下をもつ課もしくは部などの長またはリーダーとして働いた経験。

得たり、スキルを蓄積したりできる場として学校や勤務先が考えられるが、そうした場は十分にあるのだろうか。

女性の最終学歴をみると、「大学・大学院」との回答割合は起業家で41.9%と最も高く、それに比べると起業関心層（37.4%）は5ポイントほど、起業無関心層（30.5%）は10ポイントほど低くなる（表7−6）。また、女性の起業家やパートタイム起業家に多い「専修・各種学校」の割合（順に23.9%、21.5%）は、起業関心層（14.7%）、起業無関心層（16.8%）で低くなる。「大学・大学院」で専門の分野について詳しく学んだり、「専修・各種学校」で実践的なスキルを身につけたりすることが、起業への足がかりになるようである。

同じく表7−6で勤務キャリアについてもみると、正社員として働いた経験が「ある」女性は、どのカテゴリーも7割前後と変わらない。しかし、管理職（3人以上の部下をもつ課もしくは部などの長またはリーダー）経験は、起業家（17.8%）とパートタイム起業家（12.6%）に比べて起業関心層は8.4%と少なく、起業無関心層は5.2%とさらに減る。管理職としてマネジメントの経験を積むことが、実際に起業して商品を開発したり、販路を開拓したり、従業員を使ったりする自信につながるのだろう。

なお、第1章から第3章の当研究所「新規開業実態調査」による分析では、斯業経験（現在の事業に関連する仕事の経験）の重要性についても明らかにしている。残念ながら本調査で起業関心層が想定している事業の業種まで把握することはできないが、現在の職業が非正社員である女性が比較的多かったことから、男性に比べて女性の起業関心層の方が、斯業経験を十分に積めていないと考えている人が多いと思われる。

ちなみに、起業無関心層の女性には「働いた経験がない」という人が10.5%いた（起業関心層では6.6%）。勤務することが起業に直結するわけではないが、勤めた経験がないと自ら起業することをイメージすることはなかなか難しいのではないだろうか。

起業を思い立った後からスキルや知識を身につけることはできる。今は、各地でさまざまな創業セミナーや相談会が開催されている。しかし、表7－6で創業セミナーに参加した経験が「ある」と回答した割合をみると、女性の起業関心層では2.2%とわずかである。起業関心層のうち「10年以内に起業予定」[2]、もしくは「いずれは起業したいが、起業時期は未定」という、ある程度起業の意思が固まっている人（以下、「起業意思がある層」という）に絞っても、参加経験が「ある」割合は3.5%にとどまる[3]。

女性の場合、スキルや知識に不安を感じていても、適当なセミナーを見つけられていなかったり、セミナーに参加する時間を確保できていなかったりすることも想像される。例えば、自己資金だけで小規模に開業したいと考える場合、融資を前提とした金融機関などのセミナーには参加しにく

2　前掲図7－3で、起業予定時期について「1年以内に起業する」「1～3年以内に起業する」「3～5年以内に起業する」「5～10年以内に起業する」と回答した人。
3　男性は、起業関心層全体で6.1%、起業意思がある層に絞ると6.3%。

表7−7　男女別にみた家庭環境

（単位：%）

		起業関心層		起業無関心層		＜参　考＞	
		女　性 (n=315)	男　性 (n=315)	女　性 (n=322)	男　性 (n=325)	女性 起業家 (n=125)	女性 パートタイム 起業家 (n=360)
配偶者が「いる」		52.5	49.3	62.1	52.9	42.5	45.7
主たる家計維持者に「該当」		37.2	77.7	30.3	72.4	45.0	38.2
未就学児の子どもが「いる」		19.5	15.1	11.3	7.7	12.9	17.2
小学生の子どもが「いる」		13.0	14.4	11.2	7.0	3.4	13.6
家事全般に充てる1日当たりの時間	携わっていない	41.3	56.4	46.8	68.4	58.7	46.9
	2時間未満	14.2	24.4	14.0	22.2	9.1	13.1
	2〜4時間未満	11.9	10.5	13.8	5.3	16.2	15.4
	4〜6時間未満	8.1	5.2	10.9	2.8	6.8	7.0
	6〜8時間未満	7.3	1.6	2.6	0.7	5.4	5.2
	8時間以上	17.3	1.9	11.9	0.7	3.8	12.4

（注）家事は報酬を目的としたものは除く（以下同じ）。

いし、事業を大きく成長させようと考える人たちが集まるようなセミナーは自分に向かないと考えて避けてしまうかもしれない。また、家事や育児で忙しく、まとまった時間をつくりにくいといったことも女性の場合の方が多いのではないか。

(2)　家庭環境

そこで、起業関心層の家庭環境についてみていく。家事や育児で忙しい場合、起業に関心があっても当面は起業しようとは思わない人が多いのではないか。そもそも起業への関心ももてなくなっているかもしれない。

女性のうち配偶者が「いる」割合は、起業無関心層で62.1%と最も高く、起業関心層も52.5%と起業家（42.5%）やパートタイム起業家（45.7%）を上回る（表7−7）。反対に、主たる家計維持者である割合は、起業無関心層（30.3%）、起業関心層（37.2%）の順に低い。夫が家計を賄っている場合、妻は収入を得る必要性がそれほど高くなく、起業に関心をもつ理由は乏しいのかもしれない。また、夫が仕事をする分、家庭での役割を主に担うことになり、起業に関心をもっていてもそのための時間を確保できず、諦めているケースも考えられる。この結果は、現在の職業が「主婦・主夫」である割合が、女性の起業無関心層で3割超と起業関心層より10ポイント以上高かった点（前掲表7－3）とも整合する。男性も、配偶者が「いる」割合は起業無関心層（52.9%）が起業関心層（49.3%）より高いが、その差は女性に比べて小さい。結婚していることによる起業意識への影響は、女性の方が大きいといえる。

子どもについてもみると、未就学児が「いる」女性は、起業関心層（19.5%）の方が起業無関心層（11.3%）より多い。小学生の場合も同様である（順に13.0%、11.2%）。起業無関心層に60歳代が比較的多かった（前掲図7－2）ことも関係するだろう。なお、女性の起業関心層のうち起業意思がある層については、未就学児が「いる」割合は14.8%と低くなる（小学生が「いる」割合は14.5%とやや高い）。

育児を含めた家事全般に充てる1日当たりの時間をみると、女性の起業関心層は「8時間以上」の割合が17.3%と起業無関心層（11.9%）より高く、男性の起業関心層（1.9%）を大幅に上回る。

これらのデータからは、子育てで忙しく家事に充てる時間が長い女性の方が起業への関心が高いこと、しかし起業関心層のなかでみると、就学前の小さな子どもがいる人の方が起業に踏み出せていないことがわかる。起業関心層の方が起業無関心層より若い世代が多かった前掲図7－2の結果と考え併せると、収入を増やす必要があったり、新しいことへの興味が強かったりして起業に関心があるものの、子どもがまだ小さく家事に忙しいために、起業に向けた具体的な行動を起こせずにいる女性が多いのだと思われる。つまり、男性に比べて女性は家庭での役割が大きいことが起業に踏み出す際の障壁になっているといえる。

4 「女性であること」と起業意識との関係

女性は身近なロールモデルの不在や経験の不足、家庭の事情などから起業への関心が男性より弱く、起業に関心があっても実際の行動までは考えていない人が多かった。では、これらの要因をコントロールした場合は、男女で起業意欲に差が出ないということになるのだろうか。

序章で紹介した先行研究では、このほかに女性が主に家庭での役割を担うという伝統的な考え方が女性の起業意識に作用していることが指摘されている。本節では、「女性であること」自体が起業意識の弱さに関係しているのかを確かめたい。

(1) 計量的手法による分析

まず、前節で挙げた要因をコントロールした場合に女性であることと起業意識にどのような関係があるのかを、計量的手法により検討する。ここでは二つの推定を行う。一つ目は起業への関心の有無に関する推定である。起業関心層を1、起業無関心層を0とする起業関心ダミーを被説明変数に据える。二つ目は起業意思の程度に関するものである。サンプルを起業関心層に限定して、起業の意思がある人（「10年以内に起業予定」または「いずれ起業したいが、起業時期は未定」）を3、「起業するかどうかはまだわからない」人を2、「起業するつもりはない」人を1とする変数を被説明変数とする。

説明変数は、「女性」を1とする女性ダミーと年齢（対数）を用いる。ほかの要因をコントロールしてもなお、女性ダミーが有意となるかどうかを確認したい。年齢は、高い人に起業無関心層が多い（前掲図7－2）ことがわかっているため、コントロール変数として用いる。

また、家庭環境として配偶者が「いる」場合に1をとる配偶者ダミー、未就学児が「いる」場合に1をとる未就学児ダミー、家事全般に充てる時間（基準の「携わっていない」と「4時間未満」「4時間以上」の3区分）、両親、祖父母、兄弟姉妹、配偶者のいずれか1人以上に自ら起業した人が「いる」場合に1をとる身近なロールモデルダミーを使用する。前節のクロス集計結果では、配偶者がいる女性は起業への関心が弱い傾向がみられたほか、家事時間が長かったり未就学児の子どもがいたりすると、女性の起業関心層は起業意思が弱くなる傾向がみられた（前掲表7－7）。男女別に推定したときに、これらの変数がどのように影響するかも確認したい。

さらに、キャリアとして最終学歴（基準の「中学・高校」と「専修・各種学校」「短大・高専」「大学・大学院」の4区分）、管理職経験が「ある」場合に1をとる管理職ダミー、現在勤務している場合に1をとる勤務ダミーを用いる。女性は知識やスキルの不足を感じて起業に踏み切れずにいる人が多かったことから、キャリアの違いが起業の意思にどのように影響するのかを調べる。

⑵　起業への関心に関する推定結果

まず、起業への関心の有無をみると、男女を合わせたサンプルでは女性ダミーが1％水準で有意にマイナスとなっている（表7－8）。家庭環境やキャリアの影響を考慮しても女性であること自体が起業への関心をもたなくなる要因となっている。本節の冒頭で触れたような男女の役割に対する社会的な意識など、何らかの性差が起業への関心に影響しているといえる。

続いて、サンプルを女性に限定した推定結果を男性のものと比べると、年齢は男女とも有意にマイナスとなっており、年齢が高くなるほど起業に関心をもたなくなる傾向は同じであった。

表7-8　起業関心に関する推定（ロジットモデル）

被説明変数： 起業関心ダミー （起業関心層＝1、起業無関心層＝0）			全　体	女　性	男　性
女性ダミー			−0.503*** （0.081）	−	−
年齢（対数）			−1.299*** （0.132）	−1.067*** （0.162）	−1.506*** （0.211）
家庭環境	配偶者ダミー（いる＝1、いない＝0）		−0.317** （0.154）	−0.430* （0.223）	−0.345 （0.231）
家庭環境	未就学児ダミー（いる＝1、いない＝0）		0.393 （0.240）	0.481 （0.323）	0.298 （0.366）
家庭環境	家事全般に充てる1日当たりの時間	携わっていない	（基　準）		
家庭環境	家事全般に充てる1日当たりの時間	4時間未満	0.189 （0.156）	0.059 （0.223）	0.284 （0.220）
家庭環境	家事全般に充てる1日当たりの時間	4時間以上	0.478** （0.213）	0.300 （0.258）	0.815** （0.381）
家庭環境	身近なロールモデルダミー（いる＝1、いない＝0）		0.796*** （0.167）	0.810*** （0.221）	0.826*** （0.252）
キャリア	最終学歴	中学・高校	（基　準）		
キャリア	最終学歴	専修・各種学校	−0.120 （0.227）	−0.181 （0.288）	−0.004 （0.364）
キャリア	最終学歴	短大・高専	0.117 （0.248）	−0.021 （0.268）	0.448 （0.631）
キャリア	最終学歴	大学・大学院	0.226 （0.158）	0.177 （0.224）	0.259 （0.225）
キャリア	管理職経験ダミー（ある＝1、ない＝0）		0.809*** （0.175）	0.517 （0.360）	0.966*** （0.227）
キャリア	勤務者（現在）ダミー（該当＝1、非該当＝0）		0.341** （0.153）	0.171 （0.199）	0.569** （0.275）
観測数			1,249	622	627

（注）1　ウエイトをかけて推定（表7−9、表7−12も同じ）。
2　***は1％、**は5％、*は10％水準で有意であることを示す（以下同じ）。
3　上段は係数、（　　）内は標準誤差（以下同じ）。
4　勤務者は、非正社員を含む（以下同じ）。
5　最終学歴について「その他」の回答はなかった（以下同じ）。

配偶者ダミーは女性でのみ有意にマイナスとなった。配偶者ダミーは夫が主たる家計維持者かを直接的に示すものではないが、一般的に考えれば既婚女性の多くは夫が家計を支えていることが想定される。前掲表7−7のクロス集計でもみたように、妻である女性は収入を得ることを考える必要がなかったり、家庭での役割が大きくなり起業に関心をもつ機会も少なくなったりするのだろう。

両親や祖父母、兄弟姉妹や配偶者に起業した人がいる身近なロールモデルダミーは、男女ともに1％水準で有意にプラスである。前述のとおり、身近にロールモデルがいることは、起業に対するイメージをもちやすくなり、ひいては関心をもつことにつながるのだろう。

表7−9　起業関心層の起業意思に関する推定（ロジットモデル）

被説明変数： 起業するつもりはない＝1 起業するかどうかはまだわからない＝2 起業する意思がある＝3			全　体	女　性	男　性
女性ダミー			−0.662*** (0.217)	−	−
年齢（対数）			−0.179 (0.306)	0.320 (0.395)	−0.485 (0.465)
家庭環境	配偶者ダミー（いる＝1、いない＝0）		−0.046 (0.197)	−0.438 (0.273)	0.315 (0.289)
家庭環境	未就学児ダミー（いる＝1、いない＝0）		−0.226 (0.304)	−0.316 (0.386)	−0.102 (0.507)
家庭環境	家事全般に充てる1日当たりの時間	携わっていない		（基　準）	
家庭環境	家事全般に充てる1日当たりの時間	4時間未満	0.430** (0.214)	0.528* (0.293)	0.326 (0.305)
家庭環境	家事全般に充てる1日当たりの時間	4時間以上	−0.164 (0.287)	0.033 (0.348)	−0.334 (0.566)
家庭環境	身近なロールモデルダミー（いる＝1、いない＝0）		0.688*** (0.210)	0.505* (0.261)	0.917** (0.376)
キャリア	最終学歴	中学・高校		（基　準）	
キャリア	最終学歴	専修・各種学校	−0.588** (0.263)	−0.622** (0.311)	−0.484 (0.489)
キャリア	最終学歴	短大・高専	−0.850** (0.405)	−0.366 (0.372)	−0.246*** (0.847)
キャリア	最終学歴	大学・大学院	−0.291 (0.212)	−0.122 (0.299)	−0.444 (0.319)
キャリア	管理職経験ダミー（ある＝1、ない＝0）		0.398* (0.225)	0.807** (0.390)	0.242 (0.276)
キャリア	勤務者（現在）ダミー（該当＝1、非該当＝0）		0.042 (0.210)	0.061 (0.251)	−0.075 (0.415)
観測数			621	311	310

（注）「起業する意思がある」は、起業関心層のうち「10年以内に起業予定」または「いずれは起業したいが、起業時期は未定」と回答した人（以下同じ）。

(3)　起業意思に関する推定結果

続いて、起業関心層の起業意思に関する推定結果をみていきたい。男女合わせたサンプルでは女性ダミーが有意にマイナスである（表7−9）。起業への関心と同様に、家庭環境やキャリアをそろえても性差の影響がみられる。この性差については、後ほどもう少し踏み込んで考えてみたい。

女性についてみると、身近なロールモデルダミーは有意にプラスとなっていて、起業への関心に関する推定結果と同様である。このほか、管理職経験ダミーも有意にプラスとなっている。起業関心層がまだ起業しない理由として、女性は特に知識やスキルの不足を挙げる割合が高かった（前掲表7−4）。逆に、管理職としてマネジメントの経験をもつことが知識やス

表7−10　個人の特性の抽出

<table>
<tr><td rowspan="2">外向性</td><td>＋活発で外交的だと思う</td><td rowspan="10">「まったく違うと思う」1点
「おおよそ違うと思う」2点
「少し違うと思う」　3点
「どちらでもない」　4点
「少しそう思う」　5点
「まあまあそう思う」　6点
「強くそう思う」　7点</td></tr>
<tr><td>−控えめで、おとなしいと思う</td></tr>
<tr><td rowspan="2">協調性</td><td>＋人に気を遣う、やさしい人間だと思う</td></tr>
<tr><td>−他人に不満をもち、もめごとを起こしやすいと思う</td></tr>
<tr><td rowspan="2">勤勉性</td><td>＋しっかりしていて、自分に厳しいと思う</td></tr>
<tr><td>−だらしなく、うっかりしていると思う</td></tr>
<tr><td rowspan="2">神経症傾向</td><td>＋心配性で、うろたえやすいと思う</td></tr>
<tr><td>−冷静で、気分が安定していると思う</td></tr>
<tr><td rowspan="2">開放性</td><td>＋新しいことが好きで、変わった考えをもつと思う</td></tr>
<tr><td>−発想力に欠けた、平凡な人間だと思う</td></tr>
</table>

（注）1　設問および集計方法は、小塩・阿部・カトローニ（2012）を参考にした。
2　各項目の設問の1問目（＋）と2問目（−）は方向性を逆に設定しているため、2問目の点数は逆転の処理をしたうえで1問目の点数との合計を算出。

キルを高め、起業へのモチベーションにつながるのだろう。未就学児ダミーは係数はマイナスだが有意にはならなかった。起業意思がある女性に小さな子どもがいる人は比較的少なかったが、統計的には育児で忙しいことが起業行動を妨げているとまではいえない結果となった。

⑷　性格特性の違いと起業意識への影響

二つの計量分析から、家庭環境やキャリアなどの条件をそろえたとしても、何らかの性差が起業への関心や起業意思に影響していることがわかった。この差が何なのかを探るために、本調査では、心理学の研究で使われている性格特性尺度を用いて回答者の性格の測定を試みた。

具体的には、表7−10に示したとおりである。小塩・阿部・カトローニ(2012)を参考に、基本的なパーソナリティ特性を外向性、協調性、勤勉性、神経症傾向、開放性の五つに集約させている。5項目それぞれに対応する設問を2問ずつ用意し、「まったく違うと思う」（1点）から「強くそう思う」(7点)まで7段階で回答してもらって2問の得点を合計する。2問のうち1問は聞き方を逆にしているため、得点を逆転させてから合算する。最低

表7−11　六つの性格特性

（単位：点）

	起業家（n=567）			パートタイム起業家（n=837）			起業関心層（n=630）			起業無関心層（n=647）		
		女　性（n=125）	男　性（n=442）		女　性（n=360）	男　性（n=477）		女　性（n=315）	男　性（n=315）		女　性（n=322）	男　性（n=325）
外向性	8.0	7.9	8.0	7.6	7.7	7.5	7.7	8.0	7.5	6.8	7.0	6.6
協調性	9.7	9.8	9.6	9.5	9.8	9.3	9.7	10.0	9.5	9.6	9.7	9.4
勤勉性	7.9	7.5	8.0	8.0	7.9	8.2	8.1	8.1	8.1	7.9	8.0	7.7
神経症傾向	7.9	8.6	7.7	8.1	8.5	7.8	8.0	8.6	7.6	8.6	8.7	8.4
開放性	8.3	8.4	8.3	8.2	8.1	8.4	8.1	8.2	8.0	6.8	6.5	7.2
リスク態度	7.9	7.8	7.9	7.5	7.0	7.8	7.5	7.2	7.8	5.8	5.5	6.3

2点から最高14点で、得点が高いほどその特性が強いことを示す。

この五つの特性に加えて、リスクに対する考え方についても観察した。起業に関心があるのに起業しない理由として、失敗のリスクに対する不安を挙げる女性が多いからである。「ハイリスク・ハイリターンを求める方だと思う」「新しいことに挑戦するのが好きだと思う」という2問についても回答を得て、1～7点の得点を合計した。点が高いほど、リスクがあっても果敢に挑戦するタイプといえる。

起業家、パートタイム起業家、起業関心層、起業無関心層それぞれについて6項目の得点を算出すると、表7－11のとおりとなった。男女合わせた全体についてみると、外向性、開放性、リスク態度は起業無関心層でその他のカテゴリーより低く、神経症傾向では起業無関心層がほかに比べて高くなっている。協調性と勤勉性はカテゴリー間の差がほとんどない。男女別にみた場合、外向性、協調性、勤勉性はカテゴリーごとの傾向は変わらない。神経症傾向は、女性はいずれのカテゴリーも得点が高く、起業無関心層だけが高い男性の結果と異なる。また、起業無関心層の開放性とリスク態度は女性の方が男性より得点が低いほか、女性のパートタイム起業家や起業関心層のリスク態度は男性に比べて得点の水準が低い。女性の方が神経症傾向になりやすかったり、リスクに対して消極的になりがちだった

表7−12　起業への関心と起業意思に関する推定（ロジットモデル）

			起業への関心	起業関心層の起業意思
女性ダミー			−0.327*** (0.108)	−0.715*** (0.217)
年齢（対数）			−1.126*** (0.156)	−0.074 (0.311)
家庭環境	配偶者ダミー（いる＝1、いない＝0）		−0.480*** (0.166)	−0.133 (0.202)
家庭環境	未就学児ダミー（いる＝1、いない＝0）		0.296 (0.274)	−0.162 (0.307)
家庭環境	家事全般に充てる1日当たりの時間	携わっていない	（基準）	
家庭環境	家事全般に充てる1日当たりの時間	4時間未満	0.318* (0.167)	0.442** (0.218)
家庭環境	家事全般に充てる1日当たりの時間	4時間以上	0.785*** (0.229)	−0.129 (0.279)
家庭環境	身近なロールモデルダミー（いる＝1、いない＝0）		0.746*** (0.178)	0.689*** (0.209)
キャリア	最終学歴	中学・高校	（基準）	
キャリア	最終学歴	専修・各種学校	−0.079 (0.238)	−0.629** (0.275)
キャリア	最終学歴	短大・高専	0.189 (0.257)	−0.865** (0.419)
キャリア	最終学歴	大学・大学院	0.277 (0.171)	−0.328 (0.212)
キャリア	管理職経験ダミー（ある＝1、ない＝0）		0.791*** (0.189)	0.279 (0.237)
キャリア	勤務者（現在）ダミー（該当＝1、非該当＝0）		0.345** (0.164)	0.015 (0.214)
性格特性	外向性		0.038 (0.033)	0.066 (0.046)
性格特性	協調性		0.014 (0.037)	0.055 (0.043)
性格特性	勤勉性		−0.016 (0.040)	0.000 (0.045)
性格特性	神経症傾向		−0.032 (0.037)	−0.011 (0.049)
性格特性	開放性		0.128*** (0.039)	−0.051 (0.044)
性格特性	リスク態度		0.190*** (0.034)	0.060 (0.046)
観測数			1,249	621

（注）被説明変数は、表7−8、7−9と同じ。

りすることが、小規模な起業や起業への無関心につながっているのかもしれない。

さて、ここで気になるのは、こうした性格特性を考慮した場合、女性であることは起業への関心や起業意思には影響しなくなるのかということである。そこで、先ほど行った二つの推定の説明変数に、五つの性格特性とリスク態度を加えてみたところ、表7−12のとおりとなった。起業への関心では、性格特性のうち外向性、協調性、勤勉性、神経症傾向は非有意となり、開放性とリスク態度は1%水準で有意にプラスとなった。新しいことを好むといった開放性が強かったり、リスクに対して寛容だったりする人の方が、起業に関心をもつ傾向があるといえる。一方、起業関心層の起業意思の強さに関しては、いずれの性格特性も有意となっていない。サンプルを女性に限ってみても同様の結果になる。一度起業に関心をもてば、性格特性は起業に踏み出すか否か自体にはあまり影響しないようである。

しかし、これらの性格特性を加味しても、女性であることは依然として起業への関心にも起業意思にも1%水準で有意にマイナスとなっている。五つの性格特性やリスク耐性以外に、女性であることが何らかのかたちで起業態度に影響していることになるが、それが何なのかはつかめなかった。今後の研究課題としたい。

5　起業の際にあったらよい支援

起業関心層の起業意思の強さに性格特性が影響していないということは、女性が起業しやすい環境を整えれば、起業関心層を起業家やパートタイム起業家に移行させることも可能ではないだろうか。

では、起業に関心をもった女性は、どのような支援があれば起業したいと考えるのだろうか。起業する際にあったらよいと思う支援は何かを尋ねた結果、最も多いのは「税務・法律関連の相談制度の充実」で51.1%に上った（表7－13)。知識やスキルの不足を懸念する女性の起業関心層が多かったことの裏返しとして、ビジネスに関係する制度について相談できる場が重要だと感じているのだろう。次に多いのは「事業資金の調達に対する支援」（39.2%）であるが、男性では3番目に多い「事業資金の融資制度の充実」は、6番目と劣後になっている。本書でたびたびみたように女性は小さく起業する傾向が強く、借り入れが必要になるほどの事業を想定してい

表7−13　男女別にみた起業する際にあったらよいと思う支援（複数回答）

（単位：%）

	女　性 （n=315）	男　性 （n=315）
税務・法律関連の相談制度の充実	51.1	45.7
事業資金の調達に対する支援	39.2	35.6
技術やスキルなどを向上させる機会の充実	38.0	25.0
けがや病気などで働けないときの所得補償制度の充実	31.0	22.6
同業者と交流できるネットワーク等の整備	26.6	24.4
事業資金の融資制度の充実	24.6	31.3
育児・保育制度を使いやすくする	23.7	15.2
健康診断・人間ドックの受診に対する補助	21.7	21.1
納期遅延や情報漏えいなどの賠償リスクに対する保険制度の創設	18.9	15.9
シェアオフィス・コワーキングスペースなどの充実	17.7	13.0
発注者や仕事の仲介会社、クラウドソーシング業者に対するルールや規制の明確化	15.7	14.2
その他	0.5	0.6
特にない	8.2	14.1

ないからだと思われる。女性で3番目に多いのは「技術やスキルなどを向上させる機会の充実」（38.0%）であり、男性の回答割合と比べて13ポイントも高い。女性の場合は自身の知識やスキルに不安を感じる人が多く、起業に当たってそれらを補う必要性を強く感じているようである。

そのほか、男性と比べて特に多いのは、「育児・保育制度を使いやすくする」（女性23.7%、男性15.2%）、「けがや病気などで働けないときの所得補償制度の充実」（同31.0%、22.6%）である。第2章、第4章でみたように、女性の多くは一人で事業を運営している。子どもを希望どおりの保育所に預けられず送り迎えに時間をとられてしまったり、自分自身のけがや病気で事業ができなくなってしまったりしたときに、代わりになる人がおらず収入が減ることを心配しているのではないか。

求める支援の上位となった相談制度やスキル向上の機会の用意などについては、すでに官民によりさまざまな場が設けられている。それでも支援を求める女性が多いのは、こうした支援制度があることを知らなかったり、すでにある制度は自分には適当でない、または不十分だと考えていたりするからかもしれない。何度か触れたように、女性は小規模な事業を志向する傾向が強かったり、家庭での役割を主に担っている人が多かったりした。こうしたなかで、男女一律の支援制度を用意しても利用しない、あるいは利用できない女性が少なからず出てくるだろう。起業家の平均像を想定して支援しようとすれば、どうしても男性優位となってしまう。起業家に女性が増えて起業のかたちも多様になるなかで、それを支援する側にも、もっと女性の意見を反映した多様な視点が求められている。

6　おわりに

本章では、起業に対する女性の意識をみてきた。女性の大半はそもそも起業に関心がなく、特に夫がいる場合には、収入を得る必要がない、もしくは家事育児の負担が大きいといった理由からか、起業無関心層が多くなっていた。起業に無関心な理由としては、女性は「起業についてイメージできない」との回答が比較的多かった。男性に比べて勤務している割合が低いこともあって、ビジネスを起こすこと自体をイメージしづらいようである。起業のイメージは、身近にロールモデルがいる場合に得やすく、計量的手法を用いた分析でも、家族に起業家がいることと起業への関心の高さには強い正の相関関係があることが確認された。学校での起業家教育などにも一定の効果は期待されるが、専攻が分かれる高校や大学よりも、義務教育期間中に一律で起業家教育を受けられることが望ましいと思える。

起業に関心をもつ女性も、多くは知識やスキルの不足や失敗したときのリスクを懸念して、起業に向けた行動を起こせないでいた。起業関心層が実際に起業するかどうかの起業意思に関する計量分析では、管理職経験があると起業意思も強くなる傾向が確認された。取引先と折衝したり従業員を育成したりするには、一定のマネジメント経験が必要だと考えているからだろう。また、統計的には有意でなかったものの、起業関心層のなかでも起業意思が弱い女性の方が未就学児の子どもがいる傾向がみられた。女性の起業関心層は男性に比べて家事に充てる時間が長い人が多く、家庭での役割の大きさが起業関心層から起業家に移行することを制約しているように考えられる。

また、本章では、女性と男性の性格特性の違いも起業への関心や起業意思に影響しているのではないかと考え、心理学の手法を使っていくつかの性格特性を測った。すると、起業無関心層に多い神経症傾向は女性で男性より強く、逆に起業無関心層に乏しい開放性やリスクへの耐性は女性で特に弱かった。社会的・歴史的に形成されてきたとみられる意識や性格の男女差も、女性の方が起業への関心が低い要因になっている。

ただ、身近なロールモデルの有無や家庭環境、キャリア、性格特性をコントロールしてもなお、女性であること自体が起業への関心や起業意思の強さにマイナスに影響していた。女性であることに伴う残りの要因は何か、今後も研究を続けたい。

また、今回取り上げた性格特性の男女差は、起業に関心をもつ人の起業意思の強さには影響していなかった。起業に関心をもつ女性が求める支援は、ビジネスの知識やスキルを補うためのもの、育児との両立をしやすくするためのものが多い。また、全体的に、支援を求める声は男性より女性の方が多く挙がっていた。官民によるさまざまな支援が広がっているが、それが自分には適当ではない、利用しにくいなどと考えているのかもしれない。女性のニーズを拾い、女性が利用しやすいかたちで支援を提供することができれば、起業に関心をもつ女性の背中を押すことができるかもしれない。起業の多様化が進むなかで、支援する側にも柔軟な姿勢が望まれている。

＜参考文献＞

小塩真司、阿部晋吾、カトローニ・ピノ（2012）「日本語版 Ten Item Personality Inventory（TIPI－J）」日本パーソナリティ心理学会『パーソナリティ研究』第21巻第1号、pp. 40－52

事　例　編

『日本政策金融公庫調査月報』2022年6月号～2023年5月号に掲載した「未来を拓く起業家たち」を収録した。企業概要や事業内容は原則として掲載時のものである。事例編の最後に、12の事例から得られる示唆をまとめた。

No.	会　社　名	所在地	主な事業内容	従業者数	掲載頁
1	㈱いけがみ	宮城県	工務店	3人	221
2	NANASE㈱	埼玉県	町工場向けコンサルティング	5人	229
3	宅配菓子屋ほのや	千葉県	菓子製造販売	1人	237
4	㈱Honey Forest Brewing	鹿児島県	クラフトビール製造販売	1人	245
5	㈱ロジカム	福岡県	軽貨物運送、通販物流支援	9人	253
6	㈱meguru	宮城県	女性向けICT講座	1人	261
7	fermata㈱	東京都	フェムテック関連製品小売り	23人	269
8	㈱RIN	東京都	ロスフラワーによる空間装飾	8人	277
9	㈱With Midwife	大阪府	顧問助産師受託	6人	285
10	双海FAM	愛媛県	地域産品販売、ゲストハウス	1人	293
11	㈱美染	鳥取県	白髪染め専門美容院	9人	301
12	Nail Le Braille	埼玉県	視覚障害者向けネイルサロン	1人	309

多様なキャリアで家づくりをサポート

㈱いけがみ

＜開業者プロフィール＞

池上 和代（いけがみ かずよ）

宮城県出身。地方銀行で勤務したのちに知人の経営する工務店に入社。現場監督や営業を担当し、2019年に独立して㈱いけがみを創業。二児の母。

〈企業概要〉

創　業	2019年
資 本 金	500万円
従業者数	3人
事業内容	工務店
所 在 地	宮城県仙台市若林区大和町2-25-25 SKビル201
電話番号	022(253)7296
U R L	http://www.ikegami-home.com

当研究所の新規開業実態調査（2022年）によれば、建設業を開業した人のうち女性の割合は1.3%とわずかである。女性が活躍するのが難しいのではと思われがちな業界であるが、宮城県仙台市で工務店を経営する池上和代さんは、異業種での勤務と家事・育児の経験を生かした提案で着実に事業を運営している。

小さく経営して顧客に寄り添う

――もともと建設業とは別の仕事をしていたとうかがいました。

学校を卒業してから6年間、地方銀行に勤めていました。あるとき、工務店を経営している知人から手伝ってほしいと誘われました。銀行での仕事は窓口業務がメインで、さらなるキャリアアップが難しいと感じていたこともあり、転職を決めました。

その工務店での勤務を経て、2019年に㈱いけがみを創業しました。宮城県内で一戸建て住宅や集合住宅の新築工事のほか、リフォーム工事を請け負っています。

――転職した工務店ではどのような仕事をしていたのですか。

銀行での勤務経験を生かし、収入や家庭の状況に応じて借入金額の目安や返済計画の立て方をアドバイスしていました。大きな借り入れをするのは初めてという方がほとんどなので、ローンの仕組みを説明したり審査に必要な書類づくりをフォローしたりして、不安を取り除くようにしていました。

現場監督の仕事もしました。経験はありませんでしたが、大工や建築士、仕入先の業者の方たちから教えてもらいながら、必要な知識を身につけていきました。壁芯面積や内法(うちのり)面積といった寸法の示し方の違いや、安全性を裏づけるコンクリートの強度や耐震性の計算方法、リビングからキッチン、トイレといった家の中で頻繁に行き来する生活動線の考え方などさまざまなことを学びました。営業も経験するなかで、インテリアコーディネーターの資格を取得して、自学でも提案力を磨いていきました。

現場での経験を重ねるうちに、仕事が丁寧で信頼できる大工や業者との人脈も広がっていきました。㈱いけがみを起業してからもこの人脈が役立っています。

——起業に必要なノウハウと人脈を培ったのですね。

仕事を依頼している職人のなかには、勤務時代から20年来の付き合いのある気心の知れた方もいます。お客さんからのさまざまな要望にどのように応えようか悩んでいるときに、親身にアドバイスしてくれるなど開業してからも助けられています。

従業員は常勤の事務担当者と、非常勤の二級建築士の2人で、わたしが顧客対応と現場管理の両方を担っています。当社を含め小さな工務店では、大手ハウスメーカーのようにモデルルームをつくったり、テレビコマーシャルを流したりと広告宣伝に多くの費用をかけるのは難しいです。そのため集客には口コミや紹介が大きな役割を果たします。

口コミを増やすには、お客さんにいかに安心感をもってもらうかが重要です。当社では住まいづくりそのものだけではなく、その後の暮らし方も一緒に考えることで、安心して仕事を任せてもらえるような関係づくりに努めています。また、固定客になってもらうこともポイントです。家を販売した後も、リノベーションや修繕など大小さまざまな受注を定期的に確保することが経営の安定につながるからです。それにはまず、相談に訪れたお客さん一人ひとりの心をつかむことが重要だと考えています。

安心安全な家づくり

——どのように顧客とやりとりをしているのですか。

あえて話しにくいお金の話から始めるようにしています。一生に一度の買い物なので、マイホームに対する理想は大きくなりがちです。ただ、多くの場合は予算の制約があり、すべての希望をかなえることは難しいのです。

もちろん、工務店にとっては要望どおりに設計した方が、販売価格は高くなりますし、お客さんの完成時の満足感も上がります。ただ、無理をして家族の夢をすべて実現すれば、ローン返済の負担が重くなり、趣味や旅行を楽しむお金を捻出できなくなる可能性もあります。新しい住まいでの暮らしの満足度は、完成時をピークに下がっていってしまうのではないでしょうか。

例えば、広くて部屋数の多い家への憧れを語るお客さんは少なくありません。そんなときは、子どもが独立した後の生活や、親との同居の予定など長い目でみたときの部屋割りを一緒に考えていきます。時には、大きな家では冷暖房費がかかること、修繕費の負担も重くなること、掃除が大変になることなど、現実的な話もして、もう一度落ち着いて考えることを勧めています。

家を建ててしばらくした後に、お客さんから「あのとき率直に話をしてくれてよかった」と言われることもあります。そうした方たちは、リフォームやメンテナンスについていつでも気軽に相談してくれたり、新たなお客さんを紹介してくれたりしています。

家の大きさや予算決めでは現実的な話が続くので、お互い苦しい時間ですが、それが終われば楽しく家づくりを進められます。キッチンや風呂といった最もこだわりたい場所や新調したい家具など、かなえたいことを具体的にリストアップしていきます。家具をこの段階で検討するのは、家具を含めた資金計画や間取りを考えるためです。

――銀行時代の知識を生かした助言で信頼を得ているのですね。

ほかに、地元の工務店でキャリアを積んだことで、地域の特性を踏まえた提案ができるのも強みです。

宮城県は震災の影響もあり、地元の人たちの地震対策に対する関心は非常に高いです。耐震強度や安全性を判断するための構造計算について、最低3回は説明して不安を解消するように努めています。お客さんを建設中の現場にお連れして、地震対策用の金具が取りつけられていることを直接見てもらうこともあります。

心配事を一つ一つ解消

もう一つ、地域柄、見落としがちなのが断熱材です。仙台市は真夏日が比較的少なく、冬も氷点下になる日はそう多くありません。生活しやすい気候なので、断熱材を重視する人は少ないのです。ただ、ここ数年は猛暑日が増えており、断熱材を入れたり、断熱性の高い窓にしたりして光熱費を抑え、快適に暮らせるようにする必要がでてきました。相談時には検討するよう必ず伝えています。

最終的な見積書は、一戸建て住宅1軒当たり20ページ以上にわたります。トイレやキッチンの仕様など一つ一つの項目を確認できるようにしています。

きめ細かなサポート

――綿密な打ち合わせを重ねてできた見積書というわけですね。

そのとおりです。不安はすべて取り除き、建てた後にも後悔のないようにしなければと考えています。

間取りや家具についても、お客さんの希望を踏まえつつ、暮らしやすさを高める提案をしています。例えば、子どもや高齢者は出かける直前や帰った直後にトイレに行きたがることが多く、玄関の近くにトイレがあると非常に便利です。また、子どもをダイニングで勉強させるという家庭には、ダイニングテーブルのそばにランドセルや勉強道具を収納する棚をつくることを提案しています。いちいち部屋に取りに行かなくて済みますし、出しっぱなしになることが減れば「早く片付けなさい」と叱ることも減りますよね。

こうした具体的な提案にはわたしの子育てや家事の実体験も生かしています。特に、女性のお客さんは家にいる時間が比較的長いため、暮らしやすさに対するニーズが高く、喜ばれます。住宅の相談では多くの場合、夫が購入資金を多く出すので男性と話を進めがちですが、夫婦の双方とコミュニケーションをとることを心がけています。

こうして完成した家を引き渡す日には、当社で依頼したカメラマンが同行して、家の前や中で家族写真や家具を入れる前の様子を撮影してプレゼントします。家づくりが一つの思い出になるようにしています。

家を建てた後のこともアドバイスしています。10年ごとに一気に修繕するのではなく、必要なところを少しずつメンテナンスすることで家計への負担を分散させていく重要性を伝えています。子どもの進学や不意の入院などとタイミングが重なってしまうと出費が大きくなり、資金繰りが難しくなるおそれもあるからです。

給湯器など、壊れてから修理を依頼するのでは生活に支障が出る設備は、温度が安定しないなど故障する前のサインを伝えておき、気づいたときに電話をもらえるようにしています。わたしが定期的に訪問して必要な箇所を点検するサービスも提供しています。

――親身なサービスで、口コミが広がる理由がわかります。ところで、開業後すぐコロナ禍となりましたが、影響はありましたか。

コロナ禍で在宅勤務が広がると、家をリノベーションする人が増えました。吹き抜けをふさいで仕事用の部屋をつくったり、ネット回線が安定しやすい有線LANを設置したりする工事の依頼が増加しました。一時は、海外の工場で生産がストップした影響で、給湯器が品薄になったり、資材が手に入りづらくなったりと工事を進めにくくなりましたが、だいぶ落ち着きました。

開業から4年経ち、取引のある不動産会社や仕入先業者を通じても、集合住宅や一戸建て住宅の新築やリフォーム工事といったさまざまな案件の依頼が入ってくるようになりました。親世代での対応を評価してもらい、その子どもの世代から建て替えの相談が入ることもあります。地震の多い地域であるため、新規のお客さんから耐震工事の相談を受けることも少なくありません。建設業界では資金繰りに苦労することが少なくないので、今後も受注先を多様にして、安定的な売り上げを確保できる態勢をつくっていきます。

——建設業界でのキャリアも長くなりますね。女性が少ないなか大変だったことはありますか。

この業界に入ったばかりの頃は、女性だからと甘くみられて材料を高い値段で仕入れてしまったことがありました。経験を積み、周囲の人たちに教えてもらいながら相場観をつかめるようになりました。

振り返ってみると、大変なことよりも良いことの方が多かったと思います。勤務した工務店は、子どもを育てながらでも働きやすい職場でした。というのも、書類づくりなどの事務作業を在宅でも進めることができましたし、工事のできる時間が決まっているので、現場監督の仕事は17時には終わるからです。また、建設現場に女性が入ることで、親方が大声で怒鳴るのを控えるなど現場の雰囲気が変わったと喜ばれたこともありました。

開業してからも、家事や育児の経験を生かした提案が好評ですし、奥さんしかいない平日でも気軽に家に呼んで相談してくれるのも、わたしが女性だからこそのメリットかもしれません。

最近では、シニア向けのリフォームの相談も増えています。転倒を防止するために手すりをつけたり、滑りにくい床材にしたりする改修には介護保険が使えますが、知らない人が意外と多く、アドバイスすると喜ばれます。誰もが相談しやすい工務店として、今後も地域の皆さんが安心して暮らせる住まいをつくっていきたいです。

聞き手から

池上和代さんはキャリアアップしたいという思いをもって建設業界に入り、独立して㈱いけがみを立ち上げ、その思いをかなえた。未経験であった現場監督の仕事では、教えてくださいという姿勢をとにかく大切にしていたという。前向きな姿勢が現場の雰囲気を明るくし、周囲の人たちも教えたいという気持ちになったのだろう。

開業後は銀行でのキャリアや家事・育児の経験も強みに、長い目でみた資金計画づくりや、住む人の立場に立った提案で顧客の心をつかんできた。業界の少数派であることは既存の企業との差別化の要素となるが、それ以上にどれほどの経験や知識を培ってきたかということが、活躍の幅を広げていくうえでの鍵になるのだと池上さんに教えてもらった。

（青木　遥）

（日本政策金融公庫調査月報　2023年3月号掲載）

危機に瀕(ひん)する製造業界でかけ橋になりたい

NANASE㈱

<開業者プロフィール>

石田 七瀬（いしだ ななせ）

新潟県出身。大学中退後、内装会社に勤務。結婚・出産を機に退社するがすぐに復帰し、プレス加工工場などで研鑽(けんさん)を積む。30代前半で飛び込んだ産業機器メーカーで部品調達を行った経験から、2018年に製造業の現場をつなぐNANASE㈱を起業。

〈企業概要〉

創　　業	2018年
資 本 金	5万円
従業者数	5人
事業内容	コンサルティング
所 在 地	埼玉県川口市朝日6-16-8
電話番号	048(228)0330
U　R　L	https://www.nanase2018.com

海外メーカーの勢いやAI化の時代の波に飲まれ、危機に瀕する日本の製造業。その製造業に身を置き、町工場同士のマッチングや工場内の環境改善、人材育成にいそしむ人がいる。NANASE㈱の石田七瀬さんは「町工場同士のかけ橋になりたい」と、自ら企業を立ち上げた。右も左もわからない製造業に身を投じて、なぜ起業するまでに至ったのか。その理由や歩みについて、石田さんに詳しく話を聞いた。

前任者の退職で町工場通に

——御社の事業の概要を教えてください。

町工場の世界は、同業であっても互いの技術や品質、設備の内容まで把握していないことが実に多いんですね。そこでNANASEが間に立ち、製作先や加工先など、各々の工場の強みを生かしたマッチングを行っています。

そのほかに、工場内の環境改善をコーディネートしたり、採用や人材の育成を支援したりしています。人材不足で手の回らない工場に代わって営業や納品といった仕事も行っています。

——石田社長がそこまで町工場に精通しているのはどうしてでしょうか。

34歳で転職した自動車メーカーで、産業機器をつくる関連会社の町工場配属となったからです。工作機械はたった1機種で、ボルトやナットのような小さい物からエンジンなどの中間部品まで、約1,000種類の部品を扱います。わたしは知識のないまま、いきなり購買と呼ばれる調達の担当になったものの、1カ月後には前任者が退社してしまいました。

図面も読めなければ、どんな加工かもわからない。社内で教えてくれる人がいなかったため、見よう見まねで協力会社に発注書を送っているうちに、作業の内容を詳しく教えてもらえるようになりました。「この部品が欲しいのですが、どうしたらつくってもらえますか？」と毎日電話するなど、日々体当たりで交渉していましたね。

すると数カ月で、部品がスムーズに納品されていないことやコストがかかりすぎていることに気づきました。わたしは7人の子どもがいて、主婦としては20年選手です。家計を預かる感覚でみると明らかにおかしかったのです。

そこで協力会社と本気でぶつかりながら交渉すると、1週間かかった納品が即日発送に変わりました。やがて万年赤字化していた購買部門が黒字化され、最大80パーセント強のコストダウンができました。

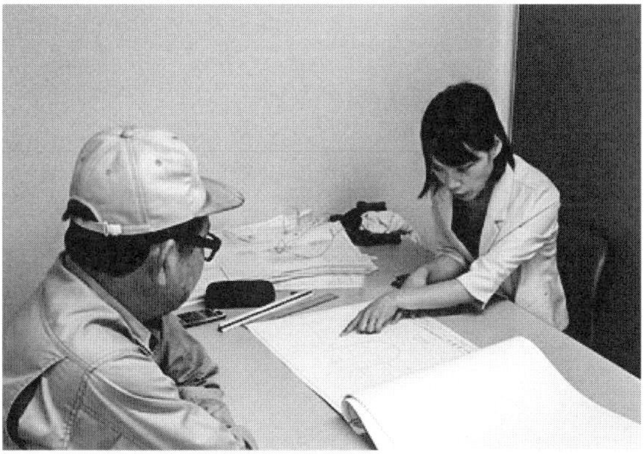

図面をもとに町工場にアドバイス

――起業したきっかけを教えてください。

「女が工場をちょろちょろしてんじゃないよ」とどやされながらも、4年ほど働くとこの業界の未来について俯瞰(ふかん)的にものがみられるようになってきました。日本の町工場は良い製品をつくっているにもかかわらず、確実に数が減っています。わたしは産業機器メーカーに勤務していたときに、協力会社から「この部品をつくれるところを知らない？」と聞かれたら、対応できる町工場を紹介していました。ときには「この図面ならA社よりもB社の部品を継続的に扱った方が、毎月のスケジュールを滞らせることなく納品できると思いますよ」と伝えることもありましたね。

つながる町工場同士がウィンウィンの関係になれたり、新しい販路の開拓につながったりするような会社が、製造業界には必要なのではないか。わたしも町工場の人たちに恩返しがしたいし、素敵なものづくりの会社に潰(つぶ)れてほしくない。夫に相談したら、「だったら自分で会社をつくればいいじゃない」と言われました。夫は営業から設計、品質管理まで携わった経験があったので、つくり手と発注者の両方の気持ちがわかる人だったのです。

ビジコンが会社の成長に

――ご夫婦で2018年に立ち上げたNANASEが軌道に乗るまでに取り組んだことについて、詳しく教えてください。

まずわたしと夫の退職金とクラウドファンディングの「READYFOR」で得た30万円を資本金としました。クラウドファンディングを使ったのは、広告宣伝にお金をかけられないからです。

会社の影響力がないうちはいくらSNSを盛んに行っても、宣伝ツールとしてあまり有効ではありません。そこで自分たちの製造業にかける思いが端的に伝わるクラウドファンディングに的を絞りました。

その後、事業内容について客観的なフィードバックが得られるうえに、自社の宣伝も兼ねられるため、数多くのビジネスコンテストに挑戦しました。おかげさまで、2019年には第1回ウーマンビジネスプランコンテスト大賞を受賞。2020年には第15回さいたま輝き荻野吟子賞のさわやかチャレンジ部門賞と、第6回女性起業チャレンジ制度の準グランプリを受賞することができました。

ビジコンを通じてお客さまがどんどんついてきたことで、日刊工業新聞や日本経済新聞などに取り上げられるようになったのはありがたかったですね。

――ご夫婦以外に、スタッフの方はいらっしゃいますか。

現在、わたしたち夫婦以外に1人が働いています。仕事は、NANASEとつながる全国の町工場500社を紹介するインターネットサイトの作成です。

町工場は人材不足のところが多く、ホームページをもたない会社もたくさんあります。そこでわたしたちが工場の代わりに良い職人さんをピックアップして、技術力の高さや人柄の良さなどを記事で紹介するんですね。個々の職人さんの魅力をアピールすることにより、工場の長所を伝えるよ

ビジコンで受賞スピーチをする石田社長

うにしています。

2019年12月から当社で働いているスタッフ3人は、いずれもダブルワーク中の子育てママです。そのうち2人はウーマンビジネスプランコンテストで発表するわたしの姿を見て、一緒に働きたいと声をかけてくれました。日々の業務は、空き時間に行う当社公式Twitterなどの SNS更新作業です。そのほか、マッチングサイトの手伝いを1カ月20時間でやってもらっています。

NANASEの働き方は「空いている時間で、仕事を通じてスキルアップしてもらえればよい」というものです。子育て中の人のほかに、メンタル面の不調に陥って前職を退職された方などにも積極的に仕事を頼んでいきたいと思います。

理由は、わたし自身が働く女性の苦労をたくさん経験してきたことです。会社員時代にはセクハラやパワハラを受けましたし、妊娠や育児休業休暇を取得した後に嫌な思いをすることもありました。日本の会社はまだまだ女性に優しくないところも残っているので、仕事と子育ての両立に疲れてしまい、メンタルの不調で悩むのは珍しいことではないと思うのです。

——人材活用の姿勢の裏には、石田さんご自身のつらい経験があったのですね。

人生は健康でいたときの成功体験がすべてではないと思います。病んだ経験は決して失敗ではないし、わたしは「あなたのやってきたことは無駄じゃないよ、大丈夫だよ」と言ってあげたいです。一度休職した人であっても自宅で良い仕事をしていれば、格好いい母親の背中を子どもに見せることができます。そうすれば、子どもにも良い影響があると思うんです。

またメンタルの不調などで離職した人でなくても、子どもを寝かしつけた後の時間や幼稚園に行っている間の時間を利用して働きたい人はたくさんいらっしゃるんですよね。1カ月に20時間の約束でお願いしたら、年間で240時間になります。子育てママにとって240時間働いて得られることはたくさんあるはずです。

工場へのヒアリングも、男性よりも圧倒的に女性の方がうまいです。隙間時間で働くのにNANASEがお役に立てるのであれば、ぜひ当社で働いてほしいと思いますね。

言わずもがなですが、雇用保険や社会保険もきちんと準備しています。わたしが会社員として働いていたときは、いざというときの保障が十分とはいえない非正規雇用の立場でいたことが多かったからです。

人も会社も常に変われる

——最近特に力を入れている事業について教えてください。

ここ1～2年で携わるようになったのは、ものづくり業界の新卒・中途採用の面接代行です。その際にわたしが大事にしているのは、フィードバックです。面接に来られた方が採用、不採用の詳細な理由を聞くことはきわめてまれです。そこでわたしは面接の最後に、応募者全員にどこに気をつければ次の面接でもっと良いアプローチができるかを伝えています。

面接後に町工場へフィードバック

ある企業の面接で、「わたしにその業務はできません」と言った応募者がいました。その際「できないことを認める勇気は、とても大事です」と伝えたうえで、「今はできませんが、勉強して知りたいです。ぜひやってみたいですと言ってやる気を示すことで、あなたを採用したいと思ってもらえますよ」と指摘したこともありました。

また、前職の退職理由を隠そうとする方には、「本当のことを知りたいのです。もし前職でお困りになっていたのであれば、この会社で解決できることがあるかもしれませんよ？」と問いかけたこともありました。

気づいたことを伝える相手は面接に来られた方だけではありません。採用する企業の方に対しても、面接した後に詳細なフィードバックを行っています。面接に来られた方の長所を引き出したうえで、企業に合うかどうかよく考える。そうすることで、企業と応募者の一致点を探り、両者のマッチングの確率を高めているのです。

――ビジネスコンテストに出た理由も、事業に対する冷静なフィードバックがあるからとおっしゃっていました。それと同じ考え方ですね。

採用面接も町工場同士のマッチングも、NANASEが行うのは、人と人とをつなぐことです。しかし必ずどこかでミスマッチは起きます。たとえ今回はNGを出したとしても、「製造工程の段取りを見直すことができれば今後は採用ができるはずです」と率直に足りない点を伝えるだけで、工場も人も必ず変わると思うのです。

採用試験を受ける人も企業経営者も、自分や自社の足りない部分に気づけなければ、進歩はできません。先日も以前からお付き合いのある100年続いた工場が破産しました。厳しい意見を言ってくれる人がいなければ、そうした長寿企業でも倒産してしまうのです。

人は年齢や経験を重ねた後でも、気づきがあれば必ず変わることができます。わたしの一番上の子はもう20歳になりますが、子育て一つとっても、20年前と現在ではまるで違います。ましてや社会の価値観や経済情勢は大きく変わっているのです。

会社も時代に合わせて変わらなくてはいけません。そのために企業の良さをもっと引き出したい。果敢にフィードバックして、町工場が1社でも多く残るようにしてきたいと思います。

聞き手から

7人のお子さんを育てる石田七瀬さん。だからこそいつも仕事の本質を正しく見極められる。無駄を省き、コストを考え、会社に足りないものは何か。取材中に何度も登場した「何をする？いつまでにする？」の言葉は、社員として働きながら子育てを続けた20年間に及ぶマルチタスク生活が生み出したものだ。

男性が中心のものづくり業界だが、何かと目配りの利く女性はもっと雇用を増やせるのではないか。石田さんは「離職の経験は失敗ではない。メンタル不調に悩む女性も隙間時間で働きたい女性も大歓迎」と語る。20年の経験に基づく地に足のついた石田さんの言葉に、強い印象を覚えた。

（横山 由希路）

（日本政策金融公庫調査月報　2022年9月号掲載）

地域の魅力を配達する菓子屋

宅配菓子屋ほのや

＜開業者プロフィール＞

荒井 美乃里（あらい みのり）

千葉県出身。都内の調理師専門学校で学び、老舗和菓子店で修業。レストランの調理担当や専門学校の助手などを務めた後、2019年に実家で「宅配菓子屋ほのや」を創業。

〈企業概要〉

創　　業	2019年
従業者数	1人
事業内容	菓子製造販売
所 在 地	千葉県長生郡長南町山内1541
電話番号	0475(47)4040
U R L	https://peraichi.com/landing_pages/view/chonanhonoya

千葉県のほぼ中央に位置する長南町（ちょうなんまち）は、稲作やレンコンづくりが盛んな自然豊かな町である。その町に、およそ30年ぶりに菓子屋ができた。店主の荒井美乃里さんが、つくりたての菓子を一軒一軒配達している。

荒井さんはどのような人物なのだろうか。地元での菓子づくりに込める思いをうかがった。

つくりたての菓子を宅配

――荒井さんは長南町のご出身なのですね。

そうです。実家は古くから町で兼業農家をしていて、父で4代目になります。わたしは、2年半ほど東京にある老舗の和菓子店で修業していましたが、東日本大震災の直後に実家に戻りました。地元にいたいという思いが一層強くなり、それからは卒業した調理師専門学校で助手を務めたり、近くのレストランで調理の仕事をしたりしていました。

店を始めたのは、長年の夢だった菓子屋を開くことで、地元の役に立ちたいと思ったからです。当時、町には菓子店が一軒もありませんでした。わたしが生まれて間もない頃に、唯一あった和菓子店がなくなったそうです。普段のおやつや手土産に使える店が近所にできれば町の人たちに喜んでもらえるのではないかと考え、2019年に「宅配菓子屋ほのや」を開店しました。

――宅配と店名にありますが、店舗はないのですか。

小売りの店舗はありません。注文を受けてからつくった菓子を直接お届けしています。

人口の少ないこの町では、1日に売れる菓子の量は限られます。店舗を出せば、いつ来るかわからないお客さんのために菓子をつくり置きしなければなりませんが、売れ残ればすべて廃棄することになります。仕入れのコストがかさみますし、何よりせっかくの食材を無駄にしてしまいます。

また、お年寄りが店まで足を運ぶのは大変です。こちらから出向いて菓子を届けたいと思いました。

両親に相談して、実家の空き部屋を工房に改装しました。注文は電話やファクシミリ、LINEなどのメッセージアプリで受けることにしました。

ただ、注文を受けてからつくっていては、「今食べたい」人には間に合

紅花を練り込んだもなか

いません。電話をもらってすぐに配達できる菓子は何か考えたときに、もなかを思いつきました。もなかは、皮とあんを別々に保存しておけば日持ちします。連絡をもらってすぐに用意できる菓子としてぴったりでした。

もなかは、「紅花もなか」と「ぜんざいもなか」の2種類をつくっています。紅花は町の花です。町の特色を生かした銘菓をつくりたいと思い、千葉県よろず支援拠点のコーディネーターのアドバイスを受けながら、もなかの皮に紅花を乾燥させて練り込み色をつけた、紅花もなかを考案しました。皮の製造は、修業した和菓子店で利用していた製造所にお願いしています。

もう一つのぜんざいもなかは、昔、町にあった和菓子店の人気商品を、わたしなりに復刻したものです。当時はおわんの形のもなかで、中にあんと餅が入っていたことからその名前で呼ばれていたそうです。両親や近所のお年寄りから聞いた話を手がかりにしてつくりました。形は正方形で、なかに粒あんとぎゅうひを入れています。多くの方から懐かしいと喜ばれています。

紅花だけでなく、アズキなど店で使う材料は、できる限り地元業者から仕入れるようにしています。米粉は実家で育てたコメを自家製粉しています。菓子だけでなく、その材料までつくり手が見えることで、自信をもってお客さんに届けられます。

思いやりを詰めた菓子

——ほかにはどのようなお菓子がありますか。

お通いボトル付きの「ボトルクッキー」も定番の商品です。初回に、クッキーと容器のボトルを一緒に買っていただき、次からは、ボトルが空になったら中身のクッキーをお届けします。毎回違う組み合わせを楽しんでもらえるようにしています。

地元では、一人暮らしのお年寄りが増えています。離れた町で暮らすお子さんの代わりに、お年寄りのところへ定期的にうかがって世間話をするきっかけになればよいなと思って始めました。今は、町の中学校の先生方が定期的に注文してくださるなど、さまざまなお客さんとのつながりが生まれています。

また、菓子ではありませんが、月1回販売しているキッシュも、毎月の販売日を楽しみにしてくださる方がたくさんいます。

キッシュは、コロナ禍で外出が制限されて手土産の需要が減るなかで、新たに店のメニューに加えました。外食したり人と会ったりできない分、家での時間を楽しんでもらえたらとつくってみたところ好評で、定番の商品になりました。

具材は、わたしが裏山で掘ったタケノコや、父が育てたジャガイモ、近所の農家から仕入れたレンコンなど、その時々に町で採れる旬の食材を使っています。地元のおいしい食材をおいしい食べ方で提供したいと思っているので、料理のジャンルにはこだわりません。

今、お客さんの半分が町内で、残り半分の大半が隣の茂原市の方々です。町外の場合は片道20キロメートルまでとし、配達料を300円いただいてお届けしています。地元で商売をしている方が来客用のお茶菓子に使ってくれたり、近所の美容院がチラシを置いてくれたりと、皆さんのおかげで少しずつ知られるようになりました。

――お店を出してほしいという声もありそうです。

創業の翌年から、毎月2日間だけ、町内の「芳泉茶寮（ほうせんさりょう）」とコラボレートした「ほのや茶寮」を始めました。芳泉茶寮は、東京から町に移住したご夫婦が、古民家を改装して開いた中国茶のお店です。気さくなお二人で、わたしも出会ってすぐに仲良くなりました。

ほのや茶寮の日は、中国茶と一緒にわたしがつくる菓子を出しています。焼きたてのどら焼きやきんつばを出すこともあり、出来たてのおいしさを楽しめる工夫をしています。菓子を食べるお客さんの様子を見ることができるのも、ほのや茶寮の日ならではです。県内の袖ケ浦市を拠点に活動している切り絵作家のすがみほこさんも仲間に加わり、お客さんが切り絵も体験できるようにしています。

ご夫婦の営む芳泉茶寮は、町外の方に人気のスポットです。コラボレートすることで、離れた地域の方々にもわたしの菓子を食べてもらえるようになりました。また、ほのや茶寮が、わたしの菓子を注文してくださる地元の方が芳泉茶寮を訪れるきっかけにもなりました。

菓子でつなぐ人の輪

――地元のお店としてすっかり定着しましたね。

そう言ってもらえるとうれしいです。ただ、創業した初めの頃は、地元で自分にできることは何か、悩むことがたびたびありました。

創業した2カ月後の秋のことでした。大型の台風が立て続けに千葉県を襲い、町でも多くの田畑や家屋が浸水や損壊の被害を受けました。亡くなった方もいました。当時、わたしは町のイベントに参加する予定でしたが、すべて中止となってしまいました。町内の方々に店を知ってもらう機会になると期待していただけに、とても残念でした。

しかし、何より苦しかったのは、町のために何も行動を起こせなかったことでした。台風が過ぎ去った後も何日も停電が続き、町は静まり返っていました。町の人たちを元気づけるためにも何かしたいという思いが募ったものの、地元でのネットワークをまだ築けていなかったわたしは、もんもんとして過ごすことしかできなかったのです。

転機となったのが、先ほどの芳泉茶寮のご夫婦との出会いでした。お二人は、地域の食材をメニューに取り入れるだけでなく、生産者の人たちと積極的に交流するなど、町に根差した暮らしをとても大切にしていました。

ほのや茶寮を始めた翌月、ご夫婦を中心とした町おこしを目的とする有志で「ほぼ道の駅ちょうなんプロジェクト」、略して「ほぼ道」を結成し、わたしも声をかけられて加わりました。プロジェクトの名前の由来は、町に初となる道の駅をつくろうという趣旨で発足したことです。今は、さまざまな場所や方法で、地元の魅力を発信したり、住民の交流の機会をつくったりしています。現在11人で活動しています。

ほぼ道では、町のイベントなどに出店するほか、年に2回、「長南つなぐ市」を主催しています。来場者も出店者も町内の人に限定したイベントです。

町には美しい自然やおいしい食材が豊富にあり、それらを生かした個性的な店も少なくありませんが、地元の面白さを認識しないまま町から離れてしまう若者が多いように思います。また、住民同士の濃い付き合いも魅力の一つですが、若い世代ほどこうしたつながりが薄れてきているように感じます。まず、町の人たちが地元の良さを理解し、交流を深める場にしたいと考えています。

地元のイベントにも出店（左が荒井さん）

――仲間を得て活動の領域が広がりましたね。

町に対する思いを共有する仲間ができたことで、自信をもって行動できるようになりました。ほぼ道を結成してから間もなく、新型コロナウイルス感染症が流行しましたが、1年前の台風のときのような迷いはもうありませんでした。

感染者数が少し落ち着きをみせ始めてから、仲間と感染に気を配りながら、子どもたちのためのワークショップを開いています。例えば、地元のコミュニティカフェと、本を介して交流するサークル「長南ビブリオカフェ」が共同で開催するイベントのなかで、絵本に登場する菓子や料理をつくりました。参加した親子皆さんに楽しんでもらえて好評です。長いおうち時間でたまったストレスを発散してもらいたくて、田んぼで野球をして遊ぶイベントも毎年開いています。

ほかにも、地元の小学校や中学校に呼ばれて、話しに行くこともあります。コロナ禍で職場体験ができなくなった子どもたちに、わたしが店を始めたきっかけや、普段どのような仕事をしているのかを聞いてもらい、商売の様子をイメージしてもらっています。

こうした活動を通じてお客さんが広がり、売り上げも安定してきました。イベントに使う菓子の注文も増えて、今年の敬老の日には、町がお年寄りに配る菓子をつくることになっています。

――町中のお年寄りがお店を知る機会になりますね。

そのとおりです。わたしは、創業した当初から、「地域の孫になりたい」と話しています。店を通じて、お年寄りのところへ気軽に立ち寄れる「孫」のような存在になり、ご夫婦二人きりや一人で暮らす地元のお年寄りを見守りたいと思っています。敬老の日の菓子をきっかけに、地元のお年寄りとのつながりをさらに広げて関係を深めていきたいと、今から楽しみにしています。

宅配菓子屋ほのやは店舗がないので店番をする必要がなく、呼ばれればどこへでもすぐに飛んでいけます。自分からさまざまな場所へ足を運んで地元の人との関係を築きながら、仲間と一緒に大好きな町の魅力を高め、多くの人と共有していきたいと思っています。

聞き手から

荒井美乃里さんは、経営の傍ら、実家のコメづくりを手伝っている。春の田植えやお盆明けの稲刈りの時期は特に忙しく、その間は菓子づくりに充てる時間も限られてしまう。そんな事情を察して、近所の人たちも前倒しで菓子を注文してくれるのだという。「新米のお団子を楽しみにしているよ」と皆、好意的だ。

こうした良好な関係が築かれているのは、荒井さんが常に地元の人たちを気遣い、親身に接しているからにほかならない。店が選ばれる理由は、価格やおいしさ、便利さだけではない。そこに足される店主の人間味や客との関係性が決め手となって、客の背中を押しているのである。

（桑本　香梨）

（日本政策金融公庫調査月報　2022年10月号掲載）

クラフトビールで地元にエールを

㈱Honey Forest Brewing

＜開業者プロフィール＞

相羽 ゆか（あいば ゆか）

鹿児島県鹿屋市出身。結婚を機に南大隅町に移り住む。地元で長く管理栄養士の仕事をしていたが、退職して南大隅町初のクラフトビール醸造所をオープン。九州初の女性ブルワーとして活躍。

〈企業概要〉

創　業	2020年
資 本 金	100万円
従業者数	1人
事業内容	ビール製造販売
所 在 地	鹿児島県肝属郡南大隅町根占川南3788
電話番号	0994(24)5557
U R L	https://honeyforest-b.jp

Honey Forest Brewingは、九州最南端のクラフトビール工房である。醸造所兼店舗に並ぶ「Sun Sun ALE」は、蜂蜜と地元の果物を使ったフルーツビールで、ビールが苦手な人にも人気である。

醸造を一手に担うのは、地元出身の相羽ゆかさん。50歳を目前にしてビールづくりを一から学び、工房を立ち上げた。相羽さんを未知の分野での起業に駆り立てたものは何だったのだろうか。

町を代表するクラフトビール

――「Sun Sun ALE」という商品名の由来を教えてください。

「Sun Sun」には太陽が燦々と降り注ぐ、そして「ALE」にはビールの種類であるエールと、応援のエールの意味を込めています。Honey Forest Brewingがあるのは、鹿児島県の大隅半島の南端、南大隅町です。海からの南風で1年を通じて温暖な地域で、柑橘類を中心とした果物の栽培が盛んです。太陽の恵みをいっぱい受けて育った地元の果物を使ってたくさんの人にエールを届けたい、そうした思いで名付けました。

「Sun Sun ALE」は地元の旬の果物と蜂蜜を使ったフルーツビールです。甘く濃厚な果汁が特徴のタンカンという柑橘や、酸味が爽やかで和製レモンとも呼ばれる辺塚だいだい、パイナップルなど季節に応じた5種類のラインアップを用意しています。

町は、おいしい果物だけでなく、美しい景観も魅力です。太平洋と東シナ海に面し、屋久島まで望むことができる佐多岬や、エメラルドグリーンの滝つぼが美しい雄川の滝などの見所が点在します。

一方で、地元を象徴するような土産品がなく、町役場もそのことを課題にするようになっていました。わたし自身も、観光で町を訪れた人に喜んでもらえるような独自の商品があったらよいのにと、常々思っていました。ただ、まさか自分がそれをつくることになるとは思ってもいませんでした。

――クラフトビールをつくるようになった経緯を教えてください。

発端は、夫がニホンミツバチを知人から譲り受け、自宅で養蜂を始めたことでした。初めのうちは渋々手伝っていたわたしでしたが、採った蜜を食べてみてあまりのおいしさに感動し、この味をたくさんの人に知ってもらいたいと思うようになりました。

地元の果物を使ったSun Sun ALE

あと数年で夫は定年です。わたしも管理栄養士として地元の高齢者施設に勤めていましたが、夫の定年後は仕事を辞めて、二人で蜂蜜を使ったカフェを開こうかなどと話していました。

ちょうどその頃、町では土産品を企画しようと、東京から観光プロデューサーの女性を3年間の期限付きで招いていました。蜂蜜を使った商品で町の役に立てるかもしれないと、役場に勤めている夫と相談し、その女性を自宅に招待してアドバイスをもらうことにしました。

わが家を訪れた彼女はリビングの棚に並ぶ焼酎を見て、「二人ともお酒好きなようだから、蜂蜜を入れたクラフトビールをつくってはどうでしょう」と言ったのです。予想外の提案に、夫もわたしも言葉が出ませんでした。

しかし、よく考えてみれば良いアイデアでした。近隣にクラフトビールをつくっている店はないので、話題性は高いです。何より土産品や贈答品にぴったりで、町の思惑とも合致します。さっそくクラフトビールをつくる準備を進めることになりました。2019年のことでした。

――町の期待を背負っての創業計画となりましたね。

それだけに、初めのうちは不安と焦りばかりが募りました。何せ、わたしは管理栄養士として食品に関する知識はありましたが、ビールのつくり方はまったく知りませんでした。しかし、立ち止まっている時間はありません。まず、どのようなビールをつくるかを考えました。

材料に、わが家の蜂蜜と町の果物を使うことは決めていました。果物に目をつけたのは、タンカン農家である友人の話がきっかけです。町の特産であるタンカンは、皮が薄く傷つきやすく、規格外となってしまう割合が高いそうです。おいしさは変わらないのに、規格外になると売れても安い値段しかつかなくなります。市場に卸せない果物をフルーツビールにすることで新たな用途をつくり、少しでも友人のような果物農家の方たちの力になりたいと考えました。

ただ、どんな味わいにするか、どのような売り方をするかといった具体的なコンセプトは描けていません。そこで、県外まで足を延ばして、いろいろなクラフトビールの醸造所を見学して回りました。飲み比べるだけでなく、醸造にはどれくらいの広さが必要か、店内のレイアウトや商品の見せ方にはどのような工夫があるのかといったこともチェックするようにしました。

観光プロデューサーの女性にも何度も相談しながら、商品の方向性を決めていきました。ターゲットに据えたのは、30～40歳代の女性です。ビール離れは特に女性に顕著だといわれていますが、甘くフルーティに仕上げれば、ビールに苦手意識をもつ女性層を取り込むことができます。図らずも、つくり手であるわたしは女性です。ビールから店づくりまで女性目線を前面に打ち出すことにしました。

たくさんのエール

――肝心の醸造技術はどのように身につけたのですか。

まず、インターネットで見つけたクラフトビール講座に申し込み、開催地の大阪まで行って基礎を学びました。ただ、座学だけで技術の習得は難しいです。それに、税務署から醸造の許可を得るためには、年間に規定以上の量をつくり、かつそれを販売できる根拠を示す必要があるのですが、思いどおりのビールを醸造できるのかは試してみないことにはわかりません。講師の方にお願いして、知り合いのビール醸造所を紹介してもらいました。

宮崎県延岡市にあるその醸造所は、世界的なクラフトビールのコンテストで何度も受賞したことがあり、ビール通の間では広く知られています。醸造の勉強を始めて日も浅い素人の申し出に、初めのうちは諦めた方がよいと諭されました。

それでも、町の人たちの期待を背負っているわたしは引き下がれません。地域をもり立てるために何としてもビールをつくれるようになりたいのだと、社長や工場長に懸命に訴え、何とか受け入れてもらえることになりました。

それからは、自宅から車で4時間かけて醸造所に通い、醸造のノウハウを体にたたき込んでいきました。その傍ら、醸造所の方々に相談しながら、新しいビールのレシピを考えました。皆さん、使うホップの種類や配合、果汁を混ぜるタイミングなど、いろいろとアドバイスをしてくれました。

――工房も用意しなければいけませんね。

実は、宮崎での研修と並行して、地元では工房の建設を進めていました。デザインは、女性に喜ばれるような「映える」スポットを意識しました。店の周囲に芝の庭をつくり、店までのアプローチには石畳を敷きました。自然豊かな町に調和するように、外壁や内装には木材をふんだんに使っています。また、工房内にはイートインスペースを設けて、注ぎ立てのビールを味わってもらえるようにしました。

費用は、町からの補助金とわたしの貯蓄を充て、足りない分は借り入れました。ただ、お客さんに喜んでもらおうと建物にかなりお金をかけてし

町の自然に調和した工房

まったため、醸造専用の機材をそろえることでさらに借り入れを増やすことには不安がありました。

研修先の醸造所の社長に相談してみると、市販のビールを入れるのに使われている15リットルのステンレス製の樽(たる)を応用できるのではないかと教えてくれました。大きめの寸胴鍋で少しずつ醸造するようなイメージです。手間はかかりますが、設備にほとんど費用をかけずに、醸造の環境を整えることができました。

2020年1月に㈱Honey Forest Brewingを設立しました。同じ年の10月に税務署から醸造免許を取得し、すぐに新しい工房で仕込みを始めました。初仕込みには研修先の醸造所の方が駆けつけて、サポートしてくれました。こうしてようやくSun Sun ALEが完成したのです。

町の新たな名所に

——完成したときの感動が伝わってきます。反響はいかがでしたか。

想像以上でした。2021年3月、まず、テレビや雑誌などのメディアに向けてプレオープンしました。観光プロデューサーの女性が事前に県内の全メディアにプレスリリースしてくれたのです。さっそく地元紙やローカルテレビで紹介されました。

そのおかげもあり、プレオープン3日後の開店からしばらくは、県内外から大勢のお客さんが詰めかけてくれて、店の前には行列ができました。用意したビールが1、2時間で売り切れてしまう日もあり、うれしい悲鳴でした。

町内の飲食店への卸売りも始めました。名所の雄川の滝にあるカフェの店主は、ビールの完成を心待ちにしてくれていた一人です。さっそくカフェのメニューに載せて、工房のパンフレットも店内に置いてくれました。Sun Sun ALEを飲んだカフェのお客さんが、帰りがけに工房に立ち寄ってお土産に買って帰るようになりました。

開店してしばらくの間は、息子が手伝ってくれました。夫も、仕事をしながら醸造に使う蜂蜜を採取したりして協力してくれます。それでも、ビールづくりはわたしが一手に担っているので毎日目が回るほど忙しいです。

専用の設備を使っていないため、1度につくれるビールの量は限られます。発酵の具合を確かめながら、ほとんど付ききりで作業しなければなりません。瓶詰めもラベル貼りもすべて手作業です。手間がかかる分、出来上がったSun Sun ALEを店頭に並べるときの思いはひとしおです。

工房は週末だけ開けて、月曜から木曜は醸造に専念しています。3月のオープンから5カ月ほどしてようやく落ち着き、通信販売もできるようになりました。

――全国に商圏が広がりましたね。

コロナ禍となり、当初想定していた国内外からの観光需要はしばらく見込みにくくなりましたが、それでも鹿児島市や霧島市など、町外の方々が工房を目指してやってきてくれるようになりました。地元の方もおいしいと喜んでくれます。諦めずに起業して本当によかったです。

今後はさらに販売先を広げていく計画です。Sun Sun ALEを通して町のことを知ってもらう機会を増やしたいからです。先日も、鹿児島市内の商店街のイベントに出店して好評をいただきました。

また、販路を広げるだけでなく、Sun Sun ALEのラインアップを増やしたいと考えています。町にはまだたくさんの果物があります。パッションフルーツやマンゴーにも挑戦してみたいです。

観光プロデューサーの女性は、今でも容器のデザインや仕入れなどについて相談に乗ってくれます。商品のコンセプトを考えるところからかかわったので、特に愛着が強いのだと言っていました。ノウハウを惜しみなく教えてくれた醸造所の社長も、折りにつけて気にかけてくれます。

たくさんの方の支えなくして、ここまでたどり着くことはできませんでした。今度は、わたしがSun Sun ALEで町を活気づけ、たくさんの人にエールを届けたいと思います。

聞き手から

起業に関心がある人は少なくないが、多くの場合は「アイデアや技術がない」「リスクが大きい」と踏み出せないまま終わってしまう。相羽ゆかさんも、クラフトビールという未知の世界に飛び込むときは、とても不安だったという。それでも、町を元気にしたいという強い思いと真剣に学ぶ姿勢に共感した人たちからたくさんのサポートを得て、工房を立ち上げることができた。

わが国では、低迷する開業率を引き上げることが経済活性化に向けた課題とされている。相羽さんを応援してくれた周囲の人たちのように、起業しようとする人への理解を示し、エールを送る心を多くの人のなかに育むことが、長年の問題を解決する一歩になるはずである。

（桑本 香梨）

（日本政策金融公庫調査月報　2022年12月号掲載）

ラストワンマイルに光を当てる

㈱ロジカム

＜開業者プロフィール＞
大瀬 麻衣子（おおせ まいこ）
　大手運送会社や倉庫会社を経て、2017年に軽貨物運送事業で起業。2019年に㈱ロジカムを設立。2021年にシステム事業を移管した㈱サポロジを合弁で設立し、代表を兼務する。

〈企業概要〉

創　　業	2017年
資 本 金	100万円
従業者数	9人
事業内容	軽貨物運送、通販物流支援、物流コンサルティング
所 在 地	福岡県福岡市東区箱崎ふ頭5-1-40
電話番号	092(710)7521
U　R　L	https://logicome.com

　通信販売を日常的に利用する人が増え、国内の宅配便の取り扱い数は右肩上がりだという。一方で、消費者に商品を届けるラストワンマイルは自動化が難しく、慢性的な人手不足が業界のイメージを暗くしている。

　少しでも多くの人に物流の魅力を知ってもらい、業界離れを食い止めたいと、大瀬麻衣子さんは㈱ロジカムを起業した。物流業界に根づく大きな構造問題にどのように挑んでいるのか、その道のりをうかがった。

物流好きを増やしたい

――企業名の「ロジカム」はどのような意味ですか。

物流のlogisticsとcomeを組み合わせた造語です。物流業界にもっと人が集まるようにしたい、という意味を込めています。

わたし自身は、20歳のときに友人に誘われて大手運送会社に入社してから今に至るまで、ずっと物流の仕事に携わっています。運送会社では宅配ドライバーとして働き、5年半後に倉庫会社に転職しました。通販会社などの荷主に入る注文に応じて倉庫に預かっている商品をピックアップし、梱包（こんぽう）して発送手続きをする、運送の前段階の仕事です。どちらもとても魅力のある仕事です。

――どのようなところが魅力的だったのですか。

運送の仕事では、荷物を心待ちにしていた方の笑顔を見られること、「ありがとう」と直接声をかけてもらえることが、何よりうれしかったです。

一方の倉庫の仕事はお客様と顔を合わせることはないですが、荷物を受け取る方の気持ちを考えながら仕事をするという点では変わりません。

例えば、楽しみにしていた商品が届いたとき、梱包が雑だと少しがっかりしませんか。ささいなことですが、複数の商品をまとめて包装するときは正面をそろえて角をきっちり合わせたり、緩衝材をきれいに詰めたりすることが、お客様の満足度の向上につながります。丁寧に、かつ効率的に作業するためにはどうすればよいかを工夫するのは、充実した時間でした。

結果もかたちに表れるようになりました。通販会社に寄せられるレビューには梱包を評価する箇所もあり、その評価点が上がるようになったのです。裏方である物流の仕事も価値を生みだせるのだと、お客様から教えてもらったように思います。

――大瀬さんのように物流の仕事が好きな人は多いのでしょうか。

残念ながら、倉庫会社の同僚に、仕事に張り合いを感じている人はほとんどいませんでした。アルバイトが多く、彼らを雇っている会社側も従業員を教育したり、モチベーションを上げようとしたりはしていませんでした。

運送の仕事をしている元同僚からも、従業員が次々に辞めていき、人手不足で現場が疲弊している様子を聞きました。荷物を雑に扱った配達員のニュースをテレビで見かけるたびに、悔しくてなりませんでした。物流業界で働く人たちが正当に評価され、やりがいをもって働ける環境をつくりたいと思いました。

――それで起業を考えたのですね。

業界の未来を明るくしたい一心で起業を決意しました。ただし、起業する前に、運送事業者や倉庫会社を利用する荷主側の考え方も知っておきたいと思いました。化粧品の通販会社を経営する知人に頼み込み、半年間勤務させてもらいました。

ユーザーの声を聞きながら商品を改良したり、バイヤーと交渉したりといった製造の過程に身を置き、商品に込められた思いを知りました。物流の仕事は、商品を送り出す荷主の気持ちも一緒に届ける、責任感のある仕事なのだと改めて感じました。

ECサイトの構築やメンテナンスも経験させてもらった後、2017年に軽ワゴン車1台で起業しました。

業界の構造問題に挑む

――運送の仕事に戻りましたね。

軽貨物運送のほか、これまでの経験を生かして物流コンサルティングの仕事もしながら資金をため、今後の構想を練ることにしたのです。起業して半年後にはスタッフを1人雇って宅配の仕事を任せ、企画に充てる時間を増やしました。

まず、物流業界がなぜ疲弊するようになったのか、いろいろな人に話を聞きながら考えを整理しました。

一つは人手不足です。通信販売の普及による荷物の急増に、人材の確保が追いついていません。加えて、相手が個人の場合は配達時に不在のことが多く、出直すなど手数も増えています。配達料金は荷物の数で決まりますから、何往復しても収入は変わりません。

収入を増やすために扱う荷物の数を増やせば現場の負担は増し、仕事を辞める人が増える。きついイメージが定着して新しい人材も入らない。残された人たちに一層負担がかかり、仕事に対するモチベーションは下がってサービスの質も低下するという負の循環に陥っているのです。

もう一つは業界の多重構造です。特に小規模な運送事業者は、仕事の大半が下請けです。元請け会社から一次、二次と仕事が下りてくる間に手数料が抜かれていき、小規模層のいる三次、四次ともなると利益率はだいぶ低くなります。収入を確保するためには長時間労働が当たり前になり、それが一つ目の人手不足にもつながっていくのです。

物流業界の抱える問題がはっきりすると、やるべきこともみえてきました。起業から2年後、荷主と運送事業者のマッチング機能「サポロジ」をつくりあげました。

——どのような仕組みなのか、詳しく教えてください。

軽貨物運送に特化したウェブ上のマッチングサイトです。荷主が案件を書き込むと、サイトに登録している運送事業者に一斉配信され、事業者は配達の時間や場所、荷物の大きさなどの条件から案件を選択、直接荷物を引き取り配達します。

軽貨物運送事業者の多くは、個人などの小規模な企業です。業界の下請け構造に特に悩まされている彼らにまず、何段階もの中間マージンが発生しない利益率の高い仕事をつくりたかったのです。サポロジを使えば、自ら営業に回ることなく、隙間時間や行き帰りの荷台の空きを活用して収入を補填できます。

料金は、配達距離だけで決まるようにしました。サイトに荷物の引き取り場所と配達先の住所を登録した時点で料金が確定するので、荷主は簡単に依頼できます。運送事業者も、集荷の際に料金を計算する手間を省けます。料金は10キロメートル当たり4,000円で、クール便などオプションに応じて追加で課金します。これまでの実績をみると、1件の料金単価は約1万円で、配達距離は平均で片道1時間半ほどです。

――かなり高単価ですね。

その代わり、荷台は貸し切りにしています。つまり、段ボール箱を満載しても一箱だけでも同じ料金になります。配達先が一カ所なので、伝票を作成する必要もありません。大型車を貸し切りにするのは非効率ですから、その点でも軽貨物運送に特化した方が都合がよいのです。

想定したのは、緊急を要する荷物や超大型の荷物です。例えば、商品の出荷に漏れがあり、すぐさま追加で届けなければいけない場合です。大手の運送会社では当日のうちに届けることは困難ですが、サポロジで発注すれば、近くにいる運送事業者がすぐに駆けつけて荷物を運びます。

また、大手運送会社では、一般的に荷物の大きさに制限があるほか、梱包が必要です。サポロジでは、荷台に入りさえすれば、むき出しのまま何でも運べます。ユニットバスを工場から住宅建設現場まで運ぶといった依頼があります。

需要のほとんどが企業間の運送になりますが、これもねらいの一つです。個人向けと違って、配達先が不在で再配達に時間をとられることがないからです。

わかりやすいシステム

目標に向けギアを上げる

――物流事業者と荷主両方の立場を知るからこそできたシステムですね。どのように開発しましたか。

以前勤めた通販会社のシステムが使いやすかったので、製作会社を紹介してもらい依頼しました。ベトナムの企業で、料金は国内の企業に発注するよりもだいぶ安く済みました。

とはいえ数千万円の投資が必要です。借り入れをするため、起業を相談した商工会議所へ何度も足を運び、事業計画書をブラッシュアップしていきました。おかげで、日本政策金融公庫から希望どおり借り入れることができました。

使い勝手がよいようにシステムは極力シンプルなつくりにして、配達エリアは九州に限定して始めました。リリースしてからも、利用者の声を聞きながら改善を重ねています。問い合わせにも、物流のことをよく知るわたしや従業員が対応するので話が通じやすく、常に時間を気にしているドライバーの皆さんから喜ばれています。評判が広がり、九州の運送事業者の登録数は600まで増えています。

システムが軌道に乗ったところで配達エリアを九州の外まで広げようと、2021年に大手運送会社と合弁会社を立ち上げて、サポロジの事業を移管しました。相手企業がシステムのことを知り、提案してきたことがきっかけです。わたしが代表を務めています。

――なぜ合弁の提案を受け入れたのでしょう。

当社の資本力ではサポロジの全国展開は難しいと考えたからです。九州にとどまっていては、物流業界を明るくするというわたしの目標を完全に達成することはできません。また、最近では類似のマッチングシステムがみられるようになり、スピード感をもった経営展開が必要でした。

今、配達エリアは九州のほか、関西、関東、東海まで広がっています。運送事業者の登録数は3,000まで増えました。

いずれはBtoCの市場でもシェアをとりたいという思いもあります。国内で配達される荷物は、個人向けが圧倒的な数を占めます。企業向けとは別にシステムを考える必要はありますが、個人向け宅配にも運送事業者に負担を強いないような仕組みを広げていかなければ、業界に根づく問題を完全に解消することはできないでしょう。

――㈱ロジカムの経営との兼務でますます忙しくなりますね。

㈱ロジカムでは今、ロジスティクス事業とEC事業を運営しています。サポロジのシステム開発に携わった従業員2人がEC事業に就き、㈱サポロジの仕事と兼務するかたちで、通販会社のECサイトを構築したり、運営をサポートしたりしています。

ロジスティクス事業には従業員が6人います。主に、通販会社の物流支援として、当社の倉庫で商品の管理と出荷、運送手配をしています。また、わたしは他社の物流コンサルティングや人材育成などを請け負っています。

社内に限らず、コンサルティングの場でも常に伝えているのは、荷物を送り出すお客様と受け取るお客様の気持ちになって仕事をすることの大切

丁寧な出荷作業を徹底

さです。それが丁寧な仕事につながり、お客様の満足度を上げ、ひいては仕事の正当な評価ややりがいに結びつきます。

物流に携わる人たちが仕事に誇りをもてるようになれば、新たに入ってくる仲間も増えるはずです。長年蓄積されてきた業界の構造を変革することは一筋縄ではいきませんが、物流の明るい未来のためにアクセルを踏み続けます。

聞き手から

取材を申し込んだ際、大瀬麻衣子さんは「業界の認知につながる機会になれば」と快諾してくださった。最近は、県や市の起業イベントに呼ばれて事業について話すこともあるという。そうしたときにはいつも、物流業界に対する思いや課題を声に出して共感の輪を広げていこうと努めている。

コロナ禍にエッセンシャルワーカーとして注目され、改めて重要性が認識された物流業界だが、その労働環境は依然厳しい。いつどこにいても買い物ができる便利な生活を支えてくださる皆さんに、せめて感謝の気持ちは忘れずにいよう。そして、大瀬さんの取り組みが業界の分厚い岩盤をうがつ日まで応援を続けたい。

（桑本　香梨）

（日本政策金融公庫調査月報　2023年2月号掲載）

女性のキャリアを底上げする伴走者

㈱meguru

＜開業者プロフィール＞
高橋 そのみ（たかはし そのみ）
新潟県出身。約30年間システム開発の職務に従事した後、2020年4月、任意団体「Sonomity」を設立。2022年5月に㈱meguruを創業し、女性向けのICT講座やシステム開発を行う。

〈企業概要〉

創　業	2022年
資本金	60万円
従業者数	1人
事業内容	主に女性向けのICT講座の提供、コンピューターシステムの開発等
所在地	宮城県仙台市青葉区中央4-2-9 ネオブレイクスルー仙台4F
電話番号	090(5185)3310
U R L	https://meguru-woman.jp

約30年間にわたり、システムエンジニアとして第一線で活躍する高橋そのみさん。ICTのスキルを身につければ、在宅で働けるうえに高収入も得やすいが、多くの女性にとってICT業界にチャレンジするハードルは低くない。そこで自身の経験を生かし、女性の自立や収入増を支援したいと起業家の道を歩みだした。高橋さんは、どのように女性たちのキャリアアップをサポートしているのだろうか。

女性の経済的自立を後押し

――システムエンジニア一筋でキャリアを歩んでこられたのですね。

「一生仕事をしたい」との思いからシステムエンジニアの職を選び、会社員、個人事業主、会社役員と立場は変わりながらも、新卒から長く続けてきました。情報通信技術(ICT)の業界で30年近く過ごしていて残念に思うのは、働く女性の数が圧倒的に少ないことです。ICTのスキルを身につければ在宅でも働けますし、高い収入を得ることも可能です。

男女間の収入格差は、いまだ解決されない社会的課題の一つです。特に結婚・出産などで一度仕事を失うと復帰が難しい、子育てのために働き方に制約ができてしまうなどの事情により、低収入の状態が続く女性は少なくありません。東京などの大都市圏では多様な生き方を選べる人が増えているかもしれませんが、わたしが住む仙台では選択肢が限られており、新たな一歩を踏み出せない人が多い印象です。

そんな女性たちの経済的自立を後押ししながら、同時に女性のICT人材の不足を解消するために、ICTスキルを学ぶ機会を提供したいと考えました。

――なぜICT業界で働く女性は少ないのでしょう。

ICT業界について語るとき、プログラムを組むなどの技術力ばかりが話題に上る傾向があります。それゆえ難しそうなイメージが強く、女性の参入を阻んでいる気がします。業界で働く女性が少なく、ロールモデルがみつかりづらいことも原因の一つかもしれません。

システムエンジニアにとって技術力は確かに重要です。しかし、ICTはInformation and Communication Technologyの略語であり、その「C」が指すように、コミュニケーション能力も欠かせない素質なのです。クライアントの課題を解決するには、彼らの要望を丁寧にヒアリングできないといけません。女性は総じてコミュニケーションを好み、人の話を聞くことを得意とする傾向がありますから、ICT業界で大いに活躍できるはずです。

起業家としての第一歩

――創業に当たって、社会起業家の支援プログラムに参加されたそうですね。

わたしが参加したのは、仙台市のSOCIAL INNOVATION Accelerator（SIA）です。2019年10月に始まり、2020年2月まで続いたSIAでは、市場調査をしたり、経営ビジョンを考えたりしながら自らの事業構想をまとめていきました。最初こそ軽い気持ちでしたが、起業家を目指すほかの参加者と接するうちに、いよいよ決意が固まりました。

そして、プログラムの修了後に、大手通信会社が支援する、SIA参加者によるビジネスプランコンテストでICTの活用と社会的課題の解決の融合が評価され、大賞をいただくことができました。そこからの1年間、大手通信会社のスタッフがメンターとして伴走してくれたことで、多くを学びました。

――事業の構想をどう具体化していったのですか。

すぐに本格的に創業したかったのですが、コロナ禍となったばかりで身動きがとりづらかったので、まずはSonomityという団体を立ち上げ、任意の集まりのなかでオンラインのICT講座を提供することにしたのです。2020年は「C言語入門」「WEB基礎」「AI基本」の3種類の講座や、女性の多様な働き方をテーマとしたトークセッションを行いました。2021年は「Vue.js入門」「ビジネス」の2種類の講座を、2022年は「SwiftUI入門講座」をそれぞれ実施しました。大手通信会社とも相談しながら試行錯誤し、まずは一通りの講座をやってみたということです。

気軽に受講してもらえるように、受講費用はできるだけ安く抑えました。例えば、1回3時間、全5回の「WEB基礎」は1万5,000円でした。

気軽に受講できるオンライン講座

――どんな方が講座に参加されたのですか。

多くの講座を「女性優先」または「女性限定」としていました。多かったのは、ICTスキルを使って在宅で仕事をしたいと考えている40歳代の女性です。子どもがまだ小さいのでフルタイムの仕事に復帰するのが難しい事情もあったのだと思います。そのほか30歳代、50歳代の女性もいて、未婚の人、既婚の人と状況はさまざまでした。

――プログラミングは専門的な内容が多いと聞きます。受講生が学びやすい工夫が求められそうです。

いろいろと細かい工夫を取り入れています。そもそも、女性優先、あるいは限定にしているのは、難しそうな雰囲気を出さないためです。受講生のなかに、システムエンジニアリングに長けた男性が一人でもいると、どうしても張り詰めた空気が漂ってしまいます。ついていけないと諦めてしまう脱落者をなるべく出さないようにするため、和気あいあいとした雰囲気をつくることを心がけています。

講座で使用するテキストは、わかりやすさにこだわって一から自作したものです。文字だけでは伝わりづらい内容は図を用いて説明するなど工夫しました。

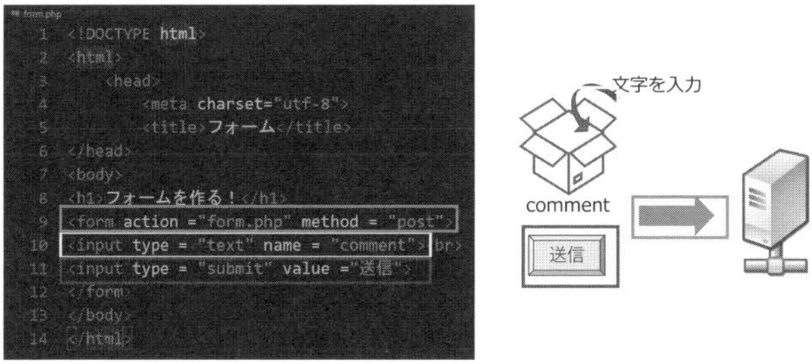

高橋さんが自作したテキスト

質問しやすい環境をつくるために、生徒と1対1でコミュニケーションできるチャットサービスの「Slack」も導入しています。ウェブ会議ツールの「Zoom」とSlackを並行して使い、質問があればSlackで気兼ねなく聞いてもらうようにしています。

ICTスキルの底上げを

――約2年間、Sonomityで講座を提供した後、いよいよ株式会社をつくったのですね。

コロナ禍も少し落ち着き、世の中に自由に動き出せそうな雰囲気が出てきたことを感じ、2022年5月に㈱meguruを設立しました。といっても、2022年9月までは仙台のシステム開発会社の取締役も務めていて、二足のわらじを履いていました。meguruに専念したのは10月からです。

ただ、システム開発や保守、ウェブサイトの制作などを請け負うクライアントが7社ほどあるため、そちらに多くのリソースを割いている状態です。リソース不足という課題はありますが、できる限りコンスタントに講座を実施していきたいと思っています。

この2年間、複数の講座を主催するなかで、どのような方向性で講座を提供すべきか悩んでいたのですが、最近になってようやく進むべき道がみえてきました。わたしは少数のエリートを育てるのではなくて、幅広い人を対象に「ICTスキルの底上げ」を図りたい。そう腹が決まりました。

――なぜ、ICTスキルの底上げに集中したいと考えたのでしょうか。

過去に主催してきた講座では、「ウェブがどのようにつくられているのか理解できた」「難しそうなイメージがあったけれど、勉強を続ければ自分でもできそうだと思った」といったポジティブな感想が多く聞かれました。一方で、「わたしには難しくて無理だった」というネガティブな声もあり、講座の途中で脱落してしまう人も少なからずいました。

プログラミングは突き詰めれば難しくて当然で、難しいという声が出るのは想定内でした。しかし、一般的なウェブ制作などに範囲を限定すれば、向き不向きにかかわらず、多くの方がスキルを習得できると思います。ウェブ制作だけの限定されたスキルであっても仕事としての需要はあり、一定の収入を得ることが可能です。そのため、今後の講座は多くの方に基本的なICTスキルを身につけてもらうことを目的に設計する予定です。

一方で、もっと本格的なスキルの習得を目指す方には、システム開発の実務を伴う特別講座を提供していきます。それが、meguruを創業した理由の一つでもあります。実は、2022年11月に1名の女性と業務委託契約を交わしました。そこから数カ月をかけてアシスタントとして働きながら、より深いICTスキルを身につけてもらいました。彼女はSonomityの講座を受けたことはないのですが、ICTを学んだ経験がありました。40歳代の女性で、小学生のお子さんを育てながら自営業の夫を少し手伝っており、週4日、1日5時間までの短い時間で働きたいと希望しています。そんな彼女にとって、柔軟な勤務環境で働きながらICTスキルを習得できたのは大きなメリットだったと思います。

困り事を解決するのがICT

――現役のシステムエンジニアとして、またICT講座の講師として、高橋さんが大事にされていることを教えてください。

システムエンジニアの視点になりますが、表面的な問題ではなく、その奥にある本質的な問題を見極め、解決に導くことを大事にしています。システム開発では、トップダウンで導入したシステムを従業員がまったく使わないという話がよくあります。理由は従業員のニーズに合っていないからです。開発を請け負う会社にとっては、機能をつければつけるほどもうかります。そんなこともあり、本質的なニーズに合うかどうかに関係なく機能を追加しがちです。けれども、せっかく予算をかけて導入したのに誰も使わない。そんな光景を見て何度もつらくなりました。

ICTの導入は、人件費削減が目的だとよくいわれますが、わたしは人が困っている問題を解決に導くことこそが本筋だと思っています。単純に人を減らすのは本質的な解決とはいえません。

だからこそ、システム開発に当たり、ユーザーの本音を引き出すのが重要になります。あまり話そうとしない相手であっても、実際のところはどうなんですかと、突っ込んで質問してみる。その回答を聞いて、本当にこの解決策が最適なのかと疑ってみる。そうやってお客さまに寄り添わなければ、本当に求められている機能はみえてきません。それはICTスキルが高いだけでは実現できず、人間性が重要だと思うのです。

技術力を売りにした利益第一主義ではなく、お客さまに寄り添った開発スタイルを貫きたい。創業の背景には、そんな思いがありました。

――最後にmeguruで実現したいことを聞かせてください。

meguruを立ち上げた一番の理由は、女性たちに自信をもって生きていってほしいからです。結婚や出産を機に仕事のキャリアが途切れた後、何事も夫に判断してもらうなど、夫に依存して生きているようにもみえる女性に多く出会いました。転勤族の妻だったわたし自身も、友人が一人もいない土地で夫に頼りすぎたせいか、結果的に離婚に至った経験があります。当時は家庭内で上司と部下のような関係でしたが、本来、夫はパートナーであり、お互いに自立した良い関係になれるのがベストですよね。

meguruを通し、ICT業界で生き生きと活躍する、自立した女性を一人でも多く輩出できるよう頑張っていきます。

聞き手から

社名のmeguruには、女性を「めぐる」社会を良くする、女性たちをそっと守る（囲う＝めぐる）、人生の循環（めぐる）を良くするという三つの意味があるそうだ。高橋そのみさんの温かい人柄がよく伝わる。

経済産業省が2016年に公表した「IT人材の最新動向と将来推計に関する調査結果」によれば、2030年にはIT人材が最大で約79万人不足すると試算されている。未経験者がICT業界に飛び込むには相当の努力を要すると聞くが、将来性ある魅力的な仕事であることは確かだ。高橋さんのように熟練したスキルと人に寄り添う姿勢をもった人の下で、ICTを学びたい女性は少なくないだろう。meguruを通じて、多くの女性がより生き生きとした人生を手にすることを願ってやまない。（小林　香織）

（日本政策金融公庫調査月報　2023年4月号掲載）

女性が生き生きと暮らせる世界を目指して

fermata㈱

＜開業者プロフィール＞
杉本 亜美奈（すぎもと あみな）
東京大学修士号取得後、英国のLondon School of Hygiene & Tropical Medicine公衆衛生博士号(DrPH)取得。2019年10月にfermata㈱を創業、女性の健康に関する課題を解決に導くフェムテックに携わる。

〈企業概要〉

創　　業	2019年
資 本 金	5,000万円
従業者数	23人
事業内容	フェムテック関連製品の小売り、コンサルテーション
所 在 地	東京都港区六本木7丁目2-8 WHEREVER3F
U R L	https://hellofermata.com

幼少期をアフリカのタンザニアで過ごした杉本亜美奈さん。大学で医療経済学、大学院で公衆衛生学を学んだ後、月経、妊娠・不妊といった女性の健康に関する課題に対応するフェムテックの領域で創業した。

女性特有のさまざまな課題と真摯（しんし）に向き合い続ける杉本さんは、どんなビジョンや信念をもって新しい領域に挑んでいるのか。

潜在的なニーズを市場化したい

――まず、杉本さんがフェムテックの領域で創業した経緯を教えてください。

わたしは、大学院で医療分野の専門的な知識を学びながら、国内外の医療・ヘルスケアにおけるスタートアップへの政策のアドバイスやマーケット参入のサポートなど、さまざまなプロジェクトにかかわっていました。

そうしたなか、2018年に米国発のあるフェムテック商品と出合い、フェムテックの可能性を感じたのです。その商品は自宅で女性ホルモンの値をチェックできるキットです。女性ホルモンの分泌量は、ライフステージや月経の周期によって大きく変動しますから、女性が自身のライフプランを考えるに当たり、非常に役立つはずだと思いました。

ヘルスケアの領域には、こういった潜在的なニーズが無数に存在しています。テクノロジーを使うことによって、それらを市場化できるのではないかと、それ以前から考えていました。

事業として取り組むのであれば、人口の約半分に当たる女性の健康課題にフォーカスするのがわかりやすいだろうと思い、フェムテックの領域を軸に当社を設立したというわけです。2019年、わたしが31歳のときでした。母の実家が事業を営んでいることもあり、自ら会社を立ち上げたことは、わたしとしてはごく自然な判断でした。

――創業に当たって、ニーズがあるか不安はなかったですか。

実は、会社を設立する直前に、フェムテック商品を集めたリアルイベント「Femtech Fes!」を企画・開催しました。すると、定員の2倍に当たる約100名以上の来場があったのです。

予想以上に反響があったこと、商品に触れた来場者の声が好意的だったことで、やはりフェムテックのニーズはあると実感しました。

新産業を発展させる難しさ

――フェムテックの領域で、どのような事業を手がけているか教えてください。

ショップやクリニックでのフェムテック商品の販売やイベント事業が中心だと思われるかもしれません。しかし、実はこういったBtoC事業の売り上げは全体の1割ほどにすぎません。

残りの約9割はBtoB事業です。当社は、国内外のフェムテック関連企業800社以上とのネットワークをもっています。これまでにフェムテック商品の卸売りやセミナー・コンサルティング事業などを多く手がけてきました。最近は自社のオリジナルサービスの開発にも取り組んでいて、そのパートナーとして先進的な技術をもつ企業と積極的に提携しています。

BtoC事業は、利益が薄いのですが、そこから得られる潜在的なニーズの情報を重要なものと位置づけています。例えば、生理に関する悩み一つをとっても、人によって内容や深刻さはまったく違います。そういったテクノロジーだけでは可視化できない課題をBtoC事業で拾うようにしています。

――御社が主催しているFemtech Fes!の規模は、年々拡大しているようですね。

Femtech Fes!は、2019年から毎年開催しています。2022年は10月14日から16日に、六本木アカデミーヒルズで開催しました。2021年と比較して2倍ほどの広さの会場です。日本ではまだ販売されていない最新プロダクトを含む、33カ国200社以上の商品を展示し、約2,900人が来場しました。

世界のフェムテック市場をリードする起業家にも来場していただき、大にぎわいの3日間となりました。女性だけでなく、男性やカップル、家族連れの方も多数来場され、フェムテックへの関心の高まりを感じましたね。

反響が大きかったFemtech Fes! 2022

――確かに近年フェムテックの注目度は高まりつつあります。一方、新たな領域で市場を発展させるのは容易ではないと思います。

当社を立ち上げてからの約3年間は、フェムテックという言葉を用いて、できるだけ多くの人に知ってもらうことを目指しました。その過程でフェムテックの関連企業やイベントが増えたり、メディアがこぞって取り上げたりした影響で、フェムテックという言葉や重要性が日本社会に浸透してきたという手応えがあります。

わかりやすい例を挙げると、一昔前は生理用品の選択肢が生理用ナプキンとタンポンぐらいしかありませんでした。しかし、現在は複数の吸水ショーツや月経カップなどが加わっており、幅広いラインアップになっています。

一方で、言葉だけが先走っている現状は否定できません。世界のフェムテック市場で認められている海外の優秀な商品は、国内ではほぼ流通していません。

――国内でも需要を見込める商品なのに、流通していないのはどうしてでしょうか。

海外企業の商品を国内で販売しようと思っても、「医薬品、医療機器等の品質、有効性及び安全性の確保等に関する法律（薬機法）」の規定で、効果や効能がうたえないケースが少なくないからです。これまでにない商品を世に出すためには、国や省庁への働きかけや連携が欠かせません。

2021年6月から当社のオンラインショップや実店舗で販売している医療機器「ファーティリリーカップ」はその一例です。妊活をサポートする海外発のフェムテック商品で、性交渉の後に女性が着用することにより精液の流出を低減して、精子が子宮頸管粘液に潜るまでの時間をしっかり確保します。

ファーティリリーカップは、欧米を中心に市場が拡大している商品です。しかし、過去に同様の商品が日本で発売された実績はありませんでした。

薬機法では、国が認める医療機器を除き性能や効果を広告などで周知することが厳しく制限されています。この制限を受けないようにするためには、国の承認を得る必要があります。厚生労働省が、「子宮口キャップ」という医療機器としての一般名称を新設してくれたことで、当社としてファーティリリーカップを日本で販売する土壌が整ったのです。一つ一つの作業に時間がかかりますが、国内のフェムテック市場を広げるために、地道に進めていくしかありません。

マイノリティだからみえる世界

――新しい領域で事業に取り組む経営者として、杉本さんが大事にしている哲学はありますか。

自分の価値観を大事にすることでしょうか。わたしは父親が外国人で、幼少期をタンザニアで過ごし、イギリスの高校に通っていました。そうした環境にあったからこそ、多くの日本人にみえない世界がみえることもあります。

日本では、議論をしているようで、良くも悪くも実は皆が同じ方向を向いていると思うことが多々あります。教育的、あるいは歴史的背景の影響からか、同質的な考えの人が育ちやすいのかもしれません。

わたしが育ったタンザニアには、1日1ドル以下で生活している絶対的貧困層が存在します。子どもは学校に通えず、マラリアのような病気にかかってしまえば、薬が買えないため長く生きることができません。そういった状況にある女性は、自身と家族を貧困のループから抜け出させるために、日本で暮らす女性の価値観とは相いれない選択肢を選ぶかもしれない。極端な話になりますが、絶対的貧困層を見たことがない人にとっては「悪」のように思われる行動に出ることもあります。しかし、現地の惨状を知る人にとっては、そう簡単に白黒つけられるものではないと思うわけです。

――グローバル社会を生きるうえでは、欠かせない視点だろうと思います。

特に、フェムテックという新しい領域で事業を行なっているわたしたちは、画一的な価値観に染まってはいけないと感じます。多様なバックグラウンドをもつメンバーを集めて、あえて活発な議論が起こるような状況をつくっています。一つ一つの問題に対して、それぞれの価値観を擦り合わせることで気づきが得られるためです。

議題はさまざまです。例えば性の話題がタブーとされる傾向が強いイスラム系のメンバーにとって、セクシャルウェルネスの話題はどこまでが許容範囲なのか、ミーティングスペースを探して何げなく口にした「会議室難民」は、母国から逃れて暮らす当事者にどう受け止められるのかといったことです。どうしたら相手と同じ目線で話せるかを考えながら議論することで、フェムテックへの理解も深めていけると思っています。

女性特有の悩みの解消に向けて

――他の先進国と比較してまだ遅れている日本のフェムテック市場を成長させるために、直近で取り組みたいことはありますか。

保健の制度や法律も異なりますから、一概に遅れているとはいえません。しかし、IoTデバイスなど、これまでの枠組みに当てはまらないプロダク

メンバーの多様な価値観を大事にしている

トをなかなか日本では得ることができない現状があることも事実です。

まだ詳しいことはお伝えできないのですが、東京大学をはじめとした大学教授の方々と協力して、実験的なプロジェクトをいくつか進めています。

——最後に fermataで実現したいことを聞かせてください。

先ほどもお話したとおり、ここ数年で日本でもフェムテックという言葉や概念が社会に広がっていると感じています。将来的には、フェムテックという言葉を使わなくても、その思想が確立しているような状態、老若男女が訪れる大型店舗にフェムテック商品が並ぶような環境を目指したいです。これから産まれてくる赤ちゃんが成長した頃に、わたしたちが今直面している悩みを抱えずに済むような世界を実現したいとも思います。性別の壁を今ほど感じなくなり、性の悩み、身体の悩みをオープンに議論できるようになればよいですね。

医学の世界では、すごい速度で情報がアップデートされており、きのう正しかった情報がきょうは間違いになることもあります。とはいえ、女性に生理がきて、妊娠して、出産して、更年期を迎えて、閉経するという流れは、はるか前から繰り返していることです。それなのに、いまだにわからないことが少なくありません。

日本では、長年この分野に投資がされず研究が進んでいませんでした。他の先進国との間でついてしまった差をテクノロジーの力で一気に取り戻したい。そんな思いで日々課題に向き合っていきます。

聞き手から

矢野経済研究所の調査によれば、わが国のフェムケア＆フェムテック（消費財・サービス）市場の規模は、2021年に前年比107.7％の642億9,700万円となった。2022年の見込みは700億円を超え、市場のさらなる拡大が期待されている。2022年4月には不妊治療の保険適用が開始されるなど、関連する法律や制度も変化している。

それでもなお、日本の法律が制度などは他の先進国と比較して遅れが指摘されており、フェムテックへの理解が十分に進んでいるとまではいえない。そうしたなかで、杉本亜美奈さんのようにグローバルマインドと専門的な医療知識をもち、女性の健康に関する課題に立ち向かう起業家の声にわたしたちも耳を傾け、変えていきたい。（小林 香織）

（日本政策金融公庫調査月報　2023年5月号掲載）

ロスフラワーに活躍の場を

㈱RIN

＜開業者プロフィール＞

河島 春佳（かわしま はるか）

長野県出身。東京家政大学服飾美術学科卒業。生花店での短期アルバイトをきっかけに、廃棄される花に着目してフラワーサイクリストとして活動を始める。2019年に㈱RINを設立。

〈企業概要〉

創　　業	2017年
資 本 金	100万円
従業者数	8人
事業内容	ロスフラワーによる空間装飾ほか
所 在 地	東京都渋谷区猿楽町12-29-1
電話番号	070(3165)1507
U　R　L	https://lossflower.com

　コロナ禍で結婚式や卒業式などの行事が中止になり、会場の装飾やプレゼントのための花を買う人が減り、多くの花が行き場を失った。こうした花の廃棄はしばしばニュースで取り上げられ、関心を高めた人も多いだろう。しかし、花のロスはコロナ禍に限ったことではない。花の命を目いっぱい楽しんでほしいと取り組みを進める㈱RINの河島春佳さんに話を聞いた。

花のアップサイクル

――ロスフラワーとはどのようなものでしょうか。

まだ美しく咲いているにもかかわらず、廃棄されてしまう花のことです。例えば、茎が短かったり、曲がっていたり、花びらの枚数が少なかったりすると規格を満たせず、花農家から市場に出荷できないことがあります。また、生花店は鮮度の良い花をそろえようとするため、陳列できる期間がそう長くはありません。仕入れた花のうち約3割が廃棄されているといわれています。花が生産されてわたしたちの手に届くまでの間にたくさんのロスフラワーが存在しているのです。ほかにも、結婚式やパーティーの会場を装飾する花は、1回限りで捨てられてしまうこともあり、ロスフラワーの一つといえます。

当社では花農家や生花店、式場などから引き取ったロスフラワーをドライフラワーに加工して、商業施設や店舗の装飾に使っています。ドライフラワーにするのは、観賞できる期間を長くして、多くの人に楽しんでもらえるようにするためです。廃棄予定だった花に新たな価値を生み出す、アップサイクルの取り組みです。

――花を長く楽しむという点では、プリザーブドフラワーも人気です。

確かにプリザーブドフラワーは生花に近い状態を維持できる良さがあります。ただ、プリザーブドフラワーは、花びらの形や枚数がそろっているなど形状が整っているものを、満開になる前のタイミングで加工し、薬品につけて本来の色を維持するものです。規格外となったり売れ残ったりした後の花を加工する場合は、ドライフラワーの方が適しているのです。

わたしは、生花店の店先をにぎわせたり、式場を飾って人々の気持ちを明るくしたりしてくれたロスフラワーに、ドライフラワーとしてもう一つの活躍の場をつくりたいのです。

集まったロスフラワーを乾燥させる

――ドライフラワーの技術はどのように身につけたのですか。

起業する前から、自宅でドライフラワーをつくって楽しんでいました。インターネットでの情報や書籍を見ながらいろいろな種類の花を試すうちに、乾燥させる時間や花の色の変わり方、ドライフラワーに向く花材とそうでないものがわかるようになりました。例えば、チューリップなどの球根の花は水分量が多いため、ドライフラワーに向きませんが、カスミソウやバラなどは茎に水分が少ないため、乾燥させやすいです。

ドライフラワーがたまると、友人を集めてリースやブーケをつくりました。それが楽しく、いつか花にかかわる仕事で起業したいと考えるようになりました。

――ロスフラワーに着目したきっかけを教えてください。

生花店で短期アルバイトをしていたときのことです。クリスマスシーズンはプロポーズやプレゼント用に、店頭にたくさんのバラを並べていました。ただ、12月25日を過ぎると、購入する人が一気にいなくなってしまいます。正月向けにキクやランといった花にラインアップを切り替えると同時に、およそ300本のバラを廃棄する経験をしました。

生花店では、母の日にはカーネーション、お盆の時期にはキクというように、イベントごとに特定の花に需要が集中します。需要の季節性が強い花ほど仕入れの調整が難しいのです。

当時、食品ロスを減らす取り組みは広がっていましたが、こうした花のロスはあまり問題視されていないことを感じました。花の廃棄を減らす取り組みを事業にできれば、花にかかわる仕事で起業するという夢を実現するだけでなく、事業に独自性を打ち出せるのではと考えました。

ロスフラワーをドライフラワーに加工すれば、生花より長持ちする分、活用する場面を広げられます。事業を通して多くの人にロスフラワーの存在を知ってもらい、花の廃棄問題を解決しようと、2017年から「フラワーサイクリスト」として活動を始めました。

自身をアップデート

——フラワーサイクリストという言葉を初めて聞きました。

わたしが花とアップサイクルをかけ合わせてつくった言葉です。廃棄される予定だった花を救うクリエイターとしてたくさんの人に覚えてもらい、取り組みを浸透させていこうと考えました。

SNSを使って、フラワーサイクリストとしての活動やロスフラワーについて積極的に発信しました。カフェでワークショップを開いたり、マーケットに出店してロスフラワーを使ったブーケやアクセサリーを販売したりしました。

2018年には花やアレンジメントの知識を学んだり、技術を磨いたりするためにパリに行くことにしました。ですが、渡航のための資金がどうしても足りなかったので、勇気を出して、クラウドファンディングで募ることにしました。専門のサイトに投稿するのではなく、個人でホームページをつくり、留学することでフラワーサイクリストとしてさらにレベルアップして自信をつけたいと、思いの丈を伝えました。SNS上で友人やこれまでワークショップに参加してくれた人たちに声をかけて、情報を展開してもらいました。おかげで、1週間ほどで目標金額を達成できました。

そのお礼として、ワークショップの参加チケットやドライフラワーのブーケを届けることにしました。実際に手に取ってもらうことで、ロスフラワーであってもきれいで十分に楽しめることを実感してもらうことができました。

パリでは、店舗や会社の入り口に飾るような大きな生け込みのつくり方や、ウエディング用の式場装飾やブーケのアレンジメントを学びました。合間に、レッスンやワークショップの様子を小まめに発信しました。帰国する頃には、わたしがフラワーサイクリストとして活動していることが、一層認知されるようになりました。

そのつながりで、アパレルブランドや百貨店からロスフラワーを用いたワークショップやアクセサリー販売の依頼が増えていきました。いずれも好評で、集客力のある取り組みとして、さらに別の依頼へと広がっていくようになり、2019年には、㈱RINを設立しました。

――フラワーサイクリストとしての立ち位置を確立したのですね。

SDGsをはじめ、環境に対する意識が高まっている情勢も手伝って、仕事の幅が広がっていきました。特に環境負荷の少ない商品を販売するメーカーからの依頼が多く寄せられています。イベントや商品のコンセプトに合わせて花を選び、天井やディスプレーを飾りつけます。

クリスマスには、直径1メートルのリースをつくって店頭に飾るなど、大がかりな装飾の依頼も徐々に増えていきました。さらに、都内の大型商業施設のエントランスのオブジェやファッションビルの全フロアの装飾も任されるようになりました。活動範囲も全国各地に広がっていきました。

使う花が増えていくなかで、家でも花を楽しんでほしいというメッセージを込めて、展示が終わった後の花を束ねて店舗に訪れたお客さんにプレゼントできるようになりました。依頼主からも、今までになかったお土産だと喜ばれています。

ロスフラワーを用いた装飾であることを伝えるために、装飾のそばに、規格外の花や、生花店や結婚式場にあった花であることを紹介するポップを置いています。その花がたどってきた歴史をストーリーとして伝えて、花に心を寄せてもらうきっかけになったらよいなと思っています。

――ロスフラワーを生かせる場が広がっていきましたね。

その分仕入れる花の量も増えました。空間装飾では、3,000〜5,000本、大規模なものだと1万本を超える花を用意する必要があります。幸い、フラワーサイクリストとして世間で認知が広まったことで、花農家や生花店からロスフラワーを受け入れてほしいと連絡が徐々に増えていきました。今は10社から買い入れているほか、結婚式やパーティーで使った花の回収に出向くこともあります。

仲間と大きな流れを生み出す

――装飾の規模が大きかったり、遠方での仕事になったりすると、1社だけで対応するのは大変そうです。

大がかりな装飾でも、商業施設や店が閉まっている夜間に一気に飾りつけなければいけませんから、相応の人手が必要です。また、各地の商業施設からの依頼に応えるためには、その近くにいる協力者が必要です。こうしたときに力になってくれるのが、パートナー企業やアンバサダーです。

パートナー企業は、イベント会場の装飾を専門にしている施工会社です。アンバサダーは当社が主催するフラワースクールの卒業生です。ドライフラワーショップの経営者やロスフラワーを使ったアイテムを販売するハンドメイド作家として活躍している人たちで、全国に200人ほどいます。

アンバサダーとは装飾の協力依頼だけでなく、月に1度ミーティングを

ドライフラワーで店の雰囲気を明るく

開いて、最新のロスフラワーの動向などに関する情報を交換しています。彼女たちの取り組みを通じて、ロスフラワーの発信力がさらに高まっています。

――新型コロナウイルスの感染拡大は、花卉（かき）業界に大きな打撃を与えました。

コロナ禍となって、特に2020年は卒業式や結婚式といったイベントが中止になったり縮小したりするなかで、花が売れなくなりました。そのため、供給が過剰となって価格が下がり、売れ残った花を廃棄するにも費用がかかることから、苦境に立たされた花農家は少なくありませんでした。

そうした花農家の方からの声を受けて2020年4月に立ち上げたのが、オンラインショップ「フラワーサイクルマルシェ」です。在庫過多で悩む花農家と、花農家を応援したい一般消費者のかけ橋となって、生花を販売しました。

取り組みは、コロナ禍で落ち込んだ花の需要を喚起するために農林水産省が始めた「花いっぱいプロジェクト」で紹介されました。1カ月で7万本を超えるロスフラワーを救うことができました。

コロナ禍は、ロスフラワーに対する関心を高める契機にもなりました。2022年には東京の目黒区にロスフラワーを販売する店舗をオープンしました。コスメブランドとコラボレートした店で、ドライフラワーを使ったブーケやギフトボックスを販売しています。

これからも、多くの人にロスフラワーの存在を知ってもらうことで、花を最後まで楽しみ、花の命を大切にする意識を社会に浸透させていきたいです。

聞き手から

河島春佳さんは、「フラワーサイクリスト」や「ロスフラワー」という言葉を使って、花の廃棄問題を意識してこなかった人たちにも関心を高めてもらえるように工夫している。ワークショップやパリでの修業、SNSでの積極的な発信により、応援してくれるファンを増やし、ロスフラワーの問題に取り組む第一人者として認知される存在となった。

㈱RINを設立して事業領域を広げていくなか、取り組みに共感するパートナー企業やアンバサダー、ロスフラワーを提供する花農家などの協力も得て花の廃棄問題に対する解決力を高めている。今後も、河島さんが投じた一石に共感する人たちを増やし、花を大切にする文化を広めていくに違いない。

（青木　遥）

（日本政策金融公庫調査月報　2022年11月号掲載）

生涯に寄り添う助産師を

㈱With Midwife

＜開業者プロフィール＞

岸畑 聖月（きしはた みづき）

香川県出身。2016年に京都大学大学院高度実践助産学修士課程を修了。助産師として大阪の総合病院に勤務しながら、2019年に㈱With Midwifeを創業。

〈企業概要〉

創　業	2019年
資本金	300万円
従業者数	6人
事業内容	顧問助産師の受託ほか
所在地	大阪府大阪市都島区東野田町4-15-82 QUINTBRIDGE303
電話番号	070（8400）4723
U R L	https://withmidwife.jp

助産師（Midwife）というと、妊娠や出産のときに病院でかかわるイメージが強いが、実は彼女たちが活躍できる場は産前産後にとどまらない。助産師として病院に勤務しながら㈱With Midwifeを創業した岸畑聖月さんは、助産師が人生のあらゆる場面に寄り添うサポーターとなる取り組みを進めている。

企業で活躍する助産師

――助産師による企業向けサービスを提供しているそうですね。

当社では企業に顧問助産師を導入する「The CARE」というサービスを展開しています。1社に3人以上の助産師が専属でつき、従業員からメールやオンライン会議システムで相談を受け付けています。また、健康や子育てのセミナーも提供しています。

助産師と聞くと、呼吸法の指導や分娩(ぶんべん)介助といった仕事を思い浮かべる方が多いかもしれませんが、当社のサービスでは、従業員の心身の健康全般を対象にしています。

実は、わたしたち助産師は、看護師資格の取得が義務づけられており、大学や専門学校で決められた課程を修了する必要があります。この課程では、産前産後のケアだけでなく、更年期の健康や性教育、メンタルヘルスなど幅広い内容を学びます。つまり、助産師は妊娠や出産のときに限らず、また男女問わずさまざまな人のケアに携われる人材なのです。

――顧問助産師は産業医とは違うのでしょうか。

わかりやすく言うと、産業医は従業員が安全で快適な環境で働けるよう、主に仕事と健康のバランスに気を配るのに対して、顧問助産師は従業員の職場と家庭の両方に配慮しながら個人をサポートします。従業員本人は健康体であっても、家族の健康に不安を感じていたり、育児に悩みを抱えていたりしては、仕事に集中できないからです。The CAREでは、従業員の家族からも相談を受け付けており、病気や治療で悩む家族との接し方や家庭でできるケアを伝え、不安を和らげるようにしています。

育児休業中の従業員に向けたプログラムもあり、時には自宅を訪問して直接アドバイスをしたりします。自宅まで出向くのは、画面越しに話を聞

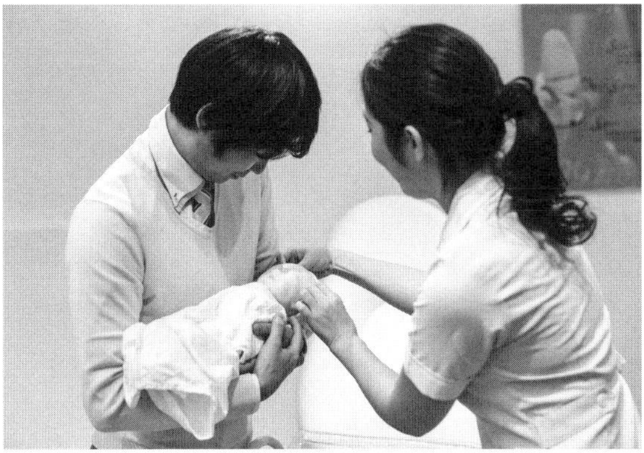

男性からの相談も多い

くだけでは育児の悩みの原因がわからないことも少なくないからです。

授乳による肩凝りや腰痛に悩む女性の家を訪問したときのことです。授乳の様子を見せてもらうと、帝王切開の傷をかばうように必要以上に前かがみになっていて、体に負担がかかっていることがわかりました。そこで、机やクッションなど家にあるものを使ってちょうどよい高さの台をつくり、赤ちゃんを置いて授乳する方法を伝えました。

また赤ちゃんが泣きやまないことを心配する家庭に行ったときは、室温が高めに設定されていたため、赤ちゃんに着せる服を減らすようアドバイスしました。後日、泣く頻度が減ったと喜ばれました。

The CAREの料金は、企業の従業員数や選択するサービスの内容によって変わりますが、1企業当たり月5万円から利用できます。自宅に訪問する場合は事前問診など前後のオンラインサポートも含めて、1回当たり1万円ほどです。

顧問助産師は、個人で助産院を開いている人や自身の妊娠出産を機に病院を退職した人たちです。普段の相談対応はオンラインで自宅からできるので、別の仕事や家事とかけもつことができます。現在は10人の助産師と委託契約を結んでいます。

顧問助産師になる人には、事前に当社で研修を受けてもらいます。相談の多い婦人科系の病気や不妊治療に関する最新の知識を補うほか、担当する会社の事業や福利厚生制度、オンラインミーティングの開き方なども教えて、すぐに相談に対応できるようにしています。

対面でケアが必要な場合は、全国の300人を超える助産師ネットワークを通じて、近くにいる助産師を派遣して、全国規模で展開する企業にもサービスを提供しています。

――助産師のネットワークはどのように広げたのでしょうか。

起業前に立ち上げた助産師のコミュニティが始まりです。助産師の9割は病院で働いており、不規則な勤務や母子二つの命を預かる緊張感、流産や死産、中絶などへの対応など、精神的にも身体的にも厳しい状況に耐えられず離職する人が少なくありません。

助産師が集まって気軽に話をする場があれば、同じような経験をもつ者同士で励まし合い、仕事を続けていく意欲につながると思いました。そこで、SNSで呼びかけながら、全国各地で交流会を開いて、助産師のコミュニティをつくりました。

コミュニティで助産師の方々と話すなかで、病院での産前産後のケアだけでなく、女性特有の病気のケアや退院した母子の健康管理、子育てといった幅広い分野に仕事として携わりたいと考える人が少なくないことを知りました。彼女たちのもつ力を存分に発揮できる場をつくりたいと思うようになりました。

より具体的に顧問助産師サービスの構想が生まれたのは、育児休業明けの女性の話を聞いたときのことです。彼女は会社に復帰した後も授乳を続けていて、仕事中に乳房が張ってつらく、泣きながらトイレで搾乳をしていたそうです。企業に助産師がいれば、そのような出産後の悩みを解決したり、健康をサポートしたりできるのではと思いました。

サービスの質を検証する

――起業に向けてどのような準備を進めたのでしょうか。

自分の思いをまとめ、アイデアを磨こうとビジネスプラン発表会に参加しました。起業家セミナーやイベントで知り合った専門家に相談しながら、事業計画書をつくり、助産師が活躍する場を企業や家庭に広げたいというアイデアを発表しました。その後、プレゼンを聞いていた企業の担当者から、助産師を会社に派遣してほしいと依頼が入ったのをきっかけに、事業をスタートしました。

当初は、育児休業中の従業員だけをサービスの対象にしました。事業を進めながら、さまざまな企業の人事担当者に声をかけて座談会を開き、助産師の相談サービスに対する企業のニーズを調査しました。そこでは、「育児休業中の従業員の数は限られていて、サービスを導入するのは非効率だ」「子どものいない人やすでに育児が一段落している人は、サービスを受けられないことに不満を感じる可能性がある」といった意見が多く聞かれました。そんななか、先ほどお話しした、育児休業明けの女性の声をきっかけに、サービスを誰もが利用できる、今のかたちに変えていったのです。

――今までにないサービスですが、どのように普及させていきましたか。

顧問助産師を導入した効果を示して認知度を高めようと、アクセラレータープログラムに応募しました。主催する大企業が人材や技術を起業家に提供して、事業を育成したり、新たな事業機会を発見したりするものです。

プログラムでは、まず、企業の従業員に顧問助産師サービスを利用したいか、相談したい悩みは何か、ヒアリングしました。利用を希望する人は7割と多く、相談したい内容の第1位は、男性は子育て、女性は自身の健康に関する悩みでした。

次に、多くの人の悩みに対応するサービスであることを知らせて、顧問助産師の利用を促しました。2週間、試験的にサービスを提供し、100件近くの相談が寄せられました。

しかしこのプログラムの提供先は1企業に限定されたため、今度は業種や企業規模の異なる複数の企業でより長い期間、試験的に導入して効果を測ろうと、2021年度に経済産業省の実証事業の一つに応募しました。女性の健康問題をテクノロジーで解決する製品やサービスを企業に導入し、女性が働きやすい環境をつくる試みです。応募総数81事業から、当社の2事業を含めた20事業が採択されました。

実証事業では大企業や中小企業14社に4カ月間、顧問助産師サービスを提供しました。利用後のアンケートでは、約8割がサービスを導入してほしいと回答し、企業の業種や規模が違っても、ニーズは十分あると、明確に示すことができました。

また、この実証事業では、複数社が一緒に受講するオンラインセミナーを開催しました。規模の小さな企業が従業員向けの研修を外注しようと思っても、新入社員やマネジメント層といった特定の人たちに向けた内容では参加人数を十分に確保できず、費用対効果が低くなってしまいます。しかし、複数の企業から対象者を募れば、1社当たりの負担は少なく、さまざまな種類の研修を実施できると考えたのです。それぞれのキャリアやライフステージに合った内容のセミナーを受講できれば、従業員の心身の健康をサポートすることにつながります。

実証の結果はメディアで取り上げられ、サービスの認知度を向上させることができました。また、企業に営業する際、サービスの効果を客観的に示せるようになり、顧客を開拓しやすくなりました。実証が終わった今も、AIの画像認識の技術を使って相談前後の気持ちの変化を測定し、短期的な効果を検証できる仕組みを大手通信会社と開発しています。

ぴったりの助産師を探せる Meets the Midwife

お抱えの助産師を

――起業前に始めた助産師のコミュニティも進化しているそうですね。

助産師同士に加えて、出産を控えた家族や子育てに悩む人たちと助産師がつながる場をつくろうと、2020年5月に「Meets the Midwife」というウェブページを立ち上げました。現在の登録者数は、助産師が100人、一般の方が300人です。

サイトでは、助産院を経営していたり、個人で妊活や育児の相談を受け付けていたりする助産師が、得意な分野や活動地域を紹介するページをもつことができます。助産師を探す人たちが多く参照するサイトなので効果的に発信できますし、自分でホームページを開設してメンテナンスする負担を抑えることにもつながります。出産を控えた人も、さまざまなサイトを検索することなく助産師を一覧できます。

また、サイト上で妊娠や出産、育児について学ぶオンラインセミナーを定期的に開催しています。コロナ禍で病院や自治体での子育てを学ぶワークショップが中止になり、育児や出産について学ぶ機会が減るなか、人気を集めています。セミナーで知り合ったり、サイトを見て気になったりした助産師に、直接会って相談する人もいます。

助産師同士の交流会や、外部講師による勉強会も開催しています。コロナ禍となってからは、従来のように対面で集まることが難しくなりましたが、オンラインで全国の助産師が交流したり研鑽（けんさん）したりする場になっています。

――今後の取り組みについて教えてください。

顧問助産師を導入する企業を全国に増やしていくことで、助産師のもつ力を多くの人に知ってもらいたいです。健康に不安を感じていても、病院に行くほどのことではないと考える人や、家庭や職場での悩みを家族や友人、同僚に相談しにくいと感じている人は、少なくないでしょう。そのようなときはぜひ、わたしたち助産師を頼ってください。一人ひとりがお抱えの助産師をもち、生涯にわたって健康や家庭と仕事の両立をサポートしてもらう、そんなかかわり方を当たり前のものにしていきたいと思っています。

聞き手から

㈱With Midwifeでは先進的なサービスである顧問助産師を浸透させようと、利用料を月5万円からと比較的始めやすい価格にして間口を広げたほか、実証実験を活用してサービスの効果を示し、導入を迷う顧客の背中を押している。

サービスの利用者が増えると参入する事業者が増えるリスクはあるものの、早くから同社では助産師や企業のニーズに耳を傾けてサービスを磨き、優位性を高めてきた。さらに、顧問助産師を増やすことよりも、その数を絞り込んで教育に重点を置き、サービス品質のばらつきを防いで継続率を高めている。同社の取り組みが浸透すれば、助産師の活動領域も広がる。彼女たちがすべての人の健康に寄り添う世界も、遠からず実現するかもしれない。

（青木　遥）

（日本政策金融公庫調査月報　2022年8月号掲載）

双海町のファンを増やす

双海(ふたみ) FAM(ファン)

＜開業者プロフィール＞

上田 沙耶（うえだ さや）

　愛媛県で生まれ、神奈川県で育つ。東京都内の大学在学中に地域おこし協力隊に応募し、2020年に愛媛県伊予市双海町へ移住。在学中に町おこしの事業「双海 FAM」を立ち上げ。

〈企業概要〉

創　　業	2020年
従業者数	1人
事業内容	地域産品の企画、製造、販売、喫茶店、ゲストハウスの運営
所 在 地	愛媛県伊予市双海町高岸956-5
電話番号	090(9774)2424
U　R　L	https://futamifan.thebase.in

　コロナ禍で、日本各地の商品を購入できる通信販売が注目されている。消費者としては、感染リスクを気にせずに魅力ある商品を楽しめる。生産者や販売業者にとっては、飲食店向けや観光客向けの需要が落ち込むなかでの収益源となっている。上田沙耶さんは愛着のある町のファンやファミリーを増やそうと「双海 FAM」という町おこしの事業を始めた。その中心が「ふたみおうち便」だ。愛媛県伊予市双海町の魅力的な名産品が届くと人気だ。そして、最近、クラウドファンディングを活用して、町を訪れる人のための民泊事業を立ち上げた。

魅力ある町の課題

——美しい町ですね。

愛媛県伊予市双海町は、穏やかな瀬戸内海と山に挟まれた自然豊かな町です。その名前は、昭和30年代に、それぞれ漁港をもつ上灘町(かみなだちょう)と下灘村(しもなだむら)が合併したときに付けられました。ハモやタイなどの魚介類、ミカンやキウイなどの果物が特に有名です。

また、JRの「青春18きっぷ」のポスターに何度も登場し、ドラマや映画のロケ地としてよく使われるJR下灘駅があります。ホームから瀬戸内海を望む美しい景色を楽しむことができます。そのほか、沈む夕日がきれいな「ふたみシーサイド公園」などの観光スポットもあります。

松山市から車で1時間ほどなので、休日にはドライブで多くの人が訪れます。夏は海水浴客も大勢やって来ます。県外や海外からの観光客もよく見かけていましたが、コロナ禍の影響でにぎわいが失われた時期がありました。

わたしは神奈川県横浜市からこの町に移住してきました。魅力ある町ですが、高齢化と過疎化という課題を抱えた地域です。合併当時は1万人ほどだった人口が、今では3,000人ほどまで減少していますが、外からのお客さんを呼び込むことで、活気のある町になってほしいと思っています。

——活気を取り戻すために何か取り組んでいることはありますか。

町に親しんでくれるファンやファミリーを全国に増やしたいという思いを込めて「双海FAM」と名付けた町おこしの事業をしています。その中心が双海町の海産物や農産物を、オンラインストアを通じて販売する「ふたみおうち便」です。実際に訪れなくても名産品を多くの人に楽しんでもらい、町の魅力を感じてもらいたいと思っています。

オンラインストアでは、双海町のハモが入った「下灘の逸品晩酌セット（梅）」や、高級柑橘(かんきつ)類の一つである「紅まどんな」を使った「双海のご

ふたみおうち便

ろっとマドンナゼリー（6個セット）」などを売っています。価格はそれぞれ2,980円、3,490円です。

例えば、下灘の逸品晩酌セット（梅）を注文すると、季節や仕入れにもよりますが、しゃぶしゃぶ用のハモや天然のマダイの薄造り、マナガツオの西京漬け、ハモが入ったじゃこ天が届きます。おいしく食べられるように料理のレシピも入れています。

双海町の魅力をさらに伝えるために、「ふたみ図鑑」という冊子も一緒に送るようにしています。冊子はA5判のカラー印刷で、双海町がどのような場所なのか、たくさんの写真を使って14ページにわたって紹介しています。商品の生産者にインタビューし、プロフィールや商品に込める思いなどを載せています。また、すぐに購入できるように、販売ページにアクセスするための2次元バーコードも掲載しています。ふたみ図鑑を見ながらおいしいものを食べてもらい、次は実際に双海町に来てもらうのが、わたしの最終目標です。

――ほかにも喫茶店を経営しているとうかがいました。

海岸から徒歩2分ほど高台に上ると、祖父母のもつ3階建てのビルの2階に「喫茶＆宿ポパイ」があります。店からは瀬戸内海を一望できます。

喫茶店は60年以上前に曽祖父が始め、1階で食料品店を経営する祖母が引き継いでいたのですが、過疎化による来店客の減少により店を閉めている時間が多くなっていました。さらにコロナ禍となったことにより、2020年には完全に休業してしまいました。喫茶店の食品衛生責任者をわたしに切り替えて2021年3月に土日限定で再オープンしたのです。設備はそのまま使えたので、コストをかけずにスタートすることができました。

ポパイの復活初日にはたくさんの地元の方が来てくれました。再オープンがきっかけとなり、数十年ぶりに来たという人もいました。新聞、テレビなどさまざまな媒体に取り上げてもらったことで、双海町の外からもお客さんが来てくれました。

看板メニューは祖母の時代に出していた「中華そば」で、価格は550円です。地元産のイワシからとったいりこだしを使い、大正時代から続く地元の醤油(しょうゆ)メーカーの醤油をベースにしています。調理のこつをつかむのに苦労しましたが、今では双海町が詰まったこの味を求めて、大勢のお客さんが来るようになりました。

そのほか双海町のミカンを使ったジュース、イチゴを使ったパフェなど地元の味にこだわりつつ、新たなメニューを加えました。イチゴパフェは地元の小学生に何が食べたいか聞いて、イラストまで描いてくれたものを参考につくりました。以前からのお店を親しんでくれる人には目新しく、来たことがない人には、楽しめるメニューが多くなることで、来店のきっかけにもなっています。

卒業を待たずに移住

――双海町を選んだ理由は何だったのですか。

もともと生まれたのが愛媛県の松山市で、祖父母が双海町にいてなじみ深かったからです。小学6年生のとき父の仕事の都合で横浜市に引っ越し

ポパイの店内から見える瀬戸内海

ましたが、それからもお正月や夏休みには、祖父母に会える双海町に行っては、おいしい魚や果物を食べたり、近くの海で遊んだりしていました。わたしには思い出が詰まった町なのです。

——起業を考えたのはいつですか。

2018年の秋ごろです。当時は東京都内の大学2年生で、経営学を学んでいました。3年生になると、就職も考えインターンや会社説明会などに参加しました。ただ、いくら就職活動をしても会社員として自分が働くイメージがつかめませんでした。そのうち企業で働くよりは、愛着のある双海町で事業ができないかと強く思うようになりました。

当時考えていたのは今のポパイがあるビルの空き部屋を使ったゲストハウスです。始めようと思った理由は三つあります。一つは祖父母が守っていたポパイを泊まれる喫茶店としてリニューアルし、お店を双海町に残し続けたいと思ったからです。

二つ目は双海町に来てもらったときの、思い出づくりの拠点にしてほしいという願いからです。大学入学前にアルバイトでためたお金を使って、国内外を一人で旅しました。お金がたくさんあったわけではないので、ゲストハウスに泊まっていました。ゲストハウスは宿泊者やスタッフとの交流スペースが設けられていることが多く、わたしも国籍を問わずさまざまな人と話をしました。観光の楽しさ以上に、この交流が思い出として強く残っています。双海町でもこうした体験ができる場所をつくりたいと思ったのです。

三つ目の理由は、双海町に宿泊できる場所をつくる必要があると考えたからです。双海町には食べ物や観光スポットなどの魅力があっても、宿泊施設がほとんどないため町の経済はなかなか潤いにくいという現状があります。そこで人が集まれるようなゲストハウスをつくろうと思ったのです。

ゲストハウスについて自分の考えをまとめ、事業計画を練り上げるために、愛媛県が主催するビジネスプランコンテストに参加しました。そこではビジネスプランや双海町で事業をするという強い思いが認められたのか最優秀賞に選んでもらえました。評価されたことで、わたしがやろうとしていることは間違っていないのだという自信につながりました。

——大学を卒業する前に移住したそうですね。

地域おこし協力隊として双海町に移住したのは、大学4年生になった2020年4月です。コンテストに参加したのと時期を同じくして、2020年度の伊予市の地域おこし協力隊の双海町担当者の募集があることを知りました。わたしの考えているゲストハウスは、町に人を呼び込み、地域を元気づけるものであり、地域おこし協力隊の活動の目的にも重なります。これはチャンスだと感じました。

地域に根づく事業

——家族は賛成してくれましたか。

母に相談すると自分がやりたいようにと背中を押してくれました。しかし、今でこそ応援してくれる祖父には反対されました。東京の大学を出るのだから企業に就職し、勤め続けた方がよいと考えていたようです。人口が少なくなるなかで、食料品店を営む経営者としてのシビアな目線もあっ

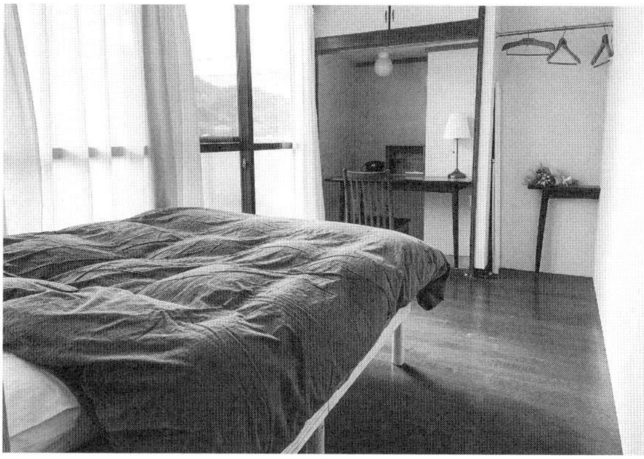

ゲストハウスの客室

たのかもしれません。

ただ、地域おこし協力隊の任期は3年なので、今回を逃すと次の募集は3年後になります。卒業のための単位はほとんど取っていましたし、コロナ禍の影響で授業はオンラインだったので、移住しても卒業はできそうでした。最後は双海町を元気づけるような活動をして、この町で暮らしていきたいという自分の思いがかない、無事に隊員に選ばれたのです。

――ゲストハウスの計画はどうなりましたか。

すぐにでもゲストハウス開業に向けて動きだしたかったのですが、移住してみると想定よりもコロナ禍の影響が大きく、計画を進めることは難しいと判断しました。地域おこし協力隊としても、着任早々に自宅待機を命じられました。そこで考え出したのが、自宅から双海町の魅力を伝えられるふたみおうち便の企画でした。将来ゲストハウスができたときに泊まってくれるきっかけになるかもしれないと思いました。2020年の夏ごろに自宅待機が明けてからは生産者の所に行って、企画を説明し少しずつ商品を増やしていきました。また、ゲストハウス開業への足がかりとして、ポパイを喫茶店として再稼働させました。

次に取り組んだのは資金調達です。まずは、地元の金融機関に支援してもらいました。さらに、宿泊券や喫茶店で使える食事券などを前売りするタイプのクラウドファンディングも活用し、消防設備の設置や電気工事などに充てる資金を募りました。当初は100万円を目標にしていたのですが、わずか6日で達成し、最終的には200万円を超える資金が集まりました。ふたみおうち便やポパイでの実績や多くの人にゲストハウスを実現したいという思いが伝わったのではないでしょうか。

おかげで開業準備は順調に進みました。民泊として届け出を済ませ、2022年3月に満を持してゲストハウスをオープンすることができました。2人までの個室が二つ、6人までの相部屋が一つ、共用のリビングやシャワー室を設けています。今は、気軽に双海町にきてもらえる状況ではないかもしれませんが一つ一つの事業を、地に足をつけて稼働させていけるチャンスでもあると感じています。

聞き手から

上田沙耶さんの話をうかがっていると双海町の魅力や町への強い思いが伝わってきた。幼い頃から何度も訪れ、大好きな町だったとはいえ、移住し創業するとなると不安もあっただろう。しかし、この町で暮らす祖父母や協力してくれる地元の人たちに支えられさまざまな事業を展開し、地域に根づくことができた。

最近、東京のイベントに出店し、自身が企画した商品や果物などを直接販売したそうだ。これまでのインターネットを通じたビジネスだけでなく、実物を手に取ってもらいながらコミュニケーションをとることでより一層双海町の魅力を伝えられる。次は実際に行ってみたいと思う人が必ずいるはずだ。そうなると、町の経済が盛り上がりさらなる魅力の開発につながるかもしれない。この循環が地域の活性化に与える影響は大きい。

（西山　聡志）

（日本政策金融公庫調査月報　2022年7月号掲載）

女性の経済的自立を支える

㈱美染（びせん）

＜開業者プロフィール＞

山本 紗代（やまもと さよ）

大阪府の美容専門学校を卒業後、美容院、エステ、居酒屋、薬局などで勤務。2017年、地元の鳥取県に戻り、共同創業者の上住潤子さんと㈱美染を創業。オーガニック白髪染め専門店として県内に3店舗を構える。

〈企業概要〉

創　業	2017年
資本金	200万円
従業者数	9人
事業内容	白髪染め専門美容院
所在地	鳥取県鳥取市丸山町265-11
電話番号	0857(20)1107
U R L	http://www.bisen-color.com

鳥取県統計課が発表した「100の指標からみた鳥取県（令和3年度）」によれば、鳥取県の人口1万人当たりの理容・美容所施設数は40.97で、全国値の29.46を大きく上回る。そんな競合の激しい地域で創業したオーガニック白髪染め専門店「美染」だが、地域住民の心をつかみ人気店に成長しつつある。これまでのところ従業員の離職率はゼロで、子育て中の女性たちが生き生きと働いている。どのようにして顧客と従業員の満足度を高めているのか。

あえて白髪染めに特化

——ユニークなコンセプトの美容院ですね。

髪や頭皮にやさしいオーガニックのカラー剤を使用した「オーガニック白髪染め専門店」として、鳥取県内に3店舗を展開しています。

ハーブエキスが配合されたカラー剤は髪の傷みや頭皮への刺激を和らげ、トラブルを防ぐメリットがあります。加えて、440万円の費用をかけてシャンプーマシーン（オートシャンプー）を2台導入しており、毛穴の汚れをスッキリと落とすことで頭皮への負担を減らしています。

お客さまは40歳代から60歳代の女性がメインです。部分染めが1,100円、根元染めが2,200円、全体染めが2,750円と低価格、かつ短時間で利用できるためリピーターの方も多くいます。

——なぜ、白髪染め専門店としたのでしょうか。

人口に対して美容院の数が極端に多い鳥取県で創業したためです。当時、この地域の美容院はすでに飽和状態で、わかりやすい差別化をしなければ勝ち目はないと思いました。

共同創業者の上住潤子（うえすみじゅんこ）は美容師一筋の経歴をもつシングルマザーで、わたしの従姉（いとこ）です。「離婚して故郷の鳥取に帰ることになったのだけれど、一緒に創業しないか」と誘われ、漠然と社長への憧れをもっていたわたしは、それを承諾しました。上住は育児をしながら経済的に自立する必要にも迫られていて、勤務時間が長い一般的な美容院では条件が合わなかったのです。

——創業に当たり、どのような準備をしましたか。

まず、創業や経営の支援が充実している商工会議所や、中小企業診断士に相談ができる「よろず支援拠点」を利用して創業の基礎を教えてもらい、事業計画書を作成しました。それをもとに銀行から融資を受けて、店舗の

髪や頭皮の負担を減らすオートシャンプー

オープンに至りました。最初の約8カ月は従業員を雇わず、2人だけでのスタートでした。

創業のアイデアと情熱はあるけれど、知識や資金は不足している。そんな状態だったわたしたちにとって、商工会議所やよろず支援拠点は心強いサポーターでした。一方で、オーガニック白髪染め専門店という思い切ったコンセプトに対しては、「それでは絶対もうからない。カットもした方がよい」と言われ、少なからず不安はありました。それでも意思を貫いて創業したのが2017年12月です。信じられないほど好調なスタートダッシュを切ることができました。

――創業当初は、どのような状況だったのですか。

チラシと市民ペーパーの広告を使って集客したところ、予約でいっぱいになりました。安く短時間で白髪染めができるという新しいコンセプトに、多くの方が興味を抱いてくれたのだと思います。売り上げは着実に伸びて、気づいたら人手が足りないと感じるほどでした。1号店をオープンした鳥取市丸山町は、新興住宅地でありながら新しいお店が少ない地域です。そのため、好奇心から来店してくれた方が多かったようです。

最大の課題は顧客の定着

――その後、支店を増やしたそうですね。

1号店がたいへん好評をいただいたことから、2人では対応しきれなくなりました。そこで、オープンから9カ月後の2018年9月に従業員1名を採用しました。その後、商圏を広げ、2019年8月に2店舗目の宮長店、2021年12月に3店舗目の倉吉店をオープンしました。とはいえ、2店舗目はようやく黒字になったところです。オープン間もない3店舗目はまだ赤字で、早期の黒字化を目指しています。

――顧客の獲得が課題ということでしょうか。

リピーターの獲得は、非常に難しいと感じています。白髪染め専門店という斬新なコンセプトゆえに、理解を得るのが難しく、コンセプトを浸透させるまでに1年ほどかかりました。

加えて、2店舗目をオープンした直後に、当社のコンセプトと同様の白髪染め専門店とうたった競合店が同じ地域にオープンしたのも、顧客離れの要因になっています。当社のコンセプトが好評であることを知り、一般的な美容院も、「白髪染め専門店」とアピールし始めたのだろうと思います。新たにカットとカラーの専門店も誕生して、これまでに後発の競合店が7店舗ほどオープンしました。そうなると、どうしてもお客さまが流れていってしまいます。2店舗目を黒字にするまでは、競合店と差別化するためにプロモーションを工夫するなど試行錯誤が必要でした。

――競合店の誕生で、コンセプトの希少性が薄れてしまったわけですね。

そのうち白髪染め専門店が飽和状態に陥り、それだけでは目新しさがなくなってきました。そこで、これまでは「安い、早い」を一番の売りとしていたところ、「オーガニックのカラー剤」と「オートシャンプー」を一

明るい笑い声が絶えない店内

番の強みとしてアピールすることにしました。両方をもっている競合店がなかったためです。

チラシの内容をはじめ、接客においても「オーガニックで髪や頭皮にやさしい」「手洗いよりも頭皮の汚れをしっかり落とせる」という強みを積極的に伝えるようにしました。

さらに、「Googleマップ」への登録、検索エンジンの上位表示を目的としたホームページの頻繁な更新、SNSの発信などにも取り組んでいます。それでも顧客の定着は容易ではないのですが、「低価格なのに髪が傷みづらい」といったお声をたくさんいただいています。

離職率ゼロの理由

――現在は9名の従業員が在籍しています。どのように人材を集めたのですか。

2店舗目のオープンに併せて求人を行い、半年間で女性6名を採用しました。育児中の人がメインで、シングルマザーもいます。彼女たちには、拘束時間が長かったり、勤務時間が不規則だったりする美容院の仕事と育児を両立させるのが難しく、仕事復帰を諦めていた事情があります。業界用語で「休眠美容師」といって、美容師免許をもっているけれど、何らかの理由で仕事を辞める美容師は少なくありません。

しかし、白髪染め専門店の当社ならフルタイムでも9時から18時の一般的な時間帯で働けますし、短時間のパート勤務も可能です。わたしと上住も子育てと仕事を両立する立場ですし、働きやすい環境を整えているため、意欲のあるメンバーに出会うことができました。

——従業員の定着を図るために、どんなことをしていますか。

子育てと両立できるよう有給休暇をとりやすい雰囲気をつくっています。わたし自身、子どもが熱を出して早退しなければならないことが何度もあり、上住や従業員にたくさん支えてもらいました。その代わり、ほかのメンバーが大変なときは私がしっかりサポートする。そういった支え合える関係性をつくって、当日の連絡でも休みやすい、欠勤ではなく有給休暇にするなど、従業員の働きやすさに配慮しています。

業務を行ううえで大事にしているのは、不公平を生まないこと。当社では、その場にいるお客さまを全従業員でケアする態勢をとっています。どの従業員もすべての工程を把握し、手待ち時間が生まれないようにすることで生産性が向上します。また、同じ工程をずっと担当しないようにし、人によって業務量に偏りが出ないよう配慮しています。おかげさまで、これまでのところ離職率ゼロを維持できています。

——従業員の満足度が高いのですね。しかし、人手が足りなくなることはないのですか。

当社では、約7割が当日予約のお客さまです。仕事の合間に来店される方も多く、この気軽さも来店動機につながっていると思います。

従業員の急な休みなどで、どうしても手が足りないときは予約枠を減らさざるを得ないのですが、基本的に予約は断りません。皆で協力し、工夫することで急な予約もこなすようにしています。

従業員が働きやすい職場を目指す

地域に貢献できる美容院に

――事業を通して得た経営哲学を教えてください。

一緒に働いてくれる従業員を大事にすることですね。当社は、女性の経済的自立を支える企業になることを目指しています。実際、上住はシングルマザーとして、女手ひとつで子どもを育てる苦労を身をもって感じながらも、経済的に自立して子どもが望む教育を受けさせたいと奮闘しています。一般的に低所得といわれがちなシングルマザーですが、彼女たちも無理なく働けて相応の収入を得られると、当社を通して証明していきたいです。

そして、もう一つ大事にしたいのが地域に根差した企業であること。故郷の鳥取県に恩返しをしたいのです。ボランティア活動に取り組むほか、地元に住む人が、年齢を重ねて体力が落ちても長く働けるような環境を築いていくつもりです。

――現在、取り組んでいる地域貢献活動はありますか。

大きく二つの取り組みを行っています。

一つは、カラー剤が入っているアルミチューブのリサイクルです。使用済みアルミチューブを器具で絞って残液を出し切ってから買い取ってもらい、得た資金で地元の小学校にSDGs関連の本を寄贈した実績があります。

手間がかかることから、鳥取県内の美容院では、使用済みのチューブをそのまま廃棄している店舗が多いようなので、他店にも同様の取り組みを広げていけたらと考えています。廃棄物を減らすと同時に、地元の教育にも寄与したいです。

もう一つは、鳥取こども学園でのボランティアカットです。同学園は、何らかの事情で両親と一緒に暮らせない、または保護者がいない子どもを家庭に代わって養育する施設です。スタッフの方々の手助けになればと思い、子どもたちのカットをわたしと上住が担当しています。このような地域貢献活動には、引き続き力を入れたいと思っています。

――今後の取り組みや目標を聞かせてください。

女性管理職の育成に励んでおり、2022年7月に2人の店長が誕生したところです。一緒に事業を成長させながら、店舗の増設を見据えています。地元の休眠美容師が活躍できる場をつくり、女性の自立を支えていきます。

聞き手から

女性活躍推進は、日本のみならず世界的な課題として扱われている重要なテーマだ。しかしながら、中小企業にとって、利潤を追求しながら同時に女性従業員活躍の場を用意するのは容易ではない。子育て中の従業員がいる場合、突発的な休みや早退などへの対処も求められる。拘束時間が長く、競争の激しい美容業界ではなおさら難しいかもしれない。そんななか、子育て中やシングルマザーの休眠美容師を積極的に雇用し、事業の成長と女性の経済的自立を同時に実現しようと企業努力を重ねる同社の社会的価値は大きい。地域貢献活動を通して、地域での信頼も着実に得ている。競合店との差別化を進め、魅力を一層高めることができれば、中小企業の良きロールモデルになり得るはずだ。　（小林　香織）

（日本政策金融公庫調査月報　2023年1月号掲載）

視覚障害者と社会をつなぐネイルサロン

ネイル ル ブライユ
Nail Le Braille

＜開業者プロフィール＞
佐藤 優子（さとう ゆうこ）
群馬県伊勢崎市出身。貿易会社に勤務する傍らネイリストの資格を取得。大手のネイルサロンで約1年勤務したのち2018年2月に創業。

〈企業概要〉

創　　業	2018年
従業者数	1人
事業内容	ネイルサロン
所 在 地	埼玉県上尾市緑丘5-6-6
電話番号	080(3445)7733
U R L	https://www.tenjinail.com

多くの人にとっては当たり前のことが、一部の人にとっては当たり前ではないことがある。多数派に属する人がこのギャップに気づき、疑問を抱く機会は残念ながら多くない。そして、そのギャップを埋めるビジネスを行う人の存在もまた、あまり知られてはいない。

ネイリストの佐藤優子さんは、視覚障害者をターゲットにしたネイルサロン「Nail Le Braille」を営んでいる。ネイルアートは目で見て楽しむものという固定観念を打破した佐藤さんに、事業の着想や工夫をうかがった。

ネイルが生み出す社会との接点

——ほかとは違うネイルサロンを経営しているとうかがいました。

視覚障害者向けのネイルサロンを営んでいます。基本的に顧客の自宅に出張して施術することが多いですが、上尾市にあるわたしの自宅で施術することもあります。

爪の長さや形を整えたり表面を磨いたりするネイルケアに加え、ジェルネイルやマニキュア、爪に絵を描くなどのネイルアートメニューもあります。客単価は6,000～7,000円ほどで、一般的なサロンと同程度です。

——昔からネイリストになりたいと考えていたのでしょうか。

もともとネイリストを志望していたわけではありません。ですが、自営業の両親を見て育ったため、幼い頃から自分も自由に仕事がしたいと思っていました。ただ何がしたいのかは定まらず、仕方なく会社勤めを続けるうちに30歳になり、このまま勤め人として一生が終わってしまうと危機感を抱きました。改めて自分の力でできる仕事がないか考えたときに思いついたのが、ネイリストになることでした。昔から絵を描くことは好きでしたし、ネイリストなら初期投資を抑えつつ独立できると思ったからです。

とはいえ、ネイリストとしての経験はなかったので、会社に勤めながらネイルスクールに通って資格を取得しました。それから大手ネイルサロンで約1年勤務して経験を積み、自宅をサロンとして整え、2018年2月に念願の創業を果たしました。

——初めから視覚障害者をターゲットにしていたのですか。

そうではなく、創業当初は一般的なネイルサロンでした。ただ、ネイルサロンは開業が容易な分、競争がとても激しい業界です。ほかと同じことをやっているだけではなかなか顧客が増えません。そこで何か差別化を図ることにしました。

最初に考えたのが高齢者向けネイルです。年を重ねるほど爪が厚くなり、目は悪くなるので、自分で爪を切るのが難しい高齢者は多いのです。病院や介護施設にいる場合はそこで切ってもらえますが、そうでない高齢者は爪を切るためにネイルサロンに行く必要があります。足が不自由な高齢者にとっては、爪を切るだけのことが大きな負担になります。

実はネイルサロンを営む傍ら、介護施設でネイルのボランティアをしていたので、高齢者向けネイルに需要があることを肌で感じていました。そこで訪問入浴の会社と提携しようとしたのですが、途中で話が破談になってしまいました。

差別化の計画が白紙になり困っていたときに思いついたのが、視覚障害者向けネイルです。目が悪くなったことでうまく爪のケアができない高齢者の姿を見て、視覚障害者も同じ悩みがあるのではと考えたのです。

当時、視覚障害者向けにネイルサロンを営んでいる人はわたしが知る限りいませんでした。ですが、ターゲットを絞ることに不安はありませんでした。むしろ、誰もやっていないからこそやってみたい気持ちが強かったですし、家族の支えも挑戦を後押ししてくれました。こうして、2019年10月に視覚障害者向けネイルサロンを始めました。

――サービスを始めてからどんな反応がありましたか。

視覚障害者の皆さんからは思っていた以上に良い反応がありました。実際にやってみてわかったのは、ネイルケアだけでなくネイルアートの需要がとても高いことです。

全盲の場合、ネイルアートを施しても自分で見ることはできません。ですが、周囲の人たちがネイルを見て反応してくれます。子どもの授業参観へ行くためにネイルをした方からは、普段なかなか話せないママ友からネイルを褒められて、そこから話が弾んだと喜ばれました。ネイルをすることで、周囲から声をかけてもらえる機会が増えたと感じる人は多いです。

目が見えないと相手の位置がわからないので、視覚障害者は人と話したくても自分から話しかけにくいのです。そんなとき、ネイルが会話のきっかけになってくれるようです。

――ネイルが重要な役割を果たしているのですね。

視覚障害者にとって、ネイルは社会に溶け込むための道具です。ただ、普通のサロンでは対応してもらえなかったり、盲導犬ユーザーの場合はほかの客がいないときに来てほしいと言われたりすることが少なくありません。ネイルをしたくてもできない、そんなバリアが存在しているのです。

また、知人や付き合いのあるネイリストからは、目が見えない人にネイルをする必要があるのかと言われたこともありました。健常者は視覚障害者に対してこうした固定観念を抱きがちですが、実は視覚障害者こそネイルを、おしゃれを一番したい人たちだったのです。

顧客の声から生まれたサービス

――施術をするうえで気をつけていることはありますか。

色味やデザインについては、顧客の目的や希望を聞いてこちらから提案しています。会社用かよそ行き用か、かわいい系かクール系かなど、会話を通じてデザインをイメージし、そのうえでなぜそのデザインにしたのかをきちんと説明します。

また、施したネイルを言葉で正確に伝えるようにしています。本人には見えなくても、後で周囲の目を通じて答え合わせをされるので、色味をいいかげんに伝えるわけにはいきません。視覚障害者は周囲の目を通して自分の姿を確認しているので、わたしも第三者の目線で判断した色をそのまま伝えるようにしています。

言葉で正確に伝えるためには語彙（ごい）力が必要です。ただし、おしゃれな表現をすればよいわけではありません。例えば赤色のネイルを「夕焼けのよ

顧客に寄り添った施術が好評

うな色」と説明しても、人によってイメージする色が違います。答え合わせを想定し、誰もが納得する言葉で伝えなければいけません。

――施術面以外でも何か工夫している点はありますか。

不安を感じさせないよう、正しい誘導方法を徹底しています。例えばいすに座ってもらうときは、相手にわたしの腕をつかんでもらいながら案内するのが正しい方法です。これを知らないサロンの場合、良かれと思い手を引っ張ったり背中を押したりしてしまい、怖い思いをさせてしまいがちです。

目が見えない状態で体の一部を他人に任せるのは、とても勇気のいる行為です。その勇気に応えるため、こちらも正しい方法を学び、目が見えない状態がどのようなものかを常に想像しながら接客しています。こうして少しずつ信頼を積み上げることで、安心して任せてもらえる関係をつくっています。

――ネイルのほかにも独自のサービスがあると聞きました。

視覚障害者向けにリモートでメイクのサポートをしています。人前に出るときはメイクをしなければと考えるのは健常者も視覚障害者も同じですし、社会的にはネイルにも増してメイクは重要です。

近年、化粧品メーカーがCSR活動の一環として、視覚障害者向けにメイク技術を教えるセミナーを開催するようになりました。ですが、せっかくメイク技術を教わっても鏡を見ることができないため、メイクがうまくいっているかどうかを一人では確かめられないのです。

顧客からこうした声を聞いて、スマートフォンを使ったリモートメイクのサービスを始めました。眉毛がきちんと描けているか、どの色のアイシャドーを使うべきかなど、カメラ越しに一つ一つ伝えています。すべて言葉で説明しなければならないので大変ですが、社会的に意義のあるサービスだと思っています。

——顧客の抱えている悩みが新たなサービスにつながったのですね。

ネイルだけのつもりで始めた視覚障害者向けサービスですが、話を聞くうちにネイル以外でも力になれることが多いと気づいたのです。

もう一つ要望を受けて始めたサービスが、白杖（はくじょう）デコレーションです。視覚障害者は視覚に障害があることを周囲に知らせるため、道路を通るときには白杖を携行することが道路交通法で義務づけられています。ですが、後天的な視覚障害者を中心に、白杖を持つことに抵抗を感じる人が少なくありません。どうせ持たなければいけないのなら、自信をもって持てるものにしてほしいと頼まれたのです。

そこで、白杖としての機能に問題のない範囲でデコレーションを施すサービスを始めました。「スワロフスキー」のストーンを使用した本格的なデコレーションです。白杖に対するイメージを少しでも明るいものにできればと思っています。

おしゃれを当たり前に

——佐藤さんのお話をうかがって、いろいろと気づかされました。

身近に視覚障害者がいないと、どうしても固定観念を抱いてしまいがちです。わたしもこのサービスを始めるまで視覚障害者とかかわったことが

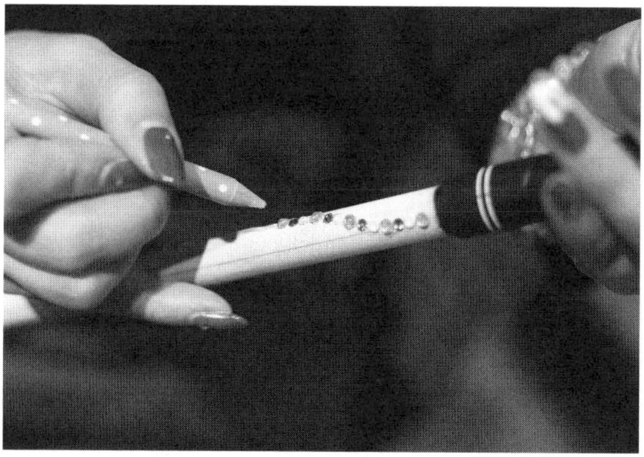

白杖をおしゃれにデコレーション

なかったため、いつの間にか固定観念を抱いていたと気づかされたことがありました。

もともと視覚障害者といえば点字だろうと思っていたので、フランスの点字考案者ル・ブライユにちなんだ店名にしたり、ネイルアートに点字を取り入れたりしてみました。これらは健常者からの受けが良い一方で、視覚障害者からは思っていたよりも反応がありませんでした。なぜかというと、実は視覚障害者のうち点字を読める人は1割程度しかいないうえ、読める人にとって点字はひらがなのような当たり前のものだったからです。点字と縁のない健常者の方が、かえって点字に特別感を抱いているわけです。

実際に接してみないと視覚障害者が直面する課題には気づけないですし、固定観念を打破することはできません。当事者の声を聞いてニーズを拾うことがとても重要だと感じています。

――将来的に事業を拡大する予定はありますか。

視覚障害者向けネイルサロンは一般的なサロン以上に顧客との信頼関係が重要です。そのため、信頼関係を維持しながらわたし一人で拡大できる範囲には残念ながら限界があります。ですので、Nail Le Brailleとしてはこれからもわたしの手の届く範囲で、顧客を大切にしながら続けていきたいと思っています。

一方で、視覚障害者とかかわるうちに、いつ目が見えなくなっても怖くない社会、誰もがおしゃれを楽しめる社会に変えたいと強く思うようになりました。そこで2019年に一般社団法人日本視覚障がい者美容協会を設立しました。法人では視覚障害者向けネイリストの育成や社会への啓発など、より多くの人を巻き込む活動を行っています。

これからも、自分の身近な顧客におしゃれを提供する個人事業と、社会に広く訴えかけていく法人事業の両輪で活動し、視覚障害者がおしゃれを当たり前に楽しめる社会の実現を目指していきたいです。

聞き手から

視覚障害者向けのネイルサロンは市場としては小さい一方、顧客と信頼関係を築くために相応のノウハウと継続的な接客が求められる。大手のサロンでそこまできめ細やかな対応をするのは難しいため、小さな企業が活躍できる分野といえよう。

ただし、ターゲットの絶対数が少ない市場での事業化は容易ではない。そこで佐藤優子さんは、リモートメイクや白杖デコレーションまでサービスを広げた。視覚障害者と接するうちに、ネイルだけでなくおしゃれ全般にバリアがあると気づいたためだ。

視覚障害者に限らず、いわゆるマイノリティの人々が直面している課題は広範にわたる。ターゲットの悩みとそれに対して提供できるサービスについて、次元を一段引き上げて考えてみると、事業の可能性がさらに広がるかもしれない。

（原澤　大地）

（日本政策金融公庫調査月報　2022年6月号掲載）

事例編総論

女性起業家へのヒアリングを振り返って

日本政策金融公庫総合研究所
主席研究員　桑本 香梨

1　はじめに

本事例編では、12人の女性起業家を紹介した。それぞれ事業内容も起業の経緯も異なるが、自分の夢や理想を起業によってかたちにしていて、生き生きと活躍していた点は共通する。他方、当研究所が行ったアンケートを分析した第1～7章では、起業に関心のある女性が資金の不足や自身のアイデア・スキルに対する不安から起業に踏み切れないでいること、起業後の女性が資金調達や顧客の獲得、人材の確保に苦労していることなどを確認した。

そこで、女性がさまざまなハードルを乗り越え起業し、事業を軌道に乗せるために効果的な取り組みは何か、12のケースからヒントを得て本書のまとめとしたい。なお、12人の事業の一覧と詳しい事例の掲載ページは、本事例編の表紙に掲載した。業種は女性に多かった美容業や小売業だけでなく、建設業、製造業、情報通信業など幅広い。従業者数が当研究所「2022年度新規開業実態調査」の平均値である4.1人（第1章参照）を超える企業も多い。

2　どのように起業したのか

第7章で紹介した、起業に関心がある女性が起業していない理由の上位3項目は、「自己資金が不足している」「ビジネスのアイデアが思いつかない」「失敗したときのリスクが大きい」であった（前掲表7－4）。また、男性と比べて「仕入れ・流通・宣伝など商品等の供給に関する知識・ノウハウが不足している」「製品・商品・サービスに関する知識や技術が不足している」という回答が特に多かった。事例の女性たちは、どのように資金やアイデア、ノウハウの不足といった問題をクリアしていったのだろうか。

(1) どこで事業機会をみつけたか

今回ヒアリングした12人の事業内容は、独自性や社会性が高いものが多かった。どこから事業のアイデアをみつけ、起業へと結びつけていったのだろうか。

① 自身の立場からみえる気づきを生かす

12人の多くは、自身の経験からビジネスのヒントを得ている。㈱RINの河島春佳さん（事例8）は、アルバイト先の生花店で花が大量に廃棄される場面を目の当たりにし、捨てられる花を引き取りドライフラワーにして店舗などの装飾に使うアップサイクル事業を始めた。

勤務経験がなかったり、結婚や出産によるブランクが長かったりすることで事業機会に出合うチャンスがないと考える女性は多いかもしれないが、女性ならではの視点が事業のアイデアにつながるケースは少なくない。序章でレビューした先行研究でも、女性はキャリアや子育てなどで男性と異なる経験をもつため、そこでの着想は今までにない産業の創出につながると指摘されている。

杉本亜美奈さん（事例7）は、月経や妊娠・不妊など女性の健康に関する課題に対応するフェムテックの分野で、関連商品の小売りやセミナー、コンサルティングなどを行うfermata㈱を立ち上げた。米国のフェムテック商品を見て、女性がライフプランを考えるうえで役立つと感じたことがきっかけである。女性の健康問題は、まさに女性にしか体験できないものであり、もし杉本さんが男性だったら起業につながる直感を得ることはなかったに違いない。

工務店の㈱いけがみでは、池上和代さん（事例1）の家事や育児の実体験に基づいた、家のレイアウトや収納に関するアドバイスが好評である。また、池上さんが女性であることが話しやすい雰囲気につながり、奥さんしかいない平日でも気軽に家を訪問して設計の相談をすることができるという。

既存の視点とは異なる角度で物事をみることは、ときに市場の空白を埋めることにつながる。これまで世の中や業界になかったアイデアによって、既存企業と異なる新たな客層を獲得することができる。起業の世界においてマイノリティであることが、むしろ有利に働くこともあるといえる。

② 外部の知恵を借りる

専門家の知恵を借りるのも一手である。㈱Honey Forest Brewingの相羽ゆかさん（事例4）は、自宅で採れた蜂蜜を使って商売をしたいと考えていたが、具体的なアイデアが浮かばずにいた。そこで、夫の勤める町役場が東京から招聘（しょうへい）した観光プロデューサーにアドバイスを求め、クラフトビールづくりを提案されたのである。近隣に同業者がないこと、町の土産品や贈答品としてのニーズが見込めることなどを考慮したうえでの提案であった。

具体的な道筋が固まっていない段階で専門家に相談することはためらわれるかもしれない。しかし、起業したいという思いがあるのであれば、やみくもに試すよりも思い切って専門家の意見を聞くことが近道になる。

⑵ どのように失敗のリスクを克服したか

ビジネスのアイデアがあったとしても、本当にうまくいくのか不安で踏み出せない女性は多い。失敗のリスクを軽減するためにどのような取り組みをしたのだろうか。

① 起業前に第三者の評価を受ける

事前にビジネスプランコンテストや起業を考える人たちが集まるイベントなどに参加するのは、アイデアの実現可能性を確かめたり、企画をブラッシュアップしたりするうえで有用である。

愛媛県の双海町で「双海FAM」を展開する上田沙耶さん（事例10）は、過疎化の進む町に観光客を呼び込みたいと、祖父母の喫茶店をゲストハウスにリニューアルする計画を立てた。しかし、うまくいくのか確信がもてない。そこで、県が主催するビジネスプランコンテストに事業計画を応募したところ見事最優秀賞を受賞、事業を始める自信につながったという。

こうしたコンテストの多くは、いきなりプランを発表して競うのではなく、事前に専門家の話を聞いて経営について学んだり、互いのプランを評価し合ったりすることで、事業計画を洗練させていく意味合いが強い。つまり、起業前に第三者に事業計画を評価してもらい、補強することができる場なのである。

助産師の活躍の場を企業や家庭に広げたいと考えた岸畑聖月さん（事例9）は、ビジネスプランコンテストに参加して専門家に相談しながら、㈱With Midwifeの構想を練った。コンテストのプレゼンテーションを聞いていた企業の担当者から、助産師を会社に派遣してほしいと頼まれたことをきっかけに、顧問助産師の受託サービスを開始した。

町工場同士のマッチングを行うことで中小製造業の販路開拓を支援するNANASE㈱の石田七瀬さん（事例2）も、起業に当たり事業内容に対する客観的なフィードバックを得たいと考え、数多くのビジネスプランコンテストに挑戦した。

大勢が集まり切磋琢磨（せっさたくま）するようなイベントに参加するのは気が引けるという人は、専門家に個別に相談に乗ってもらうのがよい。国が全国各地に設置したよろず支援拠点では、中小企業診断士などの専門家が創業に関する相談に無料で応じている。日本政策金融公庫でも、創業支援センターを各地に置き創業を考える人たちに向けた窓口にしている。

若者が少ない地元でお年寄りの見守りを兼ねた菓子店を開きたいと、「宅配菓子屋ほのや」を始めた荒井美乃里さん（事例3）は、町の銘菓になる商品をつくりたいと考えた。千葉県のよろず支援拠点のコーディネーターからアドバイスを受けながら、地元の長南町の花である紅花を使った「紅花もなか」を完成させ、看板商品とすることができた。

第7章でみたように、女性は男性よりリスクに対して消極的である。不安を抱えたまま起業したのでは、思い切った事業展開は難しい。外部の支援も得つつ、リスクを小さくして起業に備えることが大切である。

② **小さく始める**

もう一つ、複数の事例にみられたのが、事業を小さく始めるということである。起業してから少しずつやりたいことを付加していけば無理なく事業を始められるし、万が一失敗しても後戻りして方針を見直しやすい。

大瀬麻衣子さん（事例5）は、物流業界を活気づけたいと㈱ロジカムを起業したが、初めの2年ほどは軽貨物運送の請負の仕事をしながら、業界の動向を探ったりして事業のアイデアを練っていた。資金をため、従業員も少しずつ増やしながら、運送業者と荷主をつなぐアプリをつくりあげたことで、スムーズに事業を展開することができた。

㈱meguruの高橋そのみさん（事例6）は、女性のICTスキルを向上させることで経済的自立を促したいと起業を考えた。しかし、コロナ禍で集客に不安を感じたことから、まず「Sonomity」という団体を立ち上げて、オンラインで女性向けのICT講座を開いた。参加者の反応を見て続ける自信を得て、2022年に正式に起業した。今も、高橋さんは講座を運営する傍ら、システム開発やウェブサイトの制作などの仕事も請け負い、十分な収入を確保できる体制を整えている。

起業することに不安を感じている場合は特に、小さな範囲から始めてみることが、事業経営に対する感覚をつかみ、発展させていく自信を得ることにつながるのではないだろうか。また、十分な収入を確保できるか不安な場合は、初めのうちは会社勤めと掛け持ちするといった方法もあってよい。

(3) どのように資金を調達したか

第7章では、女性の起業関心層が起業を躊躇する最も大きな理由が「自己資金が不足している」であった（前掲表7－4）。また、第4章でみたように、女性は男性より開業費用が少なく、自己資金だけで起業した人も多かったが、なかには調達した金額が起業に十分ではなかったと感じている人もいた（前掲表4－14）。事例の女性たちはどのように自己資金の不足を補ったのだろうか。

① 借り入れ前に専門家に相談する

序章で確認した先行研究のなかには、女性が借り入れを申請する前に諦めてしまう傾向を指摘するものもあった。自分の事業計画では金融機関からの融資を受けることは難しいと思ってしまうのだろう。もしそうならば、事前に相談機関に事業計画をみてもらいアドバイスをもらうことは有用である。

鳥取県で白髪染め専門の美容院、㈱美染を起業した山本紗代さん（事例11）は、オートシャンプーの機械などを導入するためにまとまった資金が必要だった。事前に県内の商工会議所やよろず支援拠点に相談して磨き上げた事業計画をもとに、金融機関から借り入れることができた。

大瀬麻衣子さん（事例5）も同様である。独自の配送システムを構築するためには数百万円の費用がかかるが、手元資金ではとても足りない。起業時に相談した商工会議所に何度も通いながら企画書を整え、最終的に融資を受けられた。

② 事業への理解を広げ寄付を募る

借り入れ以外の資金調達手段も増えており、クラウドファンディングはその一つである。事例でも、クラウドファンディングを利用した女性が複数みられた。

ただ、専用サイトに登録するには手数料がかかる。そこで、河島春佳さん（事例8）は個人でホームページを立ち上げて事業にかける思いの丈をつづり、支援を呼びかけた。お礼は、ドライフラワーを使ったブーケやワークショップの参加チケットである。出資者に実際の商品を手に取ってもらう機会になり、また河島さんの理念や取り組みを知る人が増えることにもつながり、その後の受注に発展することもあった。

クラウドファンディングなどで広く支援を募ることは、資金を集めるだけでなく、事業のコンセプトに対する反応を確かめたり、資金調達後も長く応援してくれる人を得たりする手段にもなるといえる。

③ 節約の工夫をする

節約の工夫は欠かせない。女性はリスクに消極的な傾向が強いことから、借り入れにも及び腰になりがちであることは想像に難くない。ただ、第2章では、女性は主な顧客が一般消費者である事業が多く、店舗などの不動産にかかる平均費用は男性よりも高かった。12のケースからは、かさむ開業費用を少しでも減らすための工夫がみられた。

菓子店を始めた荒井美乃里さん（事例3）は、店舗を設けなかった。人の少ない地域で店を構えても買いに来る人は少ないと考えたのだ。実家の空き部屋を工房に改装し、菓子は注文に応じてつくり宅配することにしたことで、開業費用を大幅に抑えることができた。

相羽ゆかさん（事例4）は、店舗の建設に当初の予定以上に費用がかかった分、ビールの醸造設備を整えるために借り入れを増やすことはためらわれた。そこで、市販のビールを入れるのに使われている15リットルのステンレス製の樽を醸造に応用することにして、設備投資を最小限に抑えた。

資金調達の工夫はさまざまだが、12人の女性起業家に共通しているのは必要な経費は惜しまなかった点である。女性は少額で起業する人が比較的多いが、無理に費用を抑えては起業後の事業運営に支障が出る。節約の工夫をこらしつつ、借り入れも活用して備えることが望ましい。

(4) どのように技術や知識を補ったか

勤務を通じて一定のスキルを身につけた人は多い。池上和代さん（事例1）は、地方銀行に6年勤めた経験を生かした、家づくりの資金計画アドバイスがとても評判である。しかし、第2章では、女性は斯業経験（現在の事業に関連する仕事の経験）年数が短い、経験してから起業するまでのブランク期間が長いという特徴がみられた。最新の業界情報を得たり、起業に足りない知識やスキルを補ったりするために、女性起業家はさまざまな取り組みをしていた。

① 起業のために勤務する

起業を思い立ってから勤務するケースもある。運送業者と荷主をつなぐアプリを展開する大瀬麻衣子さん（事例5）は、起業を考えた時点で運送会社や倉庫会社に勤めた経験はあった。しかし、事業を経営するには荷主側の立場も知る必要があると考えて、半年間、通信販売の会社に勤務した。物流に携わるそれぞれの立場について理解を深めたことで、運送業者にも荷主にも便利なシステムを構築することができた。

ネイルアート店「Nail Le Braille」を起業した佐藤優子さん（事例12）が大手ネイルサロンに就職したタイミングも、起業したいと思った後である。絵が好きなことからネイリストになることを思い立つが、経験はなかった。ネイルスクールに通った後、1年間勤務して経験を積んでから独立した。

斯業経験は起業を思い立ってからでも積むことができる。むしろ、起業を念頭に置いている方が、経営者としての目線も意識しながら仕事ができ、事業のノウハウを効率的に習得できるのではないか。

クラフトビールの知識がまったくないままに起業を決意した相羽ゆか

さん（事例4）は、県内外にある同業者の店舗を何軒も訪ねて、店内のレイアウトや商品のコンセプトを研究した。醸造技術を学校で勉強した後も、隣の県にあるクラフトビール工房に通って技術を習得し、醸造免許を取ることができた。もちろん、同業者が快くノウハウを教えてくれるとは限らない。相羽さんも最初は断られたが、起業にかける思いを粘り強く伝えたことで協力を得ることができた。

② 学ぶ場を広く求める

勤務経験だけでは起業のためのスキルを十分に得られないケースもある。今までにない事業を始めようとする場合はなおさら、学ぶ場を広げることが大切である。河島春佳さん（事例8）は、フラワーアレンジメントの技術を磨くために、支援者から集めた資金を元手にフランスに渡った。現地のカフェでアレンジメントの実演をするなどして積んだ実績が、帰国後の河島さんの評判を上げることにもつながった。

今はさまざまな学びの場がある。事業に必要な技術や知識が足りなくても、すぐに起業を諦めるのではなく、不足するノウハウを補う機会を積極的に求める姿勢が望まれる。

3　どのように事業を軌道に乗せたか

第2章でみたとおり、女性起業家が開業時よりも調査時点で苦労していることとして回答が多かったのは、「顧客・販路の開拓」の問題のほか、「従業員教育、人材育成」「従業員の確保」といった人材の問題であった（前掲表2－9）。また、第2章、第3章の計量分析からは、女性起業家が事業規模を大きくするにはサポートしてくれる人が存在するかどうかが問題になることもわかった（前掲表2－11、表3－6）。それぞれの問題について事例の女性たちの取り組みをみていきたい。

⑴　どのように顧客を増やしたか

第2章では、女性起業家の事業は商圏が狭く固定客が多いなどニッチな分野が多いほか、サービス業など参入障壁が比較的低い分野に偏る傾向がみられた。その分、顧客を開拓しにくい、競合が発生しやすいといった問題も生じやすい。どのような対策をしているのだろうか。三つのことを指摘したい。

①　事業について積極的に発信する

先行研究では、女性による開業の意義の一つに新たな産業の創出が挙げられているが（序章参照）、今までにない分野で事業を始める場合、顧客に認知されるための工夫が必要になる。

杉本亜美奈さん（事例7）が起業した当初、日本でフェムテックという言葉を知る人は少なかった。そこで、関連商品を集めた「Femtech Fes!」を毎年開催し、多くの人にフェムテックの必要性を知ってもらえるよう努めた。年を追うごとに参加者は増え、メディアでも取り上げられるようになったことで、業界に対する認知度は格段に上がった。

河島春佳さん（事例8）は、「フラワーサイクリスト」という言葉をつくり、自らの肩書とした。捨てられるはずの花を救うクリエイターとしてたくさんの人に覚えてもらうには、誰にでもわかりやすい名称が必要だと感じたからである。SNSなどで活動の様子やロスフラワーの問題について積極的に発信するほか、ワークショップを開いたりマーケットに出店したりして、フラワーサイクリストの第一人者として認知されるようになった。

②　独自性を進化させる

競合が起こりやすい業界では、自社の強みに磨きをかけることが求められる。

山本紗代さん（事例11）が㈱美染を起業した当初は、地元初の白髪染め専門店として注目されたが、同業者が相次ぎ出店したことで顧客の囲い込みが課題になった。山本さんは、競合店の事業内容を研究して自社の強みを見つめ直した。宣伝文句をそれまでの「安い、早い」から「オーガニックのカラー剤で髪や頭皮にやさしい」「オートシャンプーで手洗いよりも汚れをしっかり落とせる」という内容に変えることで、他社との差別化に成功した。

ネイリストとして独立した佐藤優子さん（事例12）は業界の競争の激しさに悩んでいたが、介護施設でのボランティアをきっかけに、視覚障害者向けのネイルサロンというこれまでにない事業のアイデアを思いつく。市場の空白部分をみつけていち早く参入したことで販路を獲得できた。

フェムテック関連商品の卸売りやコンサルティング事業を手がける杉本亜美奈さん（事例7）は、利益がほぼ出ないにもかかわらずBtoCの事業も行っている。体に関する悩みは十人十色で、潜在ニーズをキャッチするためにはユーザーと直接つながり声を拾い上げていくことが大切だと考えるからである。

起業した後も同じ場所にとどまらずにさまざまな方面にアンテナを張り工夫を重ねることが、事業の可能性を広げていくことにつながっているといえる。

③ 経営者仲間と協力する

女性は一人で事業を行っている割合が高いが、ほかの経営者と協力すれば事業の可能性を広げることができる。

宅配専門の菓子店を始めた荒井美乃里さん（事例3）は、地元に移住してきたカフェのオーナー夫妻とコラボレートして、毎月2日間だけその店で自分の菓子を提供している。店舗をもたないため認知されにくかった荒井さんの事業を知る人が増えたという。起業したばかりの頃、荒井さんは地元のために何かしたいと考えていたが、一人でできることは限られ行動を起こせないでいた。しかし、カフェの夫妻と知り合い、二人が主催するコミュニティに参加したことで一緒に行動する仲間ができ、皆で町おこしのイベントを開いたり、子どものためのワークショップを開いたりできるようになった。

経営者仲間をつくることは、自社の限られる資源を補い合い、顧客を増やす相乗効果をもたらすといえる。

④ 外部の資本と提携する

事業を大きく展開して販路を広げていくために、外部の資本と提携するケースもみられた。

大瀬麻衣子さん（事例5）は、自身が開発した配送システムを九州で展開していたが、物流業界を活性化させるという目的のためには、ユーザーを全国に広げていく必要があると感じていた。しかし、自社の資本力では時間がかかり、その間に競合他社に市場を奪われてしまう。チャンスを逃さないために中堅の運送会社と提携する道を選び、関西、東海、関東と配送エリアを広げていった。

企業向けに顧問助産師サービスを手がける岸畑聖月さん（事例9）は、大手企業による従業員向けサービスの実証実験に手を挙げた。顧問助産師のサービスを試験的に利用してもらい、利用後にはアンケートを実施することで、ニーズをくみ取るとともに利用者の評価を数値で把握することができた。事業に対する客観的なデータとして、その後の営業に役立てられている。

これまでたびたび指摘したように、女性の事業の多くは小規模であり、資本力や知名度には限界がある。ときには外部の資源も積極的に取り入れていく姿勢が、商機をつかむことにつながるのだろう。

(2) どのように人材を確保したか

大企業でも人手不足が問題になっているなか、起業して間もない女性が必要な人材を確保することは容易ではない。ヒアリングを行った女性起業家たちは、どのように対処したのだろうか。

① 女性の働きやすさを実現する

第2章の分析によれば、女性の開業者は従業員に占める女性の割合が高い（前掲図2－12)。その理由は、美容業などのサービス業が多いといった業種の違いだけではなさそうである。

山本紗代さん（事例11）は、店舗網拡大に当たり必要なスタッフを確保するために、休眠美容師に目をつけた。美容師免許をもつが、拘束時間が長かったり勤務時間が不規則だったりする美容院の仕事と家事や育児を両立できず、資格を生かせていない女性たちである。自身も子育てをしながら働く山本さんは、短時間勤務を可能にして有給休暇も取りやすくしたほか、急な休みでも欠勤ではなく有給休暇扱いにするなどして配慮した。また、全スタッフがすべての工程を担当できるように教育し、手が足りない部分を互いに補う体制を整えた。半年間で6人を採用し、離職率はゼロだという。

町工場のマッチングを行う石田七瀬さん(事例2)の下で働く3人のスタッフは、全員が子育て中の女性である。1カ月20時間、空いている時間に自宅でSNSの更新作業やマッチング業務の補助を行う。家事の合間に収入を得ることができるし、何より育児中でも女性がキャリアアップできる機会になると石田さんは考える。

家事や育児と仕事の両立に悩む女性は多い。そうした壁を乗り越えた女性起業家だからこそ、同性の悩みに配慮した仕事環境をつくることができるのではないか。ひいてはそれが、人材の獲得につながるのである。

② 外部の人材を活用する

外部の人材を活用しているのは、河島春佳さん（事例8）と岸畑聖月さん（事例9）である。

河島さんが代表を務める㈱RINでは、商業施設などの大がかりな装飾を手がけている。こうした装飾は、施設が閉まってから翌朝の開店までの短時間に作業を完了させる必要がある。しかも、会社の知名度が上がるにつれて依頼は全国からくるようになった。河島さんは、自社のフラワースクールの卒業生をアンバサダーに任命し、依頼が入ると近くに住むアンバサダーに手伝ってもらうことにした。アンバサダーはハンドメイド作家やドライフラワーショップ経営者などで、全国に200人ほどいる心強い味方である。

岸畑さんは、起業前に立ち上げた助産師のコミュニティを通じて、全国300人超の助産師とつながっている。㈱With Midwifeでは、顧問助産師は普段、受託先企業の従業員とオンラインで接触するが、相談者の自宅に行くなど対面でのケアが必要になる場合もある。そのようなときは、ネットワークに登録している助産師のなかから近くにいる人を派遣している。

二人の事例に共通する点は、人手が足りなくなってから対応するのではなく、あらかじめネットワークをつくり、参加する人たちと事業の理念を十分に共有していることである。提供する人が変わることでサービスの質が落ちてしまっては、事業の存続にもかかわる。教室やコミュニティを通してパートナーとなり得る人材をみつけ、つながりをつくっておくことが、小さな事業規模でも全国区で活躍するための鍵になる。

(3) サポーターをどこから得たか

第2章、第3章では、女性が事業を経営するうえで、無償でサポートしてくれる身近な存在の重要性が確認された（前掲表2－11、表3－6)。女性たちはサポートしてくれる人をどこから得たのだろうか。

① 家族の理解を得る

最も身近なサポーターは家族である。相羽ゆかさん（事例4）の夫や息子は、ビールの仕込みで忙しい相羽さんのために、事業が軌道に乗るまでの間、店頭に出るなどして手伝ってくれた。

佐藤優子さん(事例12)は、視覚障害者向けのネイルサービスという業界初の試みに挑戦する際、家族の支えが後押ししてくれたと話す。上田沙耶さん（事例10）も、母親に相談し、応援を約束してもらったことで起業に向けて踏み出す決意を固められた。起業に当たり家族からのサポートを得るためには、事業への理解を得る必要がある。そして、家族が理解を示してくれることは、起業の自信につながる。

実家の一室に菓子工房を開いた荒井美乃里さん（事例3）は、経営の傍ら、コメ農家である両親を手伝う。田植えや稲刈りなどの繁忙期には店を休むこともある。サポートしてもらうだけでなく、自身も家族のサポーターとなることを忘れてはならない。

② 起業時にサポートしてくれた人との絆を大切にする

起業する際の相談相手やサポートしてくれた人は、その後も心強い味方になる。相羽ゆかさん（事例4）は、ビールの醸造技術を教えてくれた工房の社長との連絡を欠かさない。普段からやり取りをしていれば、困ったことや気になることがあったときに相談しやすい。起業のアイデアを出してくれた観光プロデューサーも、自分がかかわった事業であるだけに、相羽さんの工房への思い入れは強いようである。パッケージのデザインなどの相談にいつも乗ってくれる。

無償でサポートしてくれる人たちは、事業のファンであるともいえる。困ったときにだけ彼らの好意にすがるのではなく、普段から信頼関係を築き、アドバイスにも真摯に耳を傾ける姿勢が、いざというときの心強い味方を得ることになるのではないか。

4 おわりに

ここまで、12人の女性起業家がさまざまな障壁をどのように乗り越えて起業し、事業を軌道に乗せていったかを振り返った。事例の女性たちは、外部の力も柔軟に取り入れながら、事業を通して自身の思いをかたちにしていた。

本書の第1～7章では、起業家の平均を大きく上回る事業規模を展開する女性起業家から、起業したという意識ももっていないようなごく小規模な女性起業家まで、幅広い層を取り上げた。こうした多様な起業のかたちが、女性本人が望んだ結果なのであれば問題ない。しかし、男性との比較では、女性であるということ自体が従業者数や月商などの事業規模に対してマイナスに影響していたし、起業への無関心も招いていた。もし、本当は事業を大きく展開していきたいと考えている女性が、起業にさえ踏み切れないでいるとしたら、それはわが国の経済にとっても大きな損失である。性差に起因するボトルネックを取り除き、誰もが自らの理想の起業にチャレンジできる環境を整えていくことが、女性の起業の活性化にとって欠かせない。

資　料　編

1991年度以降の「新規開業実態調査」の個票データについては、すべて、東京大学社会科学研究所附属社会調査・データアーカイブ研究センターに設置されているSSJデータアーカイブに収録されています。

SSJ データアーカイブでは、統計調査、社会調査の調査個票データを収集・保管しており、学術目的であれば必要なデータを利用することができます。

詳細については、https://csrda.iss.u-tokyo.ac.jp をご参照ください。

1　「2022年度新規開業実態調査」アンケート調査票と単純集計結果

選択肢を回答する設問においては回答割合を、実数を回答する設問においては平均値をそれぞれ記した。

Ⅰ　事業の概要についてうかがいます。

問1　略

問2　開業時の経営形態をお答えください。

1	個人経営	60.5%	2	株式会社	28.1%
3	NPO 法人	0.6%	4	その他	10.8%

問3　現在の経営形態をお答えください。

1	個人経営	58.1%	2	株式会社	29.9%
3	NPO 法人	0.6%	4	その他	11.4%

問4　既存の同業者と比べて、事業内容（商品・サービスの内容、対象とする市場など）に新しい点がありますか。

1	大いにある	13.7%	2	多少ある	47.8%
3	あまりない	30.6%	4	まったくない	7.9%

問5　略

問6　主要な商品・サービスの価格帯は、業界の平均的な水準と比べてどうですか。

1	かなり高い	2.7%	2	やや高い	21.5%
3	ほとんど変わらない	51.6%	4	やや低い	21.1%
5	かなり低い	3.0%			

問7　現在の事業はベンチャービジネスやニュービジネスに該当すると思いますか。

1	思う	12.7%	2	思わない	69.9%
3	わからない	17.4%			

問8　フランチャイズ・チェーンに加盟していますか。

1	加盟している	6.8%	2	加盟していない	93.2%

問9　ご自宅から主な事業所までの通勤にかかる時間（片道）はどれくらいですか。

1	自宅の一室	19.6%	2	自宅に併設	8.5%
3	15分未満（1、2を除く）	31.3%	4	15分以上30分未満	21.6%
5	30分以上1時間未満	14.3%	6	1時間以上	4.8%

問10　主な販売先・顧客についてうかがいます。

⑴　主な販売先・顧客は固定されていますか。

1	固定客がほとんどである	49.1%	2	固定客が半分くらいである	33.0%
3	固定客はほとんどいない	18.0%			

⑵　主な販売先・受注先はどちらですか。一つお答えください。

1	事業所（企業・官公庁など）	29.1%
2	一般消費者	70.9%

⑶　主な商品・サービスの最終ユーザーについて、最も当てはまるものを一つお答えください。

1	主なユーザーは女性である	15.0%
2	主なユーザーは男性である	6.6%
3	主なユーザーは男女を問わない	78.5%

問11　仕事の進め方（時間や場所、やり方など）について、あなたの裁量はどの程度ありますか。最も当てはまるものを一つお答えください。

1	通常は自分の意向で決められる	61.6%
2	通常は販売先・顧客の意向に従う	15.0%
3	販売先・顧客や仕事の内容によって異なる	23.4%

問12　商圏の範囲について、最も当てはまるものを一つお答えください。

1	事務所や店舗の近隣	11.8%	2	同じ市区町村内	30.6%
3	同じ都道府県内	24.3%	4	近隣の都道府県	11.2%
5	日本国内	20.5%	6	海外	1.7%

Ⅱ　経営者ご本人についてうかがいます。

問13　性別をお答えください。

1	男性	75.5%	2	女性	24.5%

問14　生年月を西暦でご記入ください。

西暦［　　　　］年　［　　］月

問15　最終学歴（中退を含む）をお答えください。

1	中学	3.9%	2	高校	27.0%
3	高専	0.8%	4	専修・専門・各種学校	24.1%
5	短大	4.5%	6	大学	34.0%
7	大学院	5.5%	8	その他	0.1%

問16　配偶者はいますか。

1	いる	71.5%	2	いない	28.5%

問17　(1)同居している家族、(2)そのうち生計が同一の家族の人数をうかがいます。それぞれについて、人数をご記入ください。該当者がいない場合は「0」とご記入ください。

※子どもはご自身のお子さん以外も含みます。

	祖父母（義理を含む）	両　親（義理を含む）	配偶者	子ども（社会人）	子ども（学　生）	未就学児	その他
(1) 同居している家族	0.0人	0.3人	0.7人	0.2人	0.6人	0.3人	0.0人
(2) うち生計が同一の家族	0.0人	0.1人	0.5人	0.1人	0.4人	0.2人	0.0人

問18　あなたは主たる家計維持者ですか。

1	主たる家計維持者である	83.7%	2	主たる家計維持者ではない	16.3%

問19　あなた自身が育児や介護に携わる時間（1日当たりの平均）はどれくらいですか。また、育児・介護を含めた家事全般に充てる時間（1日当たりの平均）はどれくらいですか。それぞれについてお答えください。なお、世帯が同一ではない場合も含みます。

(1)　育児（孫など、ご自身のお子さん以外も含む。ただし、報酬を目的とした育児は除く）

1	1時間未満	17.6%	2	1時間以上2時間未満	13.8%
3	2時間以上4時間未満	12.3%	4	4時間以上6時間未満	3.8%
5	6時間以上8時間未満	1.7%	6	8時間以上10時間未満	0.6%
7	10時間以上12時間未満	0.2%	8	12時間以上	1.0%
9	携わっていない	49.0%			

⑵　介護（報酬を目的とした介護は除く）

1	1時間未満	11.4%	2	1時間以上2時間未満	1.7%
3	2時間以上4時間未満	1.3%	4	4時間以上6時間未満	0.1%
5	6時間以上8時間未満	0.2%	6	8時間以上10時間未満	0.0%
7	10時間以上12時間未満	0.0%	8	12時間以上	0.5%
9	携わっていない	84.8%			

⑶　家事全般（育児や介護を含む。ただし、報酬を目的としたものは除く）

1	1時間未満	36.2%	2	1時間以上2時間未満	25.8%
3	2時間以上4時間未満	15.0%	4	4時間以上6時間未満	4.1%
5	6時間以上8時間未満	1.9%	6	8時間以上10時間未満	0.6%
7	10時間以上12時間未満	0.2%	8	12時間以上	0.7%
9	携わっていない	15.5%			

問20　現在の事業からの経営者ご本人の収入が、世帯の収入に占める割合はどれくらいですか。

1	100%（ほかの収入はない）	31.0%	2	75%以上100%未満	23.8%
3	50%以上75%未満	22.2%	4	25%以上50%未満	10.0%
5	25%未満	13.0%			

問21　あなた自身が、現在の事業以外から得ている収入はありますか。当てはまるものをすべてお答えください。

1	別の事業からの収入（4～6を除く）	10.2%
2	勤務収入（パート、アルバイトを含む）	12.4%
3	年金や仕送りからの収入	3.2%
4	不動産賃貸による収入	4.9%
5	太陽光発電による収入	2.6%
6	金融や不動産などの投資収入（利子や売買益）	6.0%
7	その他	1.7%
8	現在の事業以外に収入はない	66.4%

問22　現在の事業以外の職業についてうかがいます。

(1)　現在の事業のほかに、現在就いている職業はありますか。当てはまるものをすべてお答えください。

1	会社や団体の代表者	4.2%
2	会社や団体の常勤役員（1、7を除く）	2.2%
3	正社員・正職員（管理職）（7を除く）	2.8%
4	正社員・正職員（管理職以外）（7を除く）	1.4%
5	パートタイマー・アルバイト	6.9%
6	派遣社員・契約社員	1.8%
7	家族従業員	0.4%
8	自営業主（現在の事業とは別の事業）	5.2%
9	学生	0.5%
10	その他	2.1%
11	該当するものはない	75.0%

(2)　**(1)で「1」～「8」と回答した方にうかがいます。それ以外の方は問23へお進みください。**

現在の事業のほかに就いている職業の、1週間当たりの就労時間はどれくらいですか。

※1時間未満の端数がある場合は、切り上げてお答えください。

1週間当たり［20.4］時間くらい

問23　現在の事業からの経営者ご本人の収入が、経営者ご本人の定期的な収入に占める割合はどれくらいですか。

1	100%（ほかの収入はない）	56.8%	2	75%以上100%未満	12.9%
3	50%以上75%未満	7.0%	4	25%以上50%未満	6.1%
5	25%未満	17.1%			

問24　仕事の経験についてうかがいます。

※年数について1年未満の端数がある場合は、切り上げてお答えください。

(1)　学校を卒業してから現在の事業を開業するまでに、勤務した経験がありますか。経験がある場合は、勤務した企業（官公庁を含む）の数と経験年数の合計もご記入ください。

※パートタイマー・アルバイト、派遣社員・契約社員、家族従業員として働いた経験を含みます。

1　ある　→　合計［3.7］社　［20.3］年　　2　ない

98.0%　　2.0%

⑵ 現在の事業を開業する前に、現在の事業に関連する仕事をした経験がありますか。経験がある場合は、経験年数の合計もご記入ください。また、経験があり、その仕事を辞めてから現在の事業を始めた方は、退職から開業までの期間（辞めてすぐに事業を始めた場合は「0」）をご記入ください。

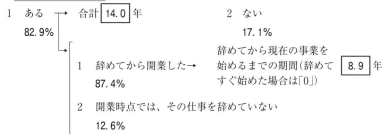

1 ある → 合計 [14.0] 年　　2 ない
82.9%　　17.1%

- 1 辞めてから開業した→ 辞めてから現在の事業を始めるまでの期間(辞めてすぐ始めた場合は「0」) [8.9] 年
  87.4%
- 2 開業時点では、その仕事を辞めていない
  12.6%

⑶ 現在の事業を開業する前に、正社員として働いた経験がありますか。経験がある場合は、勤務した企業（官公庁を含む）の数と経験年数の合計もご記入ください。

1 ある → 合計 [3.0] 社 [18.1] 年　　2 ない
93.6%　　6.4%

⑷ 現在の事業を開業する前に、管理職（3人以上の部下をもつ課や部などの長またはリーダー）として働いた経験がありますか。経験がある場合は、勤務した企業（官公庁を含む）の数と経験年数の合計もご記入ください。

1 ある → 合計 [1.8] 社 [11.2] 年　　2 ない
64.3%　　35.7%

⑸ 現在の事業を開業する前に、事業を経営した経験がありますか。当てはまるものを一つお答えください。経験がある場合は、現在の事業を始める前に経営した事業数と年数の合計も、ご記入ください。

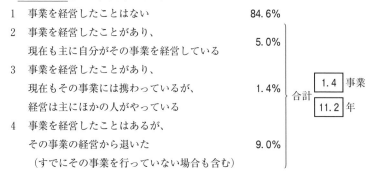

1	事業を経営したことはない	84.6%	
2	事業を経営したことがあり、現在も主に自分がその事業を経営している	5.0%	合計 [1.4] 事業 [11.2] 年
3	事業を経営したことがあり、現在もその事業には携わっているが、経営は主にほかの人がやっている	1.4%	
4	事業を経営したことはあるが、その事業の経営から退いた（すでにその事業を行っていない場合も含む）	9.0%	

問25　現在の事業を開業する直前の職業についてうかがいます。

(1)　最も当てはまるものを一つお答えください。

1	会社や団体の常勤役員（6を除く）	11.3%
2	正社員・正職員（管理職）（6を除く）	39.2%
3	正社員・正職員（管理職以外）（6を除く）	29.3%
4	パートタイマー・アルバイト	7.6%
5	派遣社員・契約社員	3.9%
6	家族従業員	0.8%
7	自営業主	5.4%
8	学生	0.5%
9	専業主婦・主夫	0.6%
10	その他	1.4%

(2)　**(2)～(6)は、(1)で「1」～「6」と回答した方にうかがいます。それ以外の方は問26へお進みください。**

開業する直前の勤務先の従業者規模をお答えください。

1	4人以下	12.8%	2	5～9人	17.0%
3	10～19人	15.4%	4	20～29人	6.6%
5	30～49人	6.1%	6	50～99人	7.6%
7	100～299人	11.3%	8	300～999人	8.3%
9	1,000人以上	13.6%	10	公務員	1.3%

(3)　開業する直前の勤務先をどのように離職しましたか。最も当てはまるものを一つお答えください。

1	自らの意思による退職	81.2%
2	定年による退職	1.9%
3	事業部門の縮小・撤退に伴う離職	2.2%
4	勤務先の廃業による離職	3.4%
5	勤務先の倒産による離職	0.5%
6	解雇	1.6%
7	その他の理由による離職	2.9%
8	離職していない（現在も働いている）	6.2%

⑷ **⑷～⑹は、⑶で「1」～「7」と回答した方にうかがいます。それ以外の方は問26へお進みください。**

開業する直前の勤務先を離職した時期を西暦でご記入ください。

西暦［　　　　］年　［　　］月

⑸ 開業する直前の勤務先からの離職には、新型コロナウイルス感染症の影響がありましたか。新型コロナウイルス感染症の流行前に離職した方は「2　影響はなかった」とお答えください。

1　影響があった	36.5%	2　影響はなかった	63.5%

⑹ **⑶で「1　自らの意思による退職」と回答した方にうかがいます。それ以外の方は問26へお進みください。**

開業する直前の勤務先を離職した具体的な理由として、当てはまるものをすべてお答えください。

1　結婚のため	0.4%
2　出産のため	1.0%
3　育児のため	2.7%
4　介護のため	1.5%
5　配偶者の転勤・転居に帯同するため	0.0%
6　生活の拠点を移すため（5を除く）	3.4%
7　就学のため	0.1%
8　スキルアップのため（7を除く）	20.6%
9　高齢になったため	1.4%
10　自身の健康上の問題から	3.2%
11　家族の健康上の問題から	1.7%
12　仕事の内容に不満があったから	23.3%
13　もっとやりたい仕事ができたから	40.0%
14　勤務地に不満があったから	4.6%
15　勤務条件（給与・労働時間など）に不満があったから（14を除く）	23.1%
16　職場の雰囲気や人間関係に不満があったから	19.8%
17　その他	28.0%

問26 企業や官公庁、団体などに勤務しながら、副業として現在の事業を立ち上げましたか。最も当てはまるものを一つお答えください。

1	現在も勤務しながら事業を行っている	13.6%
2	勤務しながら事業を立ち上げたが、 現在は勤務を辞め事業を専業として行っている	14.1%
3	勤務を辞めてから事業を立ち上げた	69.9%
4	事業を立ち上げたときは勤務していなかったが、 現在は勤務しながら事業を行っている	1.4%
5	一度も勤務したことはない	1.0%

Ⅲ 開業の準備についてうかがいます。

問27 事業を開始した時期（西暦）と年齢をご記入ください。

西暦 [2 0 _ _] 年 [_ _] 月 **業歴 16.8カ月** [43.5] 歳のとき

問28 具体的な開業準備(場所の検討、取引先の探索、求人活動など)を始めた時期を西暦でご記入ください。

西暦 [_ _ _ _] 年 [_ _] 月

具体的な開業準備の開始から開業までの経過月数 10.4カ月

問29 開業時、以下の(1)～(7)についての充足度はいかがでしたか。それぞれについて、最も当てはまるものを一つお答えください。

	十分だった	どちらかといえば十分だった	どちらかといえば不十分だった	不十分だった
(1) 販売先（受注先）の数	17.3%	28.3%	28.3%	26.1%
(2) 仕入先（外注先）の数	30.8%	33.7%	19.2%	16.2%
(3) 従業員の数	45.9%	23.8%	14.5%	15.9%
(4) 従業員のスキル	37.1%	27.1%	19.7%	16.2%
(5) 自己資金の準備額	13.2%	26.0%	38.9%	21.8%
(6) 金融機関からの資金調達額	27.6%	36.5%	22.9%	13.1%
(7) トータルの資金調達額	27.4%	34.4%	26.8%	11.4%

問30　現在の事業を始めるに当たって、ほかの企業（倒産や廃業した企業を含む）から引き継いだものはありますか。有償・無償を問わず、当てはまるものをすべてお答えください。

1	従業員	9.7%
2	土地や店舗・事務所・工場など	7.6%
3	機械・車両などの設備	8.9%
4	製品・商品	5.4%
5	販売先・受注先	13.1%
6	仕入先・外注先	14.1%
7	免許・資格	4.4%
8	のれん・ブランド・商標	5.4%
9	その他	0.7%
10	引き継いだものはない	71.7%

問31　事業を始めようと思った動機について、当てはまる選択肢の番号を三つまで重要な順にご記入ください。

	最も重要な動機	2番目に重要な動機	3番目に重要な動機
①　収入を増やしたかった	17.7%	15.9%	14.5%
②　自由に仕事がしたかった	22.4%	19.4%	15.8%
③　事業経営という仕事に興味があった	11.8%	10.9%	13.7%
④　自分の技術やアイデアを事業化したかった	10.0%	10.5%	8.7%
⑤　仕事の経験・知識や資格を生かしたかった	14.6%	18.4%	12.4%
⑥　趣味や特技を生かしたかった	2.2%	3.7%	4.2%
⑦　社会の役に立つ仕事がしたかった	9.0%	8.5%	10.7%
⑧　年齢や性別に関係なく仕事がしたかった	2.4%	3.8%	5.7%
⑨　時間や気持ちにゆとりが欲しかった	3.2%	6.5%	10.7%
⑩　適当な勤め先がなかった	2.2%	1.5%	2.5%
⑪　その他	4.4%	0.9%	1.0%

問32　現在の事業に決めた理由について、最も当てはまるものを一つお答えください。

1	成長が見込める事業だから	8.1%
2	新しい事業のアイデアやヒントをみつけたから	4.2%
3	地域や社会が必要とする事業だから	14.3%
4	身につけた資格や知識を生かせるから	19.1%
5	これまでの仕事の経験や技能を生かせるから	44.0%
6	趣味や特技を生かせるから	5.3%
7	不動産などを活用できるから	0.3%
8	経験がなくてもできそうだから	3.6%
9	その他	1.2%

問33　新型コロナウイルス感染症の流行が開業を決意するきっかけとなりましたか。新型コロナウイルス感染症の流行前に開業した方は「2　きっかけとはなっていない」とお答えください。

1　きっかけとなった　24.0%　　2　きっかけとはなっていない　76.0%

問34　開業にかかった費用の内訳をご記入ください。該当しない項目には「0」とご記入ください。

開業にかかった費用の内訳	(億)	(万円)
①　土地を購入する代金		36.9
②　建物を購入する代金（新築・増改築を含む）		98.0
③　土地・建物を借りる費用（敷金や入居保証金など）		58.8
④　工場・店舗・事務所などの内外装工事費用		185.4
⑤　機械設備・車両・じゅう器・備品などの購入費用		205.2
⑥　営業保証金、フランチャイズ加盟金		28.4
⑦　運転資金（仕入代金、人件費など）		463.9
合　計		1,076.6

問35　開業にかかった費用の調達先の内訳をご記入ください。該当しない項目には「0」とご記入ください。

費用の調達先の内訳	(億)	(万円)
①　自己資金（預貯金、退職金など）		271.3
②　配偶者・親・兄弟姉妹・親戚からの借入金・出資金		49.4
③　自社の役員・従業員からの借入金・出資金（②を除く）		11.2
④　事業に賛同した個人・法人からの借入金・出資金		36.4
⑤　友人・知人からの借入金・出資金（④を除く）		4.2
⑥　日本政策金融公庫からの借入金		458.7
⑦　地方自治体の制度融資		18.1
⑧　公的機関からの借入金（⑥、⑦を除く）		41.3
⑨　民間金融機関（銀行、信用金庫など）からの借入金		364.1
⑩　ベンチャーキャピタルからの出資金		2.8
⑪　リース、設備手形、設備業者のローン		10.4
⑫　その他		6.6
合　計		1,274.5

問36　開業計画書を作成しましたか。また、作成した開業計画書の妥当性についてどなたかに評価してもらいましたか。

1	作成し、評価してもらった	69.0%
2	作成したが、評価してもらっていない	17.4%
3	作成していない	13.6%

問37　開業を念頭において、技術やノウハウを身につけるために事前に行ったことはありますか。当てはまるものをすべてお答えください。

1	勤務経験を通じて身につけた	74.8%
2	関連書籍等を使って自学自習した	26.2%
3	通信教育やインターネット上の講習を受けた	10.5%
4	高校、専門学校、大学などの教育機関に通った	7.2%
5	公共の職業訓練校に通った	1.0%
6	開業前の勤め先で研修や勉強会に参加した	14.5%
7	研修やセミナーに参加した（6を除く）	21.5%
8	習い事を通じて身につけた（3～7を除く）	2.7%
9	同業者と意見交換を行った	36.1%
10	同業者を巡り研究した（9を除く）	17.7%
11	周囲の企業経営者に相談した	24.7%
12	金融機関や税理士などの専門家に相談した	20.1%
13	家族・親戚に相談した（11、12を除く）	20.9%
14	友人や知人に相談した（11、12を除く）	19.6%
15	その他	1.1%
16	何もしなかった	3.6%

問38　開業後に、現在の事業に関する技術やノウハウを向上させるために行っていることはありますか。当てはまるものをすべてお答えください。

1	副業先での勤務経験を通じて身につけている	6.9%
2	関連書籍等を使って自学自習している	34.7%
3	通信教育やインターネット上の講習を受けている	15.3%
4	高校、専門学校、大学などの教育機関に通っている	1.0%
5	公共の職業訓練校に通っている	0.1%
6	副業先での研修や勉強会に参加している	1.7%
7	研修やセミナーに参加している（6を除く）	28.1%
8	習い事をしている（3～7を除く）	1.8%
9	同業者と意見交換を行っている	60.6%
10	同業者を巡り研究している（9を除く）	22.4%
11	周囲の企業経営者に相談している	33.0%
12	金融機関や税理士などの専門家に相談している	28.8%
13	家族・親戚に相談している（11、12を除く）	16.0%
14	友人や知人に相談している（11、12を除く）	19.9%
15	その他	1.6%
16	何もしていない	6.2%

問39　経営者間の交流会や会合などの交流機会についてうかがいます。

※交流機会の例：若手経営者の会、女性経営者の会、業界団体の会合など

(1)　経営者の交流機会に参加したことはありますか。最も当てはまるものを一つお答えください。

1	定期的に参加している	10.8%
2	参加したことがあり、今後も機会があれば参加したい	17.7%
3	参加したことがあるが、今後は参加しない	3.7%
4	参加したことがないが、今後は参加したい	36.3%
5	参加したことがなく、今後も参加しない	31.5%

(2)　**(1)で「1」または「2」と回答した方にうかがいます。それ以外の方は(3)へお進みください。**

経営者の交流機会に参加している頻度として、最も当てはまるものを一つお答えください。

1	月に2回以上	11.7%	2	月に1回程度	28.9%
3	2、3カ月に1回程度	25.4%	4	半年に1回程度	21.6%
5	年に1回程度	7.6%	6	年に1回未満	4.8%

(3)　(1)で「3」〜「5」と回答した方にうかがいます。それ以外の方は問40へお進みください。

経営者の交流機会に参加したことがない、または今後は参加しないと考える理由として、当てはまるものをすべてお答えください。

1	適当な交流機会を知らない	44.8%
2	参加する時間がない	39.0%
3	参加しづらい（2を除く）	16.5%
4	参加する必要性を感じない	27.8%
5	その他	1.9%

Ⅳ　開業後の経営の状況についてうかがいます。

問40　現在の事業に関する、あるいは起因する悩みや困り事（生活面を含む）を相談する相手（有償のサービスを除く）についてうかがいます。

(1)　相談する相手はいますか。

1	いる	75.9%
2	いないが、いるとよいと思う	20.5%
3	いないし、必要ない	3.6%

(2)　(1)で「1　いる」と回答した方にうかがいます。それ以外の方は問41へお進みください。

相談する相手について、当てはまるものをすべてお答えください。

1	配偶者	42.8%
2	親、兄弟	19.5%
3	親戚（1、2を除く）	5.1%
4	自社の経営陣、従業員（1〜3を除く）	18.7%
5	経営者仲間	66.3%
6	取引先	22.3%
7	友人・知人（4〜6を除く）	34.2%
8	商工会議所・商工会	18.1%
9	自治体などの行政機関	4.1%
10	金融機関や税理士などの専門家	31.5%
11	8、9、10を除く創業支援団体・ネットワーク	2.3%
12	家族が通っている保育所や学校の先生	0.2%
13	家族が利用している介護施設の職員	0.2%
14	その他	1.3%

問41 現在の事業を経営しながら生活するに当たり、サポートしてくれる人（有償のサービスを除く）についてうかがいます。

⑴ サポートしてくれる人はいますか。

1	いる	56.9%
2	いないが、いるとよいと思う	32.3%
3	いないし、必要ない	10.8%

⑵ **⑴で「1 いる」と回答した方にうかがいます。それ以外の方は問42へお進みください。**

サポートしてくれる人について、当てはまるものをすべてお答えください。

1	配偶者	63.4%
2	親、兄弟	37.2%
3	親戚（1、2を除く）	8.8%
4	自社の経営陣、従業員（1～3を除く）	14.5%
5	経営者仲間	28.6%
6	取引先	10.5%
7	友人・知人（4～6を除く）	24.4%
8	商工会議所・商工会	10.2%
9	自治体などの行政機関	2.2%
10	金融機関や税理士などの専門家	16.5%
11	8、9、10を除く創業支援団体・ネットワーク	1.0%
12	家族が通っている保育所や学校の先生	0.5%
13	家族が利用している介護施設の職員	0.2%
14	その他	1.0%

問42 従業員数についてうかがいます。⑴開業時、⑵現在のそれぞれについて、従業員数を男女別にご記入ください。該当者がいない場合は「0」とご記入ください。常勤役員を務めている家族については家族従業員としてお答えください。

		経営者本人	家族従業員（役員を含む）	常勤役員（家族従業員を除く）	正社員（常勤役員を除く）	パートタイマー・アルバイト	派遣社員・契約社員
⑴開業時	男性	1人	0.1人	0.1人	0.3人	0.3人	0.0人
	女性		0.3人	0.1人	0.3人	0.6人	0.0人
⑵現 在	男性	1人	0.1人	0.1人	0.5人	0.4人	0.1人
	女性		0.3人	0.1人	0.4人	0.9人	0.1人

問43　経営者ご本人の現在の事業に従事している時間は、1週間当たりどれくらいですか。

※1時間未満の端数がある場合は、切り上げてお答えください。

1週間当たり 48.0 時間くらい

問44　ご自身や従業員の働き方として実践していることはありますか。ただし、新型コロナウイルス感染症の経済社会への影響がなくなったときも継続して実施するものに限ります。当てはまるものをすべてお答えください。

1	時差出勤	11.2%
2	時短勤務	12.7%
3	フレックスタイム制	12.0%
4	副業	10.0%
5	残業・休日労働の削減	18.2%
6	休暇取得の促進	14.7%
7	在宅勤務	15.4%
8	オンラインでの会議や打ち合わせ	17.6%
9	オンラインでの商談やプレゼンテーション	8.3%
10	特にない	47.1%

問45　事業における受注経路についてうかがいます。当てはまるものをすべてお答えください。

1	訪問や電話などによる直接の営業活動	24.0%
2	ホームページの作成やチラシ等の配布などの、宣伝広告活動	44.9%
3	自身のSNSやブログを通じて	36.0%
4	取引先の紹介	39.0%
5	前職での知り合いの紹介	31.7%
6	友人・知人の紹介（4、5を除く）	34.5%
7	家族・親戚の紹介	13.9%
8	仲介会社を通じて	6.7%
9	クラウドソーシング業者を通じて	1.1%
10	公開されている求人誌、求人欄、ネット上の求人サイト等の募集広告に応募して	2.7%
11	コンペや入札に応募して	1.8%
12	その他	3.1%
13	特にない	9.2%

問46　現在の売り上げ状況をお答えください。

1	増加傾向	52.4%	2	横ばい	37.0%
3	減少傾向	10.5%			

問47　現在の採算状況をお答えください。黒字基調の方は、黒字基調になった時期もご記入ください。

1　黒字基調　→　開業して 6.2 カ月後　　2　赤字基調

64.5%　　35.5%

問48　同業他社と比べて現在の業況（事業の状況）はいかがですか。

1	良い	9.9%	2	やや良い	50.4%
3	やや悪い	30.5%	4	悪い	9.2%

問49　開業前に予想していた月商（1カ月当たりの売上高）はどれくらいでしたか。また、現在の月商もご記入ください。

	(億)	(万円)
(1) 開業前に予想していた月商		354.4
(2) 現在の月商		387.1

問50　現在の事業をするに当たって、最も重視していることを一つお答えください。

1	収入	33.8%	2	仕事のやりがい	41.6%
3	私生活との両立	24.7%			

問51　⑴開業時に苦労したこと、⑵現在苦労していることは何ですか。それぞれについて、当てはまる選択肢の番号を三つまでご記入ください。

	⑴ 開業時に苦労したこと	⑵ 現在苦労していること
①　商品・サービスの企画・開発	14.7%	14.5%
②　顧客・販路の開拓	47.4%	47.7%
③　仕入先・外注先の確保	16.8%	9.4%
④　従業員の確保	17.9%	27.5%
⑤　従業員教育、人材育成	13.5%	20.7%
⑥　業界に関する知識の不足	10.6%	6.5%
⑦　商品・サービスに関する知識の不足	7.9%	5.7%
⑧　財務・税務・法務に関する知識の不足	31.0%	25.3%
⑨　資金繰り、資金調達	57.1%	35.9%
⑩　経営の相談ができる相手がいないこと	9.4%	9.0%
⑪　家事や育児、介護等との両立	7.2%	9.6%
⑫　その他	1.7%	2.2%
⑬　特にない	4.6%	8.3%

問52　次の⑴～⑷について、現在の事業を始める前と比べてどうなりましたか。それぞれについて最も当てはまるものを一つお答えください。

⑴　経営者ご本人の収入

1　増えた　37.3%　　2　変わらない　25.2%
3　減った　37.5%

⑵　仕事のやりがい（自分の能力の発揮など）

1　増した　78.6%　　2　変わらない　19.4%
3　減った　2.0%

⑶　働く時間の長さ

1　長くなった　47.9%　　2　変わらない　27.7%
3　短くなった　24.4%

⑷　ワークライフバランスの実現（仕事と生活の調和）

1　改善した　40.8%　　2　変わらない　35.1%
3　悪くなった　24.1%

問53 次の(1)～(4)について、あなたは現在どの程度満足していますか。それぞれについて最も当てはまるものを一つお答えください。

	かなり満足	やや満足	どちらともいえない	やや不満	かなり不満
(1) 事業からの収入（経営者ご本人の収入）	7.7%	22.5%	25.8%	22.5%	21.4%
(2) 仕事のやりがい（自分の能力の発揮など）	35.4%	45.2%	15.5%	2.8%	1.1%
(3) ワークライフバランス（仕事と生活の調和）の実現	17.9%	33.7%	26.3%	15.6%	6.5%
(4) 開業に対する総合的な満足度	29.7%	44.1%	17.0%	6.3%	2.9%

問54 現在の事業を始めて良かったことは何ですか。当てはまるものをすべてお答えください。

1	収入が予想どおり増えた	17.4%
2	収入が予想以上に増えた	9.4%
3	自分が自由に使える収入を得られた	19.7%
4	自由に仕事ができた	64.5%
5	事業経営を経験できた	62.2%
6	自分の技術やアイデアを試すことができた	48.1%
7	仕事の経験・知識や資格を生かせた	59.9%
8	自分の趣味や特技を生かせた	23.1%
9	同じ趣味や経験をもつ仲間が増えた	18.5%
10	社会の役に立つ仕事ができた	36.5%
11	人や社会とかかわりをもてた	32.5%
12	年齢や性別に関係なく仕事ができた	20.0%
13	時間や気持ちにゆとりができた	31.4%
14	個人の生活を優先できた	17.6%
15	家事（育児・介護を含む）と仕事を両立できた	11.6%
16	自分や家族の健康に配慮できた	11.3%
17	空いている時間を活用できた	19.9%
18	転勤がない	16.4%
19	その他	1.4%
20	特にない	2.1%

問55　今後の事業規模についてどのようにお考えですか。⑴売上高、⑵商圏の広さ、⑶将来の株式上場のそれぞれについて最も当てはまるものを一つお答えください。

⑴　売上高

1　拡大したい	85.1%	2　現状程度でよい	14.3%
3　縮小したい	0.6%		

⑵　商圏の広さ

1　拡大したい	57.4%	2　現状程度でよい	42.0%
3　縮小したい	0.6%		

⑶　将来の株式上場

1　考えている	12.1%	2　考えていない	87.9%

問56　現在の事業の継続についてどのようにお考えですか。最も当てはまるものを一つお答えください。

1　家業として承継していきたい	6.6%
2　家族以外に承継を希望する人がいれば、いずれ引き継ぎたい	15.8%
3　自分で続けられる間は続けたい	62.5%
4　継続にはこだわらない	15.1%

問57　将来の生活に対する不安はありますか。最も当てはまるものを一つお答えください。

1　大きな不安を感じている	14.4%
2　不安を感じている	34.0%
3　どちらともいえない	31.6%
4　あまり不安を感じていない	15.6%
5　ほとんど不安を感じていない	4.4%

V　新型コロナウイルス感染症による影響についてうかがいます。

問58　新型コロナウイルス感染症による影響についてうかがいます。

⑴　現在の事業を行うに当たり、新型コロナウイルス感染症によるマイナスの影響はありますか。最も当てはまるものを一つお答えください。

1　大いにある	31.1%	2　多少ある	44.5%
3　ない	24.3%		

⑵ ⑴で「1」または「2」と回答した方にうかがいます。それ以外の方は⑶へお進みください。

新型コロナウイルス感染症によるマイナスの影響について、具体的な内容として当てはまるものをすべてお答えください。

1	国内の取引先の需要が減っている	16.7%
2	国内の一般消費者の需要が減っている	44.7%
3	海外で需要が減っている	2.8%
4	インバウンド（訪日外国人旅行者）の需要が減っている	9.1%
5	原材料・商品が手に入りにくくなっている（仕入価格の上昇を含む）	39.5%
6	営業を（一部）休止・自粛している	18.4%
7	人手を確保できない	14.4%
8	従業員の解雇や帰休を余儀なくされた	4.4%
9	出張・交際・イベントなどの営業活動に制約がある	20.8%
10	資金調達が難しくなっている	10.6%
11	感染防止に向けた経費がかさんでいる	21.1%
12	その他	6.1%

⑶ 現在の事業を行うに当たり、新型コロナウイルス感染症によるプラスの影響はありましたか。「あった」方は、その具体的な内容もご記入ください。

1	あった	20.1%	2	なかった	79.9%

2 業種別、性別、開業時の年齢別の主要アンケート項目集計結果

(1) 開業時の経営形態　問2

（単位：%）

	個人経営	株式会社	NPO法人	その他	有効回答数（件）
全体	60.5	28.1	0.6	10.8	1,121
建設業	64.5	32.9	0.0	2.6	76
製造業	65.9	25.0	0.0	9.1	44
情報通信業	26.7	66.7	0.0	6.7	30
運輸業	79.1	16.3	0.0	4.7	43
卸売業	30.6	55.6	0.0	13.9	36
小売業	70.1	22.1	0.0	7.8	154
飲食店・宿泊業	87.6	9.7	0.0	2.7	113
医療・福祉	33.2	31.5	2.7	32.6	184
教育・学習支援業	65.3	20.4	4.1	10.2	49
サービス業	72.4	20.3	0.0	7.3	330
不動産業	10.9	87.3	0.0	1.8	55
その他	28.6	57.1	0.0	14.3	7
男性	56.9	32.2	0.5	10.5	846
女性	71.6	15.6	1.1	11.6	275
29歳以下	75.3	14.8	0.0	9.9	81
30～39歳	66.6	25.6	0.6	7.3	344
40～49歳	60.6	28.3	0.3	10.9	396
50～59歳	49.1	35.6	1.4	13.9	216
60歳以上	50.0	31.0	1.2	17.9	84

（注）1 「持ち帰り・配達飲食サービス業」は、「小売業」に含む（以下同じ）。
　　　2 「不動産賃貸業」を除く（以下同じ）。

⑵　現在の経営形態　問3

（単位：％）

	個人経営	株式会社	NPO法人	その他	有効回答数（件）
全体	58.1	29.9	0.6	11.4	1,118
建設業	60.5	36.8	0.0	2.6	76
製造業	61.4	29.5	0.0	9.1	44
情報通信業	10.0	76.7	0.0	13.3	30
運輸業	81.4	14.0	0.0	4.7	43
卸売業	27.8	61.1	0.0	11.1	36
小売業	67.5	23.4	0.0	9.1	154
飲食店・宿泊業	86.4	10.0	0.0	3.6	110
医療・福祉	32.6	31.5	2.7	33.2	184
教育・学習支援業	65.3	20.4	4.1	10.2	49
サービス業	69.4	22.7	0.0	7.9	330
不動産業	10.9	87.3	0.0	1.8	55
その他	28.6	57.1	0.0	14.3	7
男性	54.7	34.0	0.5	10.8	846
女性	68.4	16.9	1.1	13.6	272
29歳以下	70.4	16.0	0.0	13.6	81
30～39歳	64.2	27.3	0.6	7.8	344
40～49歳	57.0	31.1	0.3	11.6	395
50～59歳	48.6	36.4	1.4	13.6	214
60歳以上	50.0	31.0	1.2	17.9	84

⑶　開業時の年齢　問27

（単位：％）

	29歳以下	30〜34歳	35〜39歳	40〜44歳	45〜49歳	50〜54歳	55〜59歳	60歳以上	平均年齢（歳）	有効回答数（件）
全体	7.2	12.6	18.2	18.7	16.6	12.0	7.2	7.5	43.5	1,122
建設業	6.6	3.9	26.3	19.7	17.1	13.2	3.9	9.2	43.7	76
製造業	4.5	9.1	18.2	20.5	15.9	18.2	4.5	9.1	44.8	44
情報通信業	6.7	16.7	16.7	20.0	23.3	13.3	0.0	3.3	41.6	30
運輸業	0.0	2.3	7.0	14.0	11.6	23.3	16.3	25.6	51.9	43
卸売業	2.8	8.3	5.6	25.0	19.4	8.3	19.4	11.1	48.6	36
小売業	10.3	12.9	12.9	16.8	18.7	12.3	11.0	5.2	43.3	155
飲食店・宿泊業	4.4	9.7	15.0	25.7	17.7	13.3	7.1	7.1	44.2	113
医療・福祉	7.6	15.8	14.1	17.9	15.8	15.8	6.0	7.1	43.3	184
教育・学習支援業	4.1	20.4	20.4	20.4	16.3	10.2	4.1	4.1	41.7	49
サービス業	9.7	14.5	24.2	18.2	13.9	7.3	5.2	7.0	41.8	330
不動産業	1.8	12.7	23.6	12.7	21.8	10.9	10.9	5.5	44.3	55
その他	14.3	0.0	0.0	0.0	42.9	28.6	14.3	0.0	47.0	7
男性	6.1	13.6	18.1	18.1	16.6	11.6	6.8	9.1	43.8	847
女性	10.5	9.5	18.5	20.7	16.4	13.5	8.4	2.5	42.5	275
29歳以下	100.0	0.0	0.0	0.0	0.0	0.0	0.0	0.0	26.6	81
30〜39歳	0.0	40.9	59.1	0.0	0.0	0.0	0.0	0.0	35.3	345
40〜49歳	0.0	0.0	0.0	53.0	47.0	0.0	0.0	0.0	44.2	396
50〜59歳	0.0	0.0	0.0	0.0	0.0	62.5	37.5	0.0	53.8	216
60歳以上	0.0	0.0	0.0	0.0	0.0	0.0	0.0	100.0	63.7	84

(4) 性 別 問13

(単位：%)

	男性	女性	有効回答数（件）
全体	75.5	24.5	1,122
建設業	98.7	1.3	76
製造業	75.0	25.0	44
情報通信業	86.7	13.3	30
運輸業	93.0	7.0	43
卸売業	86.1	13.9	36
小売業	73.5	26.5	155
飲食店・宿泊業	67.3	32.7	113
医療・福祉	75.0	25.0	184
教育・学習支援業	83.7	16.3	49
サービス業	65.5	34.5	330
不動産業	92.7	7.3	55
その他	85.7	14.3	7
29歳以下	64.2	35.8	81
30～39歳	77.7	22.3	345
40～49歳	74.2	25.8	396
50～59歳	72.2	27.8	216
60歳以上	91.7	8.3	84

(5) 開業直前の職業　問25(1)

（単位：%）

	会社や団体の常勤役員	正社員・正職員(管理職)	正社員・正職員(管理職以外)	パートタイマー・アルバイト	派遣社員・契約社員	家族従業員	自営業主	学生	専業主婦・主夫	その他	有効回答数(件)
全体	11.3	39.2	29.3	7.6	3.9	0.8	5.4	0.5	0.6	1.4	1,074
建設業	21.9	28.8	45.2	0.0	0.0	2.7	1.4	0.0	0.0	0.0	73
製造業	7.1	31.0	26.2	16.7	7.1	2.4	2.4	0.0	4.8	2.4	42
情報通信業	16.7	56.7	10.0	0.0	3.3	0.0	10.0	0.0	0.0	3.3	30
運輸業	4.9	36.6	46.3	4.9	2.4	0.0	2.4	0.0	0.0	2.4	41
卸売業	20.6	38.2	20.6	5.9	2.9	0.0	8.8	0.0	2.9	0.0	34
小売業	6.8	44.5	27.4	6.8	4.8	1.4	6.8	1.4	0.0	0.0	146
飲食店・宿泊業	6.5	36.1	26.9	14.8	6.5	1.9	5.6	0.0	0.0	1.9	108
医療・福祉	9.1	42.9	30.3	8.6	1.7	1.1	2.9	1.1	0.0	2.3	175
教育・学習支援業	12.8	23.4	23.4	8.5	10.6	0.0	17.0	2.1	0.0	2.1	47
サービス業	13.2	35.8	31.1	8.2	4.1	0.0	5.3	0.0	0.9	1.3	318
不動産業	9.4	66.0	15.1	0.0	1.9	0.0	5.7	0.0	0.0	1.9	53
その他	28.6	42.9	28.6	0.0	0.0	0.0	0.0	0.0	0.0	0.0	7
男性	13.3	43.2	30.5	3.3	2.3	0.5	5.2	0.4	0.1	1.1	812
女性	5.0	26.7	25.6	21.0	8.8	1.9	6.1	0.8	1.9	2.3	262
29歳以下	6.4	29.5	41.0	15.4	5.1	0.0	0.0	2.6	0.0	0.0	78
30～39歳	6.7	40.3	35.2	6.1	3.6	0.9	5.8	0.3	0.3	0.9	330
40～49歳	10.7	41.0	25.8	8.9	4.4	1.0	5.2	0.5	0.3	2.1	383
50～59歳	16.0	41.3	23.8	5.8	2.4	1.0	6.8	0.0	1.5	1.5	206
60歳以上	26.0	29.9	24.7	5.2	5.2	0.0	6.5	0.0	1.3	1.3	77

（注）1　「非正社員」は「パートタイマー・アルバイト」と「派遣社員・契約社員」の合計。ただし、1991～1994年度および2004年度調査では選択肢に「派遣社員・契約社員」がない。また、1995～1999年度調査の選択肢は「派遣社員・契約社員」ではなく「派遣社員」である。
2　「その他」には「専業主婦・主夫」（2007年度までは「専業主婦」）、「学生」が含まれる。

(6)　開業直前の勤務先従業者規模　問25(2)

（単位：%）

	4人以下	5～9人	10～19人	20～29人	30～49人	50～99人	100～299人	300～999人	1,000人以上	公務員	有効回答数（件）
全体	12.8	17.0	15.4	6.6	6.1	7.6	11.3	8.3	13.6	1.3	979
建設業	30.0	25.7	14.3	15.7	4.3	5.7	0.0	2.9	1.4	0.0	70
製造業	13.2	15.8	15.8	2.6	10.5	13.2	10.5	10.5	2.6	5.3	38
情報通信業	11.5	3.8	23.1	3.8	3.8	3.8	11.5	15.4	23.1	0.0	26
運輸業	2.6	2.6	2.6	10.3	7.7	15.4	23.1	15.4	20.5	0.0	39
卸売業	6.7	13.3	23.3	10.0	13.3	13.3	6.7	3.3	10.0	0.0	30
小売業	10.5	14.3	9.8	7.5	6.0	7.5	12.0	11.3	21.1	0.0	133
飲食店・宿泊業	6.1	23.5	18.4	6.1	8.2	5.1	8.2	7.1	16.3	1.0	98
医療・福祉	8.5	18.3	21.3	4.9	4.9	7.3	12.8	8.5	10.4	3.0	164
教育・学習支援業	8.1	8.1	18.9	5.4	2.7	5.4	18.9	16.2	10.8	5.4	37
サービス業	16.7	19.1	15.3	5.9	5.2	6.6	11.5	5.9	12.8	1.0	288
不動産業	14.3	12.2	6.1	2.0	8.2	10.2	16.3	10.2	20.4	0.0	49
その他	14.3	0.0	14.3	14.3	14.3	14.3	0.0	0.0	28.6	0.0	7
男性	10.7	15.6	15.3	7.2	6.9	7.9	12.4	9.3	13.9	0.8	750
女性	19.7	21.4	15.7	4.8	3.5	6.6	7.9	4.8	12.7	3.1	229
29歳以下	9.5	23.0	18.9	5.4	2.7	6.8	9.5	5.4	17.6	1.4	74
30～39歳	14.1	18.8	16.4	5.9	5.3	7.6	9.9	7.6	14.1	0.3	304
40～49歳	14.3	17.4	15.1	7.1	6.9	7.1	10.6	7.7	12.3	1.4	350
50～59歳	10.8	13.0	13.0	7.0	5.4	7.0	14.1	12.4	15.7	1.6	185
60歳以上	7.6	10.6	15.2	7.6	12.1	12.1	16.7	6.1	7.6	4.5	66

（注）開業直前の職業が「会社や団体の常勤役員」「正社員・正職員（管理職）」「正社員・正職員（管理職以外）」「パートタイマー・アルバイト」「派遣社員・契約社員」「家族従業員」であった人に尋ねたもの。

(7) 開業直前の勤務先離職理由　問25(3)

（単位：%）

	自らの意思による退職	定年による退職	事業部門の縮小・撤退	勤務先の廃業	勤務先の倒産	解雇	その他	離職していない	有効回答数（件）
全体	81.2	1.9	2.2	3.4	0.5	1.6	2.9	6.2	985
建設業	80.3	1.4	5.6	4.2	0.0	1.4	4.2	2.8	71
製造業	73.7	0.0	2.6	5.3	2.6	0.0	2.6	13.2	38
情報通信業	80.8	0.0	0.0	0.0	0.0	3.8	0.0	15.4	26
運輸業	94.9	2.6	0.0	2.6	0.0	0.0	0.0	0.0	39
卸売業	66.7	6.7	3.3	10.0	0.0	3.3	6.7	3.3	30
小売業	74.6	1.5	4.5	3.0	0.7	3.7	0.7	11.2	134
飲食店・宿泊業	80.0	3.0	4.0	3.0	0.0	1.0	5.0	4.0	100
医療・福祉	86.6	1.8	0.0	2.4	0.0	0.0	3.0	6.1	164
教育・学習支援業	75.7	0.0	2.7	2.7	0.0	0.0	8.1	10.8	37
サービス業	81.4	2.4	1.4	4.1	1.0	2.4	2.8	4.5	290
不動産業	91.8	0.0	0.0	0.0	0.0	0.0	2.0	6.1	49
その他	85.7	0.0	14.3	0.0	0.0	0.0	0.0	0.0	7
男性	82.6	1.6	1.9	2.8	0.3	1.3	3.5	6.1	753
女性	76.7	3.0	3.4	5.2	1.3	2.6	1.3	6.5	232
29歳以下	89.5	0.0	0.0	2.6	0.0	0.0	1.3	6.6	76
30～39歳	87.2	0.0	2.6	1.6	0.0	1.6	2.0	4.9	305
40～49歳	80.9	0.3	1.7	2.6	1.4	2.0	4.6	6.6	351
50～59歳	78.9	1.1	3.2	5.9	0.0	1.6	2.2	7.0	185
60歳以上	52.9	23.5	2.9	8.8	0.0	1.5	2.9	7.4	68

（注）(6)に同じ。

(8) 斯業経験 問24(2)

(単位：%)

	ある	ない	有効回答数（件）
全体	82.9	17.1	1,106
建設業	98.7	1.3	76
製造業	83.7	16.3	43
情報通信業	93.3	6.7	30
運輸業	97.5	2.5	40
卸売業	83.3	16.7	36
小売業	69.5	30.5	154
飲食店・宿泊業	75.0	25.0	108
医療・福祉	87.9	12.1	182
教育・学習支援業	79.6	20.4	49
サービス業	82.8	17.2	326
不動産業	87.3	12.7	55
その他	57.1	42.9	7
男性	84.1	15.9	836
女性	79.3	20.7	270
29歳以下	78.8	21.3	80
30～39歳	89.1	10.9	341
40～49歳	83.7	16.3	392
50～59歳	78.1	21.9	210
60歳以上	69.9	30.1	83

(9) 開業時の従業者数　問42(1)

（単位：%）

	1人（経営者本人のみ）	2人	3人	4人	5～9人	10人以上	平均（人）	有効回答数（件）
全体	37.7	22.7	13.2	8.4	13.5	4.6	3.1	1,040
建設業	36.4	34.8	19.7	1.5	6.1	1.5	2.4	66
製造業	41.0	33.3	17.9	2.6	2.6	2.6	2.5	39
情報通信業	30.0	33.3	13.3	10.0	10.0	3.3	2.9	30
運輸業	73.7	10.5	5.3	0.0	7.9	2.6	1.9	38
卸売業	33.3	39.4	3.0	12.1	12.1	0.0	2.3	33
小売業	39.9	24.5	11.9	12.6	7.0	4.2	3.0	143
飲食店・宿泊業	23.1	22.2	13.0	12.0	20.4	9.3	4.3	108
医療・福祉	14.0	8.4	17.4	13.5	37.1	9.6	4.9	178
教育・学習支援業	35.6	22.2	17.8	8.9	11.1	4.4	3.0	45
サービス業	53.9	24.7	9.2	4.3	5.3	2.6	2.3	304
不動産業	30.0	26.0	22.0	12.0	8.0	2.0	2.6	50
その他	33.3	16.7	16.7	0.0	33.3	0.0	3.3	6
男性	35.0	23.0	14.9	8.6	13.8	4.7	3.2	791
女性	46.2	21.7	7.6	7.6	12.4	4.4	2.8	249
29歳以下	44.4	30.6	8.3	5.6	9.7	1.4	2.6	72
30～39歳	42.5	22.8	14.4	7.8	10.3	2.2	2.6	320
40～49歳	34.5	24.3	12.7	8.9	13.7	5.9	3.2	371
50～59歳	37.9	15.7	13.6	7.1	19.7	6.1	3.5	198
60歳以上	26.6	25.3	13.9	13.9	12.7	7.6	4.3	79

(注)「パートタイマー・アルバイト」「派遣社員・契約社員」を含む。

⑽　現在の従業者数　問42⑵

（単位：％）

	1人（経営者本人のみ）	2人	3人	4人	5～9人	10人以上	平均（人）	有効回答数（件）
全体	31.5	20.8	11.9	7.6	19.8	8.3	4.1	1,059
建設業	29.0	27.5	17.4	4.3	15.9	5.8	3.4	69
製造業	28.2	35.9	10.3	7.7	10.3	7.7	3.4	39
情報通信業	23.3	36.7	0.0	16.7	20.0	3.3	3.3	30
運輸業	73.7	10.5	7.9	0.0	7.9	0.0	1.8	38
卸売業	28.6	31.4	17.1	5.7	17.1	0.0	2.8	35
小売業	35.9	23.4	12.4	8.3	15.2	4.8	3.4	145
飲食店・宿泊業	22.2	24.1	10.2	8.3	26.9	8.3	4.4	108
医療・福祉	11.9	6.3	8.5	6.8	40.9	25.6	7.4	176
教育・学習支援業	30.4	13.0	8.7	10.9	32.6	4.3	3.9	46
サービス業	41.9	22.5	13.7	7.6	10.5	3.8	3.2	315
不動産業	25.5	23.5	17.6	11.8	13.7	7.8	3.7	51
その他	28.6	14.3	14.3	0.0	28.6	14.3	5.1	7
男性	28.6	21.1	12.4	7.6	21.3	9.0	4.3	804
女性	40.8	19.6	10.2	7.8	15.3	6.3	3.4	255
29歳以下	39.0	20.8	10.4	7.8	13.0	9.1	3.8	77
30～39歳	31.6	23.3	9.8	8.6	20.2	6.4	3.7	326
40～49歳	30.7	21.9	13.6	5.6	19.5	8.8	4.1	375
50～59歳	32.0	16.7	9.4	8.4	22.2	11.3	4.7	203
60歳以上	26.9	15.4	20.5	11.5	20.5	5.1	4.0	78

（注）⑼に同じ。

⑾　最も重要な開業動機　問31

（単位：％）

	収入を増やしたかった	自由に仕事がしたかった	事業経営という仕事に興味があった	自分の技術やアイデアを事業化したかった	仕事の経験・知識や資格を生かしたかった	趣味や特技を生かしたかった	社会の役に立つ仕事がしたかった	年齢や性別に関係なく仕事がしたかった	時間や気持ちにゆとりが欲しかった	適当な勤め先がなかった	その他	有効回答数（件）
全体	17.7	22.4	11.8	10.0	14.6	2.2	9.0	2.4	3.2	2.2	4.4	1,110
建設業	26.7	18.7	13.3	5.3	21.3	0.0	1.3	1.3	4.0	4.0	4.0	75
製造業	20.5	15.9	4.5	11.4	11.4	4.5	13.6	0.0	2.3	2.3	13.6	44
情報通信業	20.0	16.7	10.0	20.0	10.0	0.0	16.7	0.0	0.0	0.0	6.7	30
運輸業	45.2	14.3	11.9	0.0	11.9	0.0	7.1	4.8	4.8	0.0	0.0	42
卸売業	22.2	16.7	19.4	5.6	16.7	0.0	0.0	0.0	11.1	0.0	8.3	36
小売業	17.6	20.3	14.4	13.7	12.4	3.3	5.2	3.3	3.3	3.3	3.3	153
飲食店・宿泊業	14.3	21.4	14.3	15.2	14.3	5.4	3.6	3.6	2.7	0.9	4.5	112
医療・福祉	8.8	25.3	11.5	5.5	15.9	1.6	22.0	2.2	2.2	0.0	4.9	182
教育・学習支援業	10.4	22.9	2.1	16.7	14.6	2.1	16.7	0.0	0.0	8.3	6.3	48
サービス業	19.3	24.2	10.4	10.1	15.0	1.8	6.1	3.1	4.0	2.4	3.7	327
不動産業	14.8	31.5	14.8	9.3	11.1	1.9	9.3	0.0	1.9	3.7	1.9	54
その他	0.0	42.9	28.6	0.0	14.3	0.0	0.0	14.3	0.0	0.0	0.0	7
男性	19.7	22.9	13.5	9.4	12.8	1.7	8.4	2.2	3.1	2.3	4.1	837
女性	11.7	20.9	6.6	11.7	20.1	3.7	11.0	3.3	3.7	1.8	5.5	273
29歳以下	18.5	27.2	13.6	11.1	11.1	8.6	4.9	1.2	2.5	0.0	1.2	81
30～39歳	19.3	24.6	14.6	11.7	9.9	2.0	7.0	0.0	4.7	2.6	3.5	342
40～49歳	17.6	22.0	10.0	9.5	19.9	1.5	8.4	0.8	2.8	2.3	5.1	391
50～59歳	14.1	20.7	12.7	9.9	12.2	0.9	11.7	7.5	3.3	1.4	5.6	213
60歳以上	20.5	15.7	4.8	4.8	18.1	2.4	16.9	8.4	0.0	3.6	4.8	83

⑿　現在の事業に決めた理由　問32

（単位：％）

	成長が見込める事業だから	新しい事業のアイデアやヒントをみつけたから	地域や社会が必要とする事業だから	身につけた資格や知識を生かせるから	これまでの仕事の経験や技能を生かせるから	趣味や特技を生かせるから	不動産などを活用できるから	経験がなくてもできそうだから	その他	有効回答数（件）
全体	8.1	4.2	14.3	19.1	44.0	5.3	0.3	3.6	1.2	1,100
建設業	2.7	1.4	2.7	28.8	63.0	0.0	0.0	1.4	0.0	73
製造業	4.7	7.0	14.0	7.0	46.5	18.6	0.0	2.3	0.0	43
情報通信業	13.3	3.3	20.0	20.0	40.0	0.0	0.0	0.0	3.3	30
運輸業	2.4	2.4	14.6	17.1	58.5	0.0	0.0	4.9	0.0	41
卸売業	13.9	5.6	5.6	13.9	58.3	2.8	0.0	0.0	0.0	36
小売業	12.5	6.6	7.9	11.2	40.8	8.6	0.0	11.2	1.3	152
飲食店・宿泊業	3.6	6.3	9.8	8.0	45.5	14.3	2.7	6.3	3.6	112
医療・福祉	9.4	1.7	34.3	20.4	31.5	1.1	0.0	0.0	1.7	181
教育・学習支援業	8.3	6.3	33.3	14.6	27.1	6.3	0.0	2.1	2.1	48
サービス業	8.7	3.7	9.3	25.1	44.9	4.6	0.0	3.1	0.6	323
不動産業	3.7	3.7	7.4	29.6	55.6	0.0	0.0	0.0	0.0	54
その他	14.3	14.3	0.0	14.3	42.9	0.0	0.0	14.3	0.0	7
男性	8.8	4.2	13.1	18.9	46.3	3.9	0.2	3.5	1.1	830
女性	5.9	4.1	17.8	19.6	37.0	9.6	0.4	4.1	1.5	270
29歳以下	16.0	2.5	13.6	13.6	33.3	16.0	1.2	2.5	1.2	81
30～39歳	8.8	5.0	11.1	22.5	45.6	3.5	0.0	1.8	1.8	342
40～49歳	6.5	4.2	12.2	19.8	46.1	6.0	0.0	4.2	1.0	384
50～59歳	7.1	3.8	21.7	14.2	42.9	3.3	0.9	5.7	0.5	212
60歳以上	7.4	3.7	18.5	19.8	40.7	3.7	0.0	4.9	1.2	81

⒀ 開業費用　問34

（単位：%）

	500万円未満	500万〜1,000万円未満	1,000万〜1,500万円未満	1,500万〜2,000万円未満	2,000万円以上	中央値（万円）	平均値（万円）	有効回答数（件）
全体	43.0	28.5	12.5	5.5	10.5	550	1,077	1,062
建設業	52.9	32.9	5.7	5.7	2.9	400	615	70
製造業	51.2	18.6	9.3	4.7	16.3	470	989	43
情報通信業	59.3	18.5	7.4	7.4	7.4	415	675	27
運輸業	78.0	17.1	0.0	0.0	4.9	280	419	41
卸売業	35.3	29.4	14.7	0.0	20.6	650	1,134	34
小売業	41.2	23.6	18.2	6.1	10.8	597	868	148
飲食店・宿泊業	25.9	38.9	18.5	11.1	5.6	735	883	108
医療・福祉	24.7	33.9	12.1	9.8	19.5	845	1,648	174
教育・学習支援業	47.8	26.1	15.2	2.2	8.7	525	723	46
サービス業	53.5	25.0	10.9	2.6	8.0	465	746	312
不動産業	30.8	38.5	17.3	5.8	7.7	700	3,778	52
その他	14.3	57.1	0.0	0.0	28.6	760	1,539	7
男性	41.2	27.4	13.5	6.3	11.6	580	1,148	799
女性	48.7	31.9	9.5	3.0	6.8	500	860	263
29歳以下	58.7	28.0	8.0	1.3	4.0	400	543	75
30〜39歳	42.1	29.0	13.4	3.7	11.9	570	1,456	328
40〜49歳	40.6	28.5	12.4	7.5	11.0	600	950	372
50〜59歳	37.7	34.8	14.0	7.2	6.3	600	919	207
60歳以上	57.5	11.3	10.0	2.5	18.8	430	1,015	80

⒁　開業費用（不動産を購入した企業）　問34

（単位：%）

	500万円未満	500万～1,000万円未満	1,000万～1,500万円未満	1,500万～2,000万円未満	2,000万円以上	中央値（万円）	平均値（万円）	有効回答数（件）
全体	14.7	22.1	13.7	7.4	42.1	1,450	2,280	95
建設業	20.0	60.0	0.0	0.0	20.0	650	1,005	5
製造業	27.3	36.4	0.0	0.0	36.4	700	1,658	11
情報通信業	－	－	－	－	－	－	－	0
運輸業	100.0	0.0	0.0	0.0	0.0	256	256	1
卸売業	0.0	25.0	25.0	0.0	50.0	3,150	3,108	4
小売業	9.1	9.1	27.3	0.0	54.5	2,000	2,304	11
飲食店・宿泊業	13.3	13.3	33.3	20.0	20.0	1,300	1,480	15
医療・福祉	9.1	9.1	0.0	18.2	63.6	3,500	5,372	11
教育・学習支援業	0.0	0.0	0.0	0.0	100.0	3,000	3,000	1
サービス業	12.9	25.8	12.9	6.5	41.9	1,450	1,906	31
不動産業	33.3	0.0	0.0	0.0	66.7	3,000	2,068	3
その他	0.0	50.0	0.0	0.0	50.0	2,850	2,850	2
男性	12.7	20.6	14.3	9.5	42.9	1,550	2,044	63
女性	18.8	25.0	12.5	3.1	40.6	1,200	2,744	32
29歳以下	16.7	50.0	16.7	0.0	16.7	635	1,033	6
30～39歳	12.9	16.1	6.5	9.7	54.8	2,025	2,484	31
40～49歳	12.9	16.1	19.4	9.7	41.9	1,500	2,149	31
50～59歳	25.0	43.8	12.5	0.0	18.8	700	2,512	16
60歳以上	9.1	9.1	18.2	9.1	54.5	2,020	2,415	11

⒂ 開業費用（不動産を購入しなかった企業） 問34

（単位：％）

	500万円未満	500万〜1,000万円未満	1,000万〜1,500万円未満	1,500万〜2,000万円未満	2,000万円以上	中央値（万円）	平均値（万円）	有効回答数（件）
全体	45.8	29.2	12.4	5.3	7.3	500	958	967
建設業	55.4	30.8	6.2	6.2	1.5	400	585	65
製造業	59.4	12.5	12.5	6.3	9.4	404	758	32
情報通信業	59.3	18.5	7.4	7.4	7.4	415	675	27
運輸業	77.5	17.5	0.0	0.0	5.0	281	423	40
卸売業	40.0	30.0	13.3	0.0	16.7	575	871	30
小売業	43.8	24.8	17.5	6.6	7.3	510	753	137
飲食店・宿泊業	28.0	43.0	16.1	9.7	3.2	680	787	93
医療・福祉	25.8	35.6	12.9	9.2	16.6	800	1,397	163
教育・学習支援業	48.9	26.7	15.6	2.2	6.7	500	672	45
サービス業	58.0	24.9	10.7	2.1	4.3	430	618	281
不動産業	30.6	40.8	18.4	6.1	4.1	700	3,883	49
その他	20.0	60.0	0.0	0.0	20.0	760	1,014	5
男性	43.6	28.0	13.5	6.0	9.0	542	1,071	736
女性	52.8	32.9	9.1	3.0	2.2	460	599	231
29歳以下	62.3	26.1	7.2	1.4	2.9	370	501	69
30〜39歳	45.1	30.3	14.1	3.0	7.4	520	1,349	297
40〜49歳	43.1	29.6	11.7	7.3	8.2	550	842	341
50〜59歳	38.7	34.0	14.1	7.9	5.2	550	785	191
60歳以上	65.2	11.6	8.7	1.4	13.0	400	792	69

⒃ 現在の売り上げ状況 問46

（単位：％）

	増加傾向	横ばい	減少傾向	有効回答数（件）
全体	52.4	37.0	10.5	1,083
建設業	54.8	39.7	5.5	73
製造業	57.1	33.3	9.5	42
情報通信業	63.3	30.0	6.7	30
運輸業	30.0	52.5	17.5	40
卸売業	57.1	37.1	5.7	35
小売業	36.1	36.8	27.1	144
飲食店・宿泊業	32.4	45.4	22.2	108
医療・福祉	66.1	30.5	3.4	177
教育・学習支援業	59.2	26.5	14.3	49
サービス業	56.6	38.2	5.2	325
不動産業	60.4	35.8	3.8	53
その他	57.1	42.9	0.0	7
男性	54.7	35.0	10.3	819
女性	45.5	43.2	11.4	264
29歳以下	58.8	31.3	10.0	80
30～39歳	57.1	36.4	6.5	338
40～49歳	50.7	37.7	11.6	379
50～59歳	47.8	36.1	16.1	205
60歳以上	46.9	44.4	8.6	81

⒄　現在の採算状況　問47

（単位：%）

	黒字基調	赤字基調	有効回答数（件）
全体	64.5	35.5	1,060
建設業	75.7	24.3	70
製造業	58.1	41.9	43
情報通信業	56.7	43.3	30
運輸業	59.0	41.0	39
卸売業	62.9	37.1	35
小売業	56.7	43.3	141
飲食店・宿泊業	47.2	52.8	106
医療・福祉	69.5	30.5	174
教育・学習支援業	55.1	44.9	49
サービス業	70.7	29.3	314
不動産業	78.8	21.2	52
その他	42.9	57.1	7
男性	65.1	34.9	808
女性	62.7	37.3	252
29歳以下	75.9	24.1	79
30～39歳	71.4	28.6	332
40～49歳	65.2	34.8	368
50～59歳	52.0	48.0	202
60歳以上	53.2	46.8	79

⒅ 現在の業況 問48

（単位：%）

	良い	やや良い	やや悪い	悪い	有効回答数（件）
全体	9.9	50.4	30.5	9.2	1,067
建設業	6.9	59.7	27.8	5.6	72
製造業	9.3	48.8	30.2	11.6	43
情報通信業	6.7	50.0	33.3	10.0	30
運輸業	9.8	39.0	43.9	7.3	41
卸売業	0.0	72.7	18.2	9.1	33
小売業	5.0	41.7	37.4	15.8	139
飲食店・宿泊業	3.8	45.3	34.9	16.0	106
医療・福祉	15.9	47.7	29.0	7.4	176
教育・学習支援業	10.2	49.0	26.5	14.3	49
サービス業	13.5	53.8	27.0	5.7	318
不動産業	5.7	58.5	32.1	3.8	53
その他	14.3	42.9	28.6	14.3	7
男性	9.4	51.0	30.0	9.6	810
女性	11.7	48.6	31.9	7.8	257
29歳以下	17.5	58.8	21.3	2.5	80
30～39歳	13.1	56.5	23.4	7.0	329
40～49歳	8.2	47.9	35.6	8.2	376
50～59歳	5.9	46.6	31.9	15.7	204
60歳以上	7.7	38.5	41.0	12.8	78

⒆　予想月商達成率　問49

（単位：％）

	50％未満	50～75％未満	75～100％未満	100～125％未満	125％以上	中央値	平均値	有効回答数（件）
全体	9.8	19.7	15.3	20.6	34.6	100.0	120.7	1,058
建設業	5.6	8.5	15.5	21.1	49.3	120.0	166.8	71
製造業	23.1	7.7	7.7	20.5	41.0	100.0	115.8	39
情報通信業	13.3	10.0	20.0	10.0	46.7	114.2	205.7	30
運輸業	7.1	35.7	26.2	19.0	11.9	83.3	102.9	42
卸売業	11.8	11.8	11.8	20.6	44.1	115.6	131.8	34
小売業	12.1	30.5	17.7	14.2	25.5	80.0	102.9	141
飲食店・宿泊業	15.7	31.5	15.7	22.2	14.8	78.8	85.2	108
医療・福祉	4.5	15.9	18.8	24.4	36.4	107.5	123.3	176
教育・学習支援業	8.7	32.6	21.7	17.4	19.6	81.7	87.6	46
サービス業	9.3	13.7	10.9	23.0	43.1	112.5	126.2	313
不動産業	7.8	25.5	13.7	17.6	35.3	100.0	121.6	51
その他	14.3	14.3	14.3	14.3	42.9	100.0	170.8	7
男性	9.2	18.9	15.7	21.3	34.9	100.0	121.3	803
女性	11.8	22.0	14.1	18.4	33.7	100.0	118.7	255
29歳以下	3.8	16.7	14.1	19.2	46.2	120.0	139.0	78
30～39歳	4.9	18.7	11.6	23.5	41.3	112.0	130.5	327
40～49歳	11.5	20.1	14.5	23.6	30.3	100.0	118.5	373
50～59歳	14.9	20.3	21.8	13.4	29.7	86.2	107.9	202
60歳以上	15.4	23.1	19.2	14.1	28.2	87.3	104.9	78

（注）予想月商達成率＝調査時点の月商÷開業前に予想していた月商×100

3　1991～2022年度調査の属性にかかる時系列データ

(1) 業種

（単位：%）

	製造業	卸売業	小売業	飲食店	個人向けサービス業	事業所向けサービス業	建設業	その他
1991	11.8	11.8	19.4	11.6	32.1		8.1	5.2
1992	8.7	8.9	18.5	12.5	18.7	16.7	8.3	7.7
1993	7.6	8.5	17.7	14.7	21.8	14.8	7.9	7.0
1994	5.9	9.5	19.6	15.8	20.6	14.5	5.9	8.2
1995	8.9	7.0	16.8	16.8	25.9	9.3	7.9	7.4
1996	5.8	10.3	19.1	15.7	22.3	12.7	7.6	6.5
1997	5.6	8.8	17.7	16.9	24.3	11.2	9.4	6.1
1998	5.1	9.2	16.6	16.2	22.5	13.1	9.2	8.0
1999	5.6	9.3	15.6	16.3	24.7	10.8	8.8	8.8
2000	5.2	9.5	16.3	15.7	25.3	12.1	8.4	7.5
2001	6.9	8.7	15.9	13.4	27.4	11.1	8.7	8.0
2002	5.2	7.2	18.6	15.4	27.4	12.1	8.4	5.8
2003	7.3	8.4	15.3	13.7	27.7	10.8	9.3	7.5

（単位：%）

	建設業	製造業	情報通信業	運輸業	卸売業	小売業	飲食店・宿泊業	医療・福祉	教育・学習支援業	個人向けサービス業	事業所向けサービス業	不動産業	その他
2004	8.9	5.5	3.2	3.8	7.5	14.2	14.0	14.9	1.6	15.8	7.7	2.2	0.8
2005	8.5	5.2	2.5	3.6	6.8	15.9	14.5	16.1	1.5	14.2	6.9	2.4	1.9
2006	9.6	5.4	2.6	3.6	8.2	15.2	14.5	14.1	2.2	12.0	8.9	3.2	0.5
2007	7.5	5.0	3.2	2.4	5.9	13.6	16.9	15.8	1.6	17.4	8.2	1.6	0.9
2008	9.5	4.0	2.8	3.2	7.4	14.0	14.5	13.2	2.5	13.3	10.8	4.2	0.6
2009	9.5	6.2	3.0	3.6	6.1	10.4	13.9	14.8	1.3	18.2	8.1	4.2	0.9
2010	8.8	4.7	2.4	2.5	8.4	14.0	12.8	15.7	2.1	13.9	9.4	4.1	1.2
2011	7.1	2.7	2.9	4.0	7.9	12.9	13.6	17.5	2.3	24.8		3.6	0.8
2012	7.2	3.2	2.7	2.2	7.2	14.6	12.9	19.8	2.6	16.0	6.0	4.2	1.5
2013	6.3	4.5	2.6	2.5	6.1	10.6	15.1	19.6	3.4	15.2	8.4	4.8	0.9
2014	6.4	3.5	2.5	1.8	5.5	13.2	14.9	21.9	3.2	15.0	7.2	3.7	1.2
2015	8.6	4.1	2.6	2.0	5.1	11.9	15.9	19.5	2.6	23.2		3.7	0.7
2016	8.5	4.4	1.6	1.9	5.6	9.4	15.8	18.0	2.9	26.2		4.5	1.1
2017	8.9	4.2	2.2	2.7	4.6	11.9	14.2	19.6	3.6	23.3		4.1	0.7
2018	7.7	3.4	3.2	2.8	4.9	13.1	14.7	17.4	2.6	25.1		4.2	0.8
2019	8.8	3.4	2.7	3.5	5.3	12.8	15.6	14.7	3.1	25.9		3.7	0.5
2020	9.4	3.1	2.9	2.6	3.5	11.8	14.3	16.7	3.6	26.4		4.4	1.3
2021	7.2	2.7	2.5	4.6	4.3	11.5	14.7	17.4	2.9	28.1		3.3	0.9
2022	6.8	3.9	2.7	3.8	3.2	13.8	10.1	16.4	4.4	29.4		4.9	0.6

（注）1　2004年度から業種分類を変更した。
　　　2　「持ち帰り・配達飲食サービス業」は、「小売業」に含む。

(2) 性　別

（単位：%）

	男性	女性
1991	87.6	12.4
1992	87.1	12.9
1993	87.1	12.9
1994	85.3	14.7
1995	86.7	13.3
1996	86.8	13.2
1997	85.1	14.9
1998	86.4	13.6
1999	87.5	12.5
2000	85.6	14.4
2001	84.7	15.3
2002	86.0	14.0
2003	86.2	13.8
2004	83.9	16.1
2005	83.5	16.5
2006	83.5	16.5
2007	84.5	15.5
2008	84.5	15.5
2009	85.5	14.5
2010	84.5	15.5
2011	85.0	15.0
2012	84.3	15.7
2013	84.9	15.1
2014	84.0	16.0
2015	83.0	17.0
2016	81.8	18.2
2017	81.6	18.4
2018	80.1	19.9
2019	81.0	19.0
2020	78.6	21.4
2021	79.3	20.7
2022	75.5	24.5

(3) 開業直前の職業

（単位：%）

	会社や団体の常勤役員	正社員・正職員（管理職）	正社員・正職員（管理職以外）	アルバイト・パートタイマー	派遣社員・契約社員	家族従業員	自営業主	学生	専業主婦・主夫	その他
1991	14.8	35.0	39.5	1.5	－	－	－	0.4	2.6	6.1
1992	14.5	36.3	36.7	2.9	－	－	－	0.3	2.0	7.2
1993	14.8	36.5	39.5	3.3	－	－	－	0.2	2.1	3.5
1994	13.9	35.2	41.9	3.0	－	－	－	0.3	1.7	3.9
1995	12.0	35.2	36.4	2.8	0.3	－	－	0.9	1.7	10.6
1996	14.2	37.6	36.2	2.1	0.4	－	－	0.2	1.9	7.3
1997	12.2	31.5	47.1	3.2	0.4	－	－	0.6	1.4	3.5
1998	11.3	37.1	42.2	2.9	0.3	－	－	0.1	1.4	4.6
1999	12.2	36.1	40.9	3.8	0.4	－	－	0.2	1.2	5.3
2000	14.6	36.8	38.5	3.9	1.4	－	－	0.3	1.6	2.9
2001	14.5	36.6	36.5	5.0	1.9	－	－	0.3	1.3	3.9
2002	13.3	34.6	40.1	3.4	1.5	－	－	0.3	1.4	5.5
2003	12.0	42.1	30.4	5.9	1.5	－	－	0.7	1.5	5.9
2004	12.2	37.4	34.7	5.6	－	－	－	0.6	1.4	8.2
2005	12.4	36.1	33.5	6.1	1.9	－	－	0.2	1.7	8.0
2006	13.1	37.2	32.6	5.3	2.4	－	－	0.7	1.7	7.1
2007	10.9	39.8	33.6	5.9	2.7	－	－	0.8	2.5	3.6
2008	13.1	38.2	33.9	5.4	2.5	－	－	0.5	1.4	5.1
2009	13.7	38.4	32.9	5.4	2.6	－	－	0.4	1.4	5.1
2010	13.0	45.2	26.3	6.0	2.5	－	－	0.4	0.9	5.8
2011	13.0	38.0	31.3	6.1	2.6	－	－	0.4	1.4	7.4
2012	10.7	41.2	31.0	6.4	3.0	－	－	0.4	1.4	5.8
2013	10.7	44.7	28.8	5.8	2.9	－	－	0.3	1.3	5.6
2014	10.2	44.9	29.2	6.4	2.8	－	－	0.2	0.8	5.5
2015	11.3	40.7	29.4	6.6	3.9	－	－	0.3	0.9	6.7
2016	10.4	45.1	28.5	7.4	3.4	－	－	0.3	0.7	4.3
2017	10.0	40.8	31.9	5.8	3.3	0.8	3.8	0.4	1.1	2.1
2018	10.0	42.2	29.5	7.7	2.8	2.0	3.5	0.3	1.3	0.6
2019	11.4	38.3	32.1	7.7	3.3	1.4	4.2	0.2	0.7	0.6
2020	10.7	39.5	29.8	9.2	3.1	1.6	3.4	0.3	1.1	1.2
2021	11.2	41.3	28.3	7.4	3.3	0.8	4.7	0.1	1.3	1.5
2022	11.3	39.2	29.3	7.6	3.9	0.8	5.4	0.5	0.6	1.4

（注）1 1991～1994年度調査および2004年度調査では「派遣社員・契約社員」の選択肢はない。また、1995～1999年度調査では「派遣社員・契約社員」ではなく「派遣社員」の値を掲載している。

2 2007年度調査までの選択肢は「専業主婦・主夫」ではなく「専業主婦」である。

(4) 開業時の年齢

（単位：%）

	29歳以下	30～39歳	40～49歳	50～59歳	60歳以上	平均年齢（歳）
1991	14.5	39.9	34.1	9.3	2.2	38.9
1992	14.1	38.5	36.7	9.0	1.7	38.9
1993	14.7	37.8	34.3	11.8	1.4	39.2
1994	13.4	39.0	34.3	11.1	2.1	39.2
1995	13.2	36.9	36.1	11.5	2.3	39.7
1996	13.1	37.9	35.0	12.3	1.8	39.6
1997	15.0	37.0	32.6	12.8	2.5	39.6
1998	15.2	35.6	31.7	14.6	2.9	40.2
1999	12.2	36.1	30.4	18.8	2.6	40.9
2000	12.1	32.2	31.9	21.1	2.7	41.6
2001	11.0	34.4	29.2	21.5	3.9	41.8
2002	13.4	35.4	28.3	19.1	3.8	40.9
2003	11.8	36.5	26.4	21.1	4.2	41.4
2004	10.3	33.4	27.3	23.2	5.8	42.6
2005	9.9	31.8	27.7	24.1	6.5	43.0
2006	8.3	34.2	29.1	23.1	5.3	42.9
2007	11.3	39.5	24.3	20.5	4.3	41.4
2008	9.5	38.9	28.4	18.4	4.8	41.5
2009	9.1	38.5	26.5	19.4	6.5	42.1
2010	8.7	35.6	29.2	18.9	7.7	42.6
2011	8.2	39.2	28.4	17.7	6.6	42.0
2012	9.8	39.4	28.3	16.9	5.6	41.4
2013	8.1	40.2	29.8	15.5	6.5	41.7
2014	7.6	38.6	30.5	17.4	5.9	42.1
2015	7.4	35.8	34.2	15.4	7.1	42.4
2016	7.1	35.3	34.5	16.9	6.2	42.5
2017	8.1	34.2	34.1	16.9	6.6	42.6
2018	6.9	31.8	35.1	19.0	7.3	43.3
2019	4.9	33.4	36.0	19.4	6.3	43.5
2020	4.8	30.7	38.1	19.7	6.6	43.7
2021	5.4	31.3	36.9	19.4	7.0	43.7
2022	7.2	30.7	35.3	19.3	7.5	43.5

(5) 開業費用

（単位：%）

	500万円未満	500万～1,000万円未満	1,000万～1,500万円未満	1,500万～2,000万円未満	2,000万円以上	中央値（万円）	平均値（万円）
1991	23.8	26.7	18.4	10.3	20.8	970	1,440
1992	22.4	29.3	17.4	9.4	21.5	908	1,682
1993	21.0	28.3	17.3	10.4	22.9	1,000	1,750
1994	19.6	28.1	17.8	9.2	25.3	1,000	1,775
1995	20.3	28.0	18.3	9.3	24.2	1,000	1,770
1996	22.1	30.3	16.5	8.8	22.4	919	1,530
1997	21.5	29.8	19.5	9.1	20.1	920	1,525
1998	24.3	27.5	18.9	9.9	19.3	900	1,377
1999	24.3	30.8	15.8	7.8	21.3	850	1,682
2000	24.4	29.2	15.5	9.7	21.1	895	1,537
2001	22.6	32.2	16.6	7.9	20.8	850	1,582
2002	24.9	28.8	17.1	8.1	21.1	900	1,538
2003	29.6	30.2	15.8	7.3	17.1	800	1,352
2004	29.8	28.9	15.2	6.4	19.6	780	1,618
2005	31.8	29.0	14.2	5.6	19.4	705	1,536
2006	30.1	27.1	16.4	7.5	18.9	800	1,486
2007	31.7	28.6	15.7	5.7	18.3	724	1,492
2008	35.4	29.1	15.0	6.6	13.9	660	1,238
2009	34.3	28.3	15.0	6.6	15.8	700	1,288
2010	38.1	28.5	13.3	4.7	15.5	620	1,289
2011	39.8	26.6	13.8	5.4	14.5	620	1,162
2012	35.4	31.1	12.7	6.4	14.3	682	1,269
2013	34.7	31.0	14.4	6.6	13.2	690	1,195
2014	32.5	31.8	13.8	6.7	15.2	700	1,287
2015	32.8	31.6	14.9	6.9	13.8	720	1,205
2016	35.3	30.9	14.5	6.0	13.3	670	1,223
2017	37.4	29.3	14.0	6.8	12.6	639	1,143
2018	37.4	31.0	13.7	5.8	12.1	600	1,062
2019	40.1	27.8	15.0	5.6	11.5	600	1,055
2020	43.7	27.3	13.3	5.0	10.8	560	989
2021	42.1	30.2	12.4	5.4	9.9	580	941
2022	43.0	28.5	12.5	5.5	10.5	550	1,077

4　日本政策金融公庫（国民生活事業）の新規開業支援窓口

(1)　創業支援センター

創業支援センターでは、地域の創業支援機関とのネットワークの構築等を通じて、創業・第二創業をお考えの皆さまを支援する取り組みを行っています。

名　称	担当地域
北海道創業支援センター	北海道
東北創業支援センター	青森、岩手、宮城、秋田、山形、福島の各県
北関東信越創業支援センター	茨城、栃木、群馬、埼玉、新潟、長野の各県
東京創業支援センター	東京都（23区および大島、三宅、八丈、小笠原の各支庁の所管区域）
多摩創業支援センター	東京都（上記以外）
南関東創業支援センター	千葉、神奈川、山梨の各県
北陸創業支援センター	富山、石川、福井の各県
名古屋創業支援センター	岐阜、静岡、愛知、三重の各県
京都創業支援センター	滋賀県、京都府
神戸創業支援センター	兵庫県
大阪創業支援センター	大阪、奈良、和歌山の各府県
中国創業支援センター	鳥取、島根、岡山、広島、山口の各県
四国創業支援センター	徳島、香川、愛媛、高知の各県
福岡創業支援センター	福岡、佐賀、長崎、大分の各県
熊本創業支援センター	熊本、宮崎、鹿児島の各県

2023年6月1日現在

(2) ビジネスサポートプラザ

ビジネスサポートプラザでは、創業される方や公庫を初めて利用される方を対象に平日はもちろん、土日相談（祝日を除く）を実施しています。予約制ですので、ゆっくりご相談いただけます。

名　称	所在地	予約専用ダイヤル	土日相談実施日
東京ビジネスサポートプラザ（新宿）	〒160-0023 東京都新宿区西新宿1-14-9	03(3342)3831	毎週土曜日 および毎月 第1、3日曜日
名古屋ビジネスサポートプラザ	〒450-0002 愛知県名古屋市中村区名駅3-25-9 （堀内ビル6階）	052(561)6316	毎週土曜日
大阪ビジネスサポートプラザ	〒530-0057 大阪府大阪市北区曽根崎2-3-5 （梅新第一生命ビルディング7階）	06(6315)0312	毎週土曜日

2023年6月1日現在

2023年版　新規開業白書

2023年6月30日　発行

編　者　日本政策金融公庫総合研究所

発行者　平　岩　照　正

発行所　株式会社 佐伯コミュニケーションズ
〒151-0051 東京都渋谷区千駄ヶ谷5-29-7
ドルミ御苑1002号
電話 03(5368)4301
FAX 03(5368)4380
https://www.saiki.co.jp/